KB248112

아무도 가르쳐 주지 않는
돈 관리의 비밀
충전수업
부의 증식 편

충전 수업

내 돈, 잘 지키고 잘 불리고 싶다

대부분의 사람들은 비슷한 인생 사이클을 그리며 살아가게 된다.

초중고를 졸업하면 대학교에 가거나 곧장 사회로 나가게 된다. 그리고 직장을 갖고 결혼을 해서 아이를 낳고, 또 그 아이를 교육시키고, 그러다 정년이 되면 직장에서 은퇴하고, 자식들을 결혼시키고 이제 할아버지, 할머니가 되어 생을 마감할 준비를 하게 되는 것이다.

그런데 이런 인생의 과정 가운데 시기에 따라 들어가는 돈의 단위가 다르다. 그러므로 우리는 이러한 생애 주기에 맞춰 돈을 잘 벌고 잘 불리는, 즉 돈을 잘 다루는 방법을 배워야 한다.

통계청이 발표한 자료에 의하면 2016년 기준 한국인의 평균수명은 남자 79세, 여자 85세로 나타났고, 2030년에는 90세에 이를 것으로 보고 있다. 즉 부모님 세대에 비해 30년을 더 사는 것이다. 그런데 오래 사는 것이 축복이 되려면 반드시 필요한 것이 있다. 바로 '돈'이다. 오래 살게 되니, 필요한 돈이 점점 커질 수밖에 없다.

그런데 그 돈을 어떻게 준비해야 할까?

이 질문에 대부분 '일하는 동안' 준비하면 된다고 말한다. 하지만 그게 결코 쉽지 않다.

일하는 기간을 30년이라고 가정하면 그 기간 월급에서 절반 정도는 항상 떼어 놔야 남은 노후 30년을 살 수 있을 것인데, 최근에는 사오정(40~50대 정년)이니 오륙도(50~60대에 회사를 다니면 도둑)니 하면서 퇴직 시기가 점점 짧아지고 있고, 자영업 역시도 성공하기가 만만치 않다. '내가 몇 살까지 소득을 계속 얻을 수 있을지' 장담할 수가 없는 것이다.

돈을 모을 수 있는 기간은 줄어들고 있는 데 반해, 평균수명은 길어지니까 모아 둔 돈으로 살아가야 할 기간 역시 점점 늘어나고 있다. 그때를 위해서라도 돈을 잘 관리해야 한다. 그런데 "어떻게 돈 관리를 해야 할지 도대체 모르겠어요"라고 토로하는 사람들이 의외로 많다. 돈 관리하는 방법을 모르면 월급통장에 돈이 들어오자마자 카드값으로 모두 사라지게 된다. 한마디로 '금융 문맹'이다.

금융 문맹은 돈을 제대로 활용하지 못하는 사람, 즉 돈 관리를 할 줄 모르거나 또는 그런 방법을 모르는 사람을 뜻한다.

"문맹은 생활을 불편하게 하지만 금융 문맹은 생존을 불가능하게 만든다."

전 미국연방준비제도 의장이었던 앨런 그린스펀이 한 말이다.

한마디로 금융을 모르면 살아남기 어렵단 얘기다. 다시 말해 돈 관리 교육이 정말 중요하단 뜻이다.

아주 간단한 문제를 하나 내겠다. 연이율 2% 비과세 예금계좌에 100만 원을 복리이자로 5년 동안 입금해 둔다면 5년 후에 이 예금계좌에는 얼마의 금액이 있을까?

① 110만 원 초과 ② 정확히 110만 원 ③ 110만 원 미만

정답을 알겠는가? 참고로 이 문제를 틀린 사람은 전체 응답자의 60% 정도 되고, 정답은 ①번이다.

많은 사람들이 가정에서도, 학교에서도, 회사에서도 이런 기초적인 금융지식에 관한 교육을 받아 본 적이 없다.

우리는 늘 돈을 벌어야 되고, 또 쓰고 모으면서 생활해야 한다. 그런데도 돈 관리하는 법에 대해 제대로 배워 본 적이 없다 보니, 어떻게 벌고 쓰고 모으는 게 잘하는 건지 모르게 된다. 그래서 만날 '돈' 때문에 골머리를 앓는다.

이제 생존을 위해서라도 돈 관리 교육은 필수다. 또 금융이나 자산 관리는 서로 유기적으로 연결되어 일부를 아는 것만으로는 본인에게 무엇이 더 유리하고 불리한 건지, 어떻게 계획하고 실천해야 하는 건지 감을 잡기가 어렵다.

 충전수업 부의 증식

그러므로 제대로 된 종합적인 금융 교육을 받아 본인이 직접 스스로 판단할 수 있는 지혜를 길러야 한다. 그래야 다가오는 100세 시대에 돈에 관한 준비를 확실하게 할 수 있다.

이 책의 자매서인 『충전수업 : 쩐의 흐름 편』이 주로 돈을 잘 관리할 수 있는 실천 방안을 알려 줬다면, '부의 증식 편'에서는 실제 금융상품에 대해 전반적으로 다룬다. 보험, 펀드, 연금 등 금융상품을 어떻게 선택하는 게 좋은 건지, 뭘 중요하게 봐야 되는 건지, 꼭 체크해야 할 건 어떤 건지, 금융회사에서 알려주지 않는 것들이 뭐가 있는지 등을 알려 준다. 그 외 대출상환 방법이나 신용관리 방법까지도 함께 다룰 것이다.

그리고 나이가 있는 분들을 위한 은퇴 준비와 노후 설계에 대한 내용들도 담고 있다.

이 내용들을 완벽하게 숙지하게 되면 웬만한 금융상품은 본인이 알아서 다 판단하고 선택할 수 있게 될 것이다.

한마디로 이 책은 '현명한 돈 관리를 위한 모든 것'이 담겨 있다고 보면 된다. 이를 통해 돈을 불리고 관리하는 문제를 단숨에 정리하고 해결할 수 있는 능력을 기르게 될 것이다. 그러면 앞으로 여러분의 삶에서 더 이상 돈 때문에 한숨 쉬고, 눈물 흘리고, 짜증내는 일은 일어나지 않으리라 확신한다.

양보석

신용관리가 돈 관리의 시작

신용이란

"신용은 서로 경쟁하여 헐값에 팔 수 없는 오직 하나뿐인 자산이다."

- 마샬 필드(미국의 기업가)

한 신용평가회사의 자료에 의하면 우리나라에서 신용등급이 높은 사람들은 신용카드 2장을 가지고, 월평균 120만 원씩 쓴다고 한다. 주력 신용카드를 몇 개만 정해 놓고 이를 집중적으로 사용하고 있다는 뜻이다.

고신용자들은 현금서비스 사용액이 국민 평균치의 절반에 그쳤을 뿐만 아니라 카드 대금과 대출금을 연체하고 있는 비중은 각각 0.0002%와 0.00006%로 거의 제로에 가까웠다. 반면 전 국민 평균은 각각 0.5%, 2.5%였다.

참고로 국민은 우리나라에서 금융 생활을 하는 4,000만 명을 의미하고, 그중에서 고신용자는 개인 신용등급 총 10등급 중 1~3등급을 받은 1,700만 명이다.

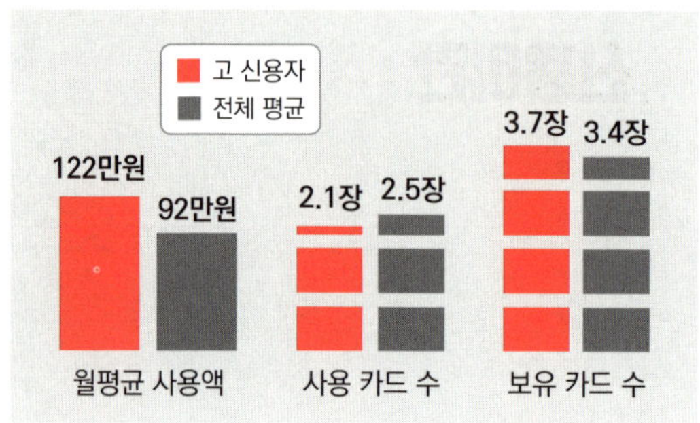

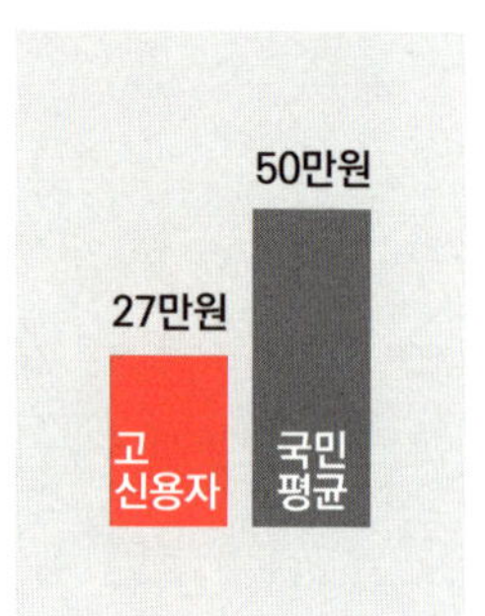

출처 : KCB올크레딧

이렇듯 신용관리 측면에서 고신용자와 저신용자 간의 차이가 나타나고 있는데, 흔히들 간과하기 쉬운 게 신용등급 관리이다. 그런데 신용도 돈이라는 점을 주의해야 한다.

그렇다면 신용이란 무엇일까?

신용이란 장래 어느 시점에 그 대금을 지급할 것을 약속하고 현재의 가치를 획득할 수 있는 능력을 말한다. 또 개인의 경제적 활동에 대한 사회적 평가를 뜻하기도 한다.

신용은 미래의 소득을 담보로 사용한 것이다. 즉 상품을 사들일 수 있는 미래의 능력을 현재의 화폐나 상품과 서비스로 교환하여 사용하는 것이다. 따라서 현재의 시점에서 보면 소득이 증가된 것이지만, 미래의 시점에서 보면 갚아야 할 빚이 증가된 것과 같다.

이처럼 현재의 신용 이용은 미래의 소득을 감소시킨다는 것을 이해해야 한다. 따라서 신용을 이용하는 데는 돈의 시간 가치에 따른 비용이 발생하게 된다.

이 같이 신용은 잘 이용하면 우리의 생활에 유용한 도구가 될 수도 있지만, 잘못 이용하면 과도한 부담으로 파산에 이르게 되는 등 양날의 칼처럼 양면성을 가지고 있다.

신용 이용으로 인한 이익과 손해

그렇다면 신용을 이용하여 얻을 수 있는 이익에는 어떤 것이 있을까?

개인이나 가계가 신용을 이용함으로써 얻을 수 있는 이익은 지금 당장 현금이 없어도 물건을 구매할 수 있다는 것인데, 즉 나의 신용도만큼 미래의 소득을 앞당겨 씀으로써 현재의 구매력을 증가시킬 수 있다는 이야기이다.

또 다른 이익은 금리 변동 및 인플레이션에 대처하여 소득 및 자산을 보호할 수 있다는 것이다. 예를 들자면 금리가 올라가고 있을 때 현재의 낮은 금리를 적용한 장기대출을 받는다거나 인플레이션이 높을 때 대출을 받아 미리 물건을 구매함으로써 이득을 취할 수 있다는 이야기이다. 물론 적절하게 활용할 때 해당되는 얘기다.

그리고 요즘 같은 신용사회에서의 신용 이용은 신용도를 높일 수가 있다. 결국 갑자기 급하게 돈이 필요하게 되었을 때 신용도에 따라 금융기관으로부터 돈을 빌릴 수 있게 된다는 말이다.

하지만 신용 이용으로 인해 손해를 볼 수도 있다는 점을 잊어서는 안 된다.

앞서 살펴본 것처럼 당장 현금이 없더라도 물건을 살 수 있어 편리하다는 이익이 있는 만큼, 그에 따른 비용을 지불해야 하기 때문이다. 또한 이자, 수수료 또는 서비스료, 보험료 등의 비용을 지불해야 할 뿐만 아니라 일단 돈을 빌려 쓰게 되면 원금을 일시적으로 갚든 분할해서 갚든 부채 상환은 가계의 필수지출 항목이 되기 때문에 가계의 소비 지출 패턴에 부정적인 영향을 미친다.

그리고 지금 당장 현금 없이도 물건을 살 수 있기 때문에 반드시 필요하지 않은 물건을 사게 되는 등의 충동구매를 불러일으킬 수 있다는 점도 유의해야 한다. 이런 식으로 충동구매를 하다 보면 결국 소득보다 많이 지출하게 되는 과소비를 유발할 수 있을 것이다.

무엇보다도 무서운 것은 신용 이용이 과다해지는 데 반해 소득은 기대에 못 미치게 될 때이다. 이렇게 가계가 감당할 수 없는 수준의 과잉부채를 떠안게 되면 채무불이행을 넘어 파산에 이를 수 있다. 당연히 채무불이행 상태가 되면 경제활동에 제약이 따르고 신용거래 조건이나 취업 등에서 불이익을 받게 된다. 더 나아가 종종 기사에서 볼 수 있듯 잘못된 신용 이용으로 인해 각종 범죄가 발생할 수도 있다.

에스키모인들의 늑대 사냥법

에스키모인들은 늑대를 사냥할 때, 눈밭에 칼을 꼽고서 그 칼끝에 동물 피를 묻혀 놓는다. 그러면 피 냄새를 맡은 늑대가 그 피를 핥다가 칼에 베이게 된다. 그런데도 그 늑대는 자기 피인 줄 모르고 피맛에 취해 계속 핥다가 결국 쓰러져 죽게 된다.

이는 신용의 위험에 대해 설명할 때 종종 인용되는 사례다. 이처럼 신용이라는 것이 양날의 칼이라서 잘 이용하면 유리한 점도 많지만, 잘못 이용하면 큰일 나는 것이다. 피맛에 취한 늑대가 결국 죽음을 맞이하듯 돈맛에 취해 돈을 함부로 쓰다가 신용불량이 되면 삶이 정말 피폐해진다.

일단 빚 독촉이 시작되고, 대출 거절은 물론 거래 중인 통장도 지급 정지가 될 수 있고, 신용카드 사용도 안 될 것이며, 부동산은 강제로 경매로 넘어가는 등 악순환에 그래서 우리는 신용관리의 중요성을 깨닫고 일찍부터 신용관리에 힘써야 한다. 개인의 신용 관련 정보가 모든 금융기관의 금융거래에 활용되고 있어 신용관리를 얼마나 잘하는지에 따라 평생 동안 개인의 경제생활에 영향을 미치게 된다는 점이 중요하다.

실제로 이제 금융거래가 전혀 없는 저연령층 등을 제외한 국민 대부분이 신용등급을 갖게 되었다. 예전엔 금융회사들이 대출을 해 줄 때만 신용을 점수로 매겨 활용했지만, 최근에는 상거래에서도 신용등급 조회 및 사용이 일반화되면서 신용등급 관리가 중요한 시대가 되었다.

신용정보회사에서는 개인의 대출, 채무보증, 연체, 소득, 납세 실적 등의 신용정보를 수집하여 전반적인 신용 상태를 평가한 후 신용등급을 매긴다. 또한 금융기관은 자체 분석한 고객의 신용평점과 신용정보회사로부터 제공받은 신용등급을 토대로 대출 여부는 물론 대출금리, 기간 등의 대출 조건을 결정한다.

그래서 신용등급은 한마디로 '금융거래 정보를 바탕으로 개인의 신용 정도를 나눈 등급표'라고 할 수 있다. 보통 일정 기간 축적된 금융거래 기록을 토대로 1등급부터 10등급까지 수치화된다. 1등급으로 갈수록 신용이 높은 것으로 보는데, 보통 1~2등급은 최우량등급으로 오랜 신용거래 경력과 우량한 신용거래 실적을 보유하고 있어 부실화 가능성이 매우 낮다고 본다.

반면 9~10등급은 현재 연체 중이거나 심각한 연체의 경험을 보유하고 있어 부실화 가능성이 매우 높다고 보는 것이다. 보통 6등급 이하의 경우는 은행 대출에 어려움이 있을 수 있다.

따라서 반드시 좋은 신용 기록을 쌓아야 하는데, 신용등급을 높이면 대출금리를 낮출 수 있다.

개인 신용등급별 인원 분포

1등급	2등급	3등급	4등급	5등급	6등급	7등급 이하
23.0%	17.4%	7.7%	16.8%	17.5%	7.8%	9.8%

* 2016년 말 기준   출처 : 나이스평가정보

신용은 헐값에 팔 수도 없지만, 고가에 살 수도 없다. 그래서 돈 없고 백 없는 서민에게는 신용 관리가 가장 커다란 자산이다.

충전지식

신용등급 구분 기준

등급	구분	거래 실적	부실화 가능성
1~2등급	최우량	오랜 신용거래 경력을 보유하고 있으며 다양하고 우량한 신용거래 실적을 보유	매우 낮음
3~4등급	우량	활발한 신용거래 실적은 없으나 꾸준하고 우량한 거래를 지속한다면 상위등급 진입 가능	낮음
5~6등급	일반	주로 저신용 업체와의 거래가 있는 고객으로 단기 연체 경험 있음	일반
7~8등급	주의	주로 저신용 업체와의 거래가 많은 고객으로 단기 연체의 경험을 비교적 많이 보유하고 있어 단기적인 신용도의 하락이 예상됨	높은
9~10등급	위험	현재 연체 중이거나 매우 심각한 연체의 경험을 보유	매우 높음

출처 : 나이스평가정보

신용평가회사의 신용 평가 기준

평가 부문	설명	반영 비중(%)		
		코리아 크레딧뷰로	나이스 평가정보	서울신용 평가정보
이력 정보	채무의 적시 상환 여부 및 그 이력 (연체 정보)	28	40	35
현재 부채 수준	현재 보유 채무의 수준 (대출금액, 신용카드 이용금액 등)	28	23	30
신용거래 기간	신용거래 기간 (최초/최근 개설로부터의 기간 등)	14	11	11
신용 형태 정보	신용거래의 종류 및 행태 (상품별 계좌 건수, 활용 비율 등)	32	26	24

출처 : 나이스평가정보

신용관리,
이렇게 해야 한다

"신용은 보장되는 것이 아니다.
이를 유지하기 위한 유일한 방법은 신용을 계속 쌓는 것이다."

- 프랭크 타이거(미국의 시사만화가)

신용등급을 잘 관리하기 위해서는 신용등급의 산정과 관련된 상식을 정확하게 알고 있어야 한다. 잘못된 상식으로 신용등급을 떨어뜨리거나 제대로 올리지 못하는 우를 범하지 않아야 한다는 이야기이다. 그런 의미에서 신용등급과 관련해 오해하기 쉬운 상식에 유의할 필요가 있는데, 다음의 몇 가지 질문을 통해 예를 들어 보고자 한다.

첫째, 금융기관을 통해 신용정보를 조회하면 신용등급이 내려갈까? 아니다. 1년에 3번의 정상적인 조회는 문제가 없다. 따라서 개인 신용정보의 조회 기록은 신용등급 산출 시 반영되지 않는다.

둘째, 소액연체라도 신용에 크게 영향을 미칠까? 아니다. 10만 원 미만의 연체는 신용평가에 영향을 주지 않는다. 사실 10만 원 미만의 적은 돈 같은 경우에는 깜빡 하고 연체할 수도 있는데, 이런 것까지 모두 신용정보에 영향을 미치면 억울한 사람들이 나올 수밖에 없다. 다만, 연체도 습관인 만큼 평상시 소액 한 건이라도 연체하지 않는 습관을 갖추는 게 중요하다.

셋째, 대출이 없거나 신용카드를 사용하지 않으면 신용등급이 높을까? 아니다. 신용등급은 신용정보이므로 신용거래를 하지 않은 경우 그 사람을 판단할 수 있는 자료가 없기 때문에 좋은 등급을 받기가 어렵다.

넷째, 한번 떨어진 신용등급은 올라가지 않을까? 아니다. 신용등급 하락의 원인을 해결하고 연체를 하지 않는 등 꾸준히 관리하면 반드시 올라간다.

바람직한 신용관리 방법

이번에는 좀 더 자세하게 바람직한 신용관리 방법에 대해 알아보자.

첫째, 주거래은행을 만들어야 한다.

주거래은행이란 본인이 가장 많이 이용하는 은행을 말하는데, 고객의 신용을 평가할 때 해당 은행과의 거래 실적을 중요하게 반영하기 때문에 주거래은행에 거래를 집중해서 거래 실적을 많이 쌓는 것이 좋다. 카드대금 결제, 공과금 이체, 통신요금 납부, 급여 수령 등 금융거래를 주거래은행에 집중해서 관리하도록 하자.

둘째, 신용카드는 본인에게 꼭 필요한 카드 하나만 사용하는 것이 좋다.

여러 장의 신용카드를 소지하기보다는 오래 사용했거나 혜택이 많은 소수의 카드만을 집중적으로 사용하는 것이 좋다는 얘기다.

불필요할 정도로 지나치게 많은 신용카드를 보유하는 것은 개인 신용등급 산정에 있어 좋은 평가를 받기 어려울 뿐만 아니라 각 카드마다 사용금액을 정확하게 파악하기도 어려워 더 많은 금액을 쓰게 될 가능성이 높다. 또한 카드를 분실하였을 때도 언제 어떤 카드를 분실하였는지 잘 파악할 수 없어 피해가 더 커질 수도 있다.

셋째, 단 하루의 연체도 하지 말아야 한다.

연체 정보는 카드사 간에 공유되기 때문에 해당 연체카드의 사용이 정지되면 다른 카드의 사용도 제한받게 된다. 결국 연체를 자주하면 신용점수가 낮아져 대출 한도가 줄어들거나 신용카드 재발급이 어려워질 수 있는 것이다. 또한 금융거래 이외 세금이나 통신료 등의 연체 기록도 신용도를 낮추는 요인이 될 수 있다는 점을 알아 두어야 한다.

넷째, 채무를 3개월 이상 연체하면 채무불이행 정보가 등재되어 추가로 신용대출을 받기가 불가능해진다.

그러므로 가능하면 연체를 발생시키지 않아야 하고, 대출금의 만기일을 정확히 체크해 놓는 것이 좋다.

다섯째, 보증을 설 때도 한도, 기간 등 계약 관계는 철저히 체크해야 한다.

보증을 서게 되면 그 금액만큼 본인의 신용대출 한도가 감소하게

 충전수업 부의 증식

되므로 무분별한 보증은 반드시 자제해야 한다, 또 이미 보증을 섰다면 보증 기간을 체크해 두었다가 기간 만료 시 본인의 허락 없이 연장되지 않도록 꼭 관리해야 한다.

여섯째, 단기카드대출(현금서비스)은 정말 필요할 때만 사용해야 한다. 이는 신용카드의 현금서비스 이용금액만큼 본인의 신용대출 한도가 줄어들기 때문이다.

또한 현금서비스를 자주 이용하게 되면 자신의 신용등급을 떨어뜨리는 요인이 될 수 있으므로 건전한 소비를 통해 부채를 잘 관리해 나갈 필요가 있다.

일곱째, 자동이체를 최대한 활용하는 것이 좋다.

결제일을 잊거나 청구서가 도착하지 않아 발생할 수 있는 연체를 예방하려면 될 수 있는 대로 자동이체 납부를 하는 것이 좋다. 거래은행의 경우 자동이체 고객을 선호하기 때문에 개인신용을 높이는 데도 도움이 된다.

여덟째, 각종 금융거래 알람, 즉 문자 메시지(SMS) 등을 이용하고 영수증을 꼭 챙기도록 한다.

영수증은 신용거래 취소, 물품 반환, 이중청구 시 거래 사실을 입증하는 자료로 활용할 수 있기 때문이다. 그리고 또한 연체금을 상환하였는데 해당 업체의 실수로 미결제 처리되어 채무불이행 정보가 해제되지 않은 경우에는 상환을 증명할 수 있는 자료로도 사용된다.

또한 금융회사에서 제공하는 금융거래 변동사항 알람서비스인 카드 사용내역 SMS서비스나 자동이체 승인 SMS서비스 등을 신청하여 자신도 모르게 발생할 우려가 있는 금융거래 사고에 빠르게 대처할 수 있도록 대비해야 한다.

아홉째, 주소 변경 후 미통보로 연락이 되지 않아 불이익을 받을 수 있으므로 주소와 연락처가 변경되면 반드시 금융기관에 통보하는 것이 좋다.

'금융주소 한번에' 서비스

금융 소비자가 주소를 변경하기 위해 금융회사를 일일이 방문하거나 연락해야 하는 번거로움을 덜어 주고자 한 군데의 금융회사에 신청하면 다른 금융회사에서도 소비자의 주소를 일괄적으로 변경 신청해 주는 서비스이다.
각 금융회사 홈페이지에서 신청 가능하다.

마지막으로 자신의 신용도를 주기적으로 조회할 필요가 있다. 혹시 사실과 다르게 등록된 사항을 발견하면 신용정보회사에 정보의 정정을 요청할 수 있기 때문이다. 이는 금융감독원 서민금융 1332(www.fss.or.kr/s1332)를 통해 확인할 수 있다.

홈 > 채무조정·신용 > 무료신용조회

무료신용조회

하단의 사이트 배너를 클릭하시거나 아래 안내에 따라 접속하면 무료신용조회로 바로 연결되며 회원가입 후 연3회 무료로 신용조회가 가능합니다.

인터넷에서 「나이스지키미」(https://www.credit.co.kr)접속→ '체험하기' 클릭→ '전국민 신용조회 신청' 클릭→ '전국민 무료 신용조회 신청' 클릭→ 신용등급 확인

인터넷에서 「올크레딧」(http://www.allcredit.co.kr) 접속 → '전국민 무료신용조회' 클릭 → '열람하기' 클릭 → 신용등급 확인

· ※ 안심하고 자신의 신용등급을 확인(조회)하세요!
· 신용등급을 확인(조회)하더라도 신용등급에는 영향을 미치지 않습니다. 과거에는 신용조회사실이 신용등급에 영향을 준 적이 있으나 2011년 10월 이후부터는 신용등급조회 사실은 신용평가에 반영하지 않도록 개선되었습니다.

출처 : 금융감독원 서민금융 1332

이외 우량 직장으로 이직하거나 전문 자격증을 취득하면 신용 상태가 좋아지기 때문에 이때에도 금리를 낮추어 주도록 은행에 요구할 수 있다.

이를 '금리인하요구권'이라고 하는데, 한마디로 금리를 낮춰 달라고 요구할 수 있는 권리이다. 예를 들어 연봉이 확 늘거나 취업을 하게 되거나 승진하거나 전문 자격증을 취득하게 되면 이전보다 신용 상태가 좋아진 것이다. 그럼 은행에 금리인하요구권을 신청해서 원래 받던 이자율을 깎을 수 있게 된다.

이 제도는 2000년대 초에 도입이 됐는데, 모르는 사람들이 아직도 많다. 본인의 신용 상태가 개선됐다면, 은행에 금리 인하를 요구해서 어떻게든 이자를 줄이는 게 좋다.

이자율은 개인별, 금융회사마다 차이는 나겠지만, 적게는 0.1%에서 많게는 1% 가까이 줄일 수 있다.

신용등급은 하락은 쉬운 반면 상승은 어렵다. 이는 직장인도, 사장님도 모두 마찬가지이다. 신용은 살 수가 없다. 오직 노력으로 획득해야만 얻을 수 있다.

미래의 든든한 버팀목, 저축

푼돈이
목돈 된다

"습관은 인간의 삶에 있어 가장 높은 판사와도 같다.
그러니 반드시 좋은 습관을 기르도록 노력하라."

- 프랜시스 베이컨(영국의 철학자)

사람들은 누구나 행복한 삶을 소망한다. 물론 물질적인 조건만 갖춘다고 행복이 보장되는 것은 아니지만 단순히 먹고살 수 있는 수준을 넘는 튼실한 경제적 능력이 있다면 보다 행복에 가까워질 가능성이 높다고 말할 수는 있을 것이다. 그래서 지금 이 순간에도 많은 사람들이 경제적 능력을 올리기 위해 각자의 위치에서 열심히 일을 하며 살아가고 있는 게 아닌가.

이렇게 경제적으로 자립하거나 성공하기 위해서는 소득을 많이 확보하는 것이 중요하다. 대다수의 사람들이 소득의 대부분을 근로소득에 의존하고 있다. 또한 보다 나은 보수를 얻기 위해서 끊임없이 노력을 아끼지 않는다.

그러나 자신의 임금을 원하는 대로 늘리는 것이 어려운 게 현실이다. 따라서 또 다른 소득이 필요할 수 있는데, 그리 어렵지 않게 만들 수 있는 방법이 바로 금융소득을 얻는 것이다.

금융소득을 얻으려면

금융소득을 얻기 위해서는 어떻게 해야 할까?

기본적으로 저축을 통해 종잣돈을 만들어야만 한다. 지금 당장 쓸 돈도 넉넉하지 않은데, 저축을 해야 하는 것이 어쩌면 어려워 보일 수 있다. 그러나 시작이 어려울 뿐 일단 어느 정도의 자금이 모아지면 그 다음부터는 자신이 잠자는 시간에도 쉬지 않고 끊임없이 이자를 만들어 가져다주는 저축의 매력을 느낄 수 있을 것이다.

그런데 금고 안에 두거나 장롱 속에 숨겨 두면 돈이 불어날 수 없다. 단기자금이라도 증권사 통장인 CMA나 고금리 수시입출금 통장을 통해 매일 하루치 이자라도 받고, 중장기 자금이라면 당연히 정기예금이나 펀드 등을 활용해야 한다. 만기가 도래하면 꼬박꼬박 잊지 않고 잘 돌려서 지속적으로 이자를 받는 게 중요하다.

그러려면 은행에 자주 가야 한다. 그런데 은행 가는 것도 귀찮고 가는 시간도 아깝다고 생각할 수 있다. 그럴 때는 인터넷뱅킹이나 모바일뱅킹을 활용하면 된다. 은행에 자주 갈 일이 없게끔 시스템을 잘 갖추어 놓는 게 중요하다.

급여통장 같은 경우만 하더라도 어떤 사람들은 CMA 통장이나 고금리 수시입출금 통장에 급여 이체를 걸어 놔서 매달 받는 월급에 더해 이자를 받는 반면에, 어떤 사람들은 그런 것에 아예 관심이 없다 보니 월급이나 잔액에 대해서 이자를 전혀 못 받는 경우가 많다. '티끌 모아 태산'이다. 푼돈이 목돈 된다는 사실을 절대 잊지 말아야 한다.

지금 당장 생활 형편이 넉넉하지 않아서 저축을 시작하지 못한다 해도 크게 실망할 필요가 전혀 없다. 여윳돈이 없다고 하더라도 일단 가까운 금융기관을 자주 방문하여 필요한 정보를 모으거나 자신에게 맞는 좋은 금융상품을 선택하는 방법 등을 배우면서 얼마든지 시작할 수 있다.

이렇게 여유자금이 생겼을 때를 대비하여 평소 철저히 준비를 해 둔다면 나중에 훨씬 수월하게 자신에게 가장 유리한 저축 수단을 선택할 수 있고, 또 그럼으로 인해 꿈꾸어 왔던 행복한 미래를 더 빨리 만들어 갈 수 있다.

그런 면에서 저축을 생활화할 필요가 있다. 저축은 행복을 가져다주는 좋은 습관이기 때문이다. 하지만 저축을 가볍게 여기는 세태가 우리 사회에 팽배해 있다. 부자가 되고 싶거나 경제적으로 여유 있는 삶을 꿈꾸면서도 말이다.

실제로 '저축이 미덕'이라는 말을 비웃기라도 하듯 한때 우리나라의 가계 저축률은 세계 최저 수준으로 떨어졌었다. 1980년대 후반까지 25%에 가까웠던 저축률은 1990년대에는 평균 16%대를 기록하더니, 2000년대 후반에는 3%대로 OECD 평균치를 크게 밑도는 최저 수준까지 떨어졌다. 그러다가 2010년대 중반부터 겨우 6~7%대로 다시 올라섰다.

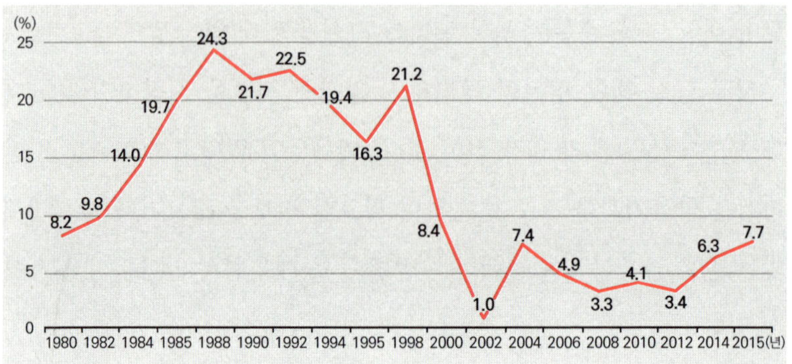

다시금 저축률이 오르는 것이 다행이긴 하지만, 아직까지도 대다수의 사람들이 저축보다는 단기간에 큰돈을 벌 수 있다고 하는 갖가지 재테크 강좌나 관련 정보에 더 높은 관심을 보인다.

하지만 재테크 격언 중 하나인 "돈을 모으는 데는 테크닉이 끈기를 이기지 못한다"는 말을 상기할 필요가 있다. 즉 재산을 모으는 데는 어떤 특별한 투자 기법보다도 꾸준한 저축이 반드시 선행되어야 한다는 이야기이다.

습관 하나로 인생이 바뀔 수 있을까?

우리 주위를 보면 후천적 습관에 의해 삶이 달라지는 경우가 대단히 많다. 자산관리에 있어서도 저축과 같은 좋은 습관을 기르는 것이 가장 우선이 아닐까 싶다.

재테크 강좌, 믿을 만한가

2000년대 중반부터 우리나라에 재테크 열풍이 불면서 '10억 클럽'이니 '부자카페'니 하는 재테크 강의들이 도처에 생겨났다. 그런데 이 많던 강의들이 2008년 글로벌 금융위기가 터지고 나서는 가을에 낙엽 떨어지듯 다 사라졌다. 당시에는 레버리지네 뭐네 하면서 빚내서 투자하길 부추기는 경우가 태반이었다. 아마 그런 강의를 잘못 듣고 빚을 왕창 내서 주식을 샀으면 쫄딱 망했을 것이다.

그런데 최근 몇 년 사이에 서울의 강남을 기점으로 부동산 상승세가 이어지자 또다시 전국에서 '묻지마 투자'식 재테크 강의가 우후죽순 생겨나고 있다.

하지만 강의 제목이 너무 자극적이면 피하거나 의심해 봐야 된다. 주로 강의보다는 고객으로 끌어들여서 한몫 벌어 보려는 강사들이 자극적인 강의 제목을 걸게 마련이다. 그리고 주최 측이 어딘지도 잘 봐야 된다. 은행인지, 증권사인지, 보험사인지 등을 확인해야 한다.

그나마 이런 금융회사에서 하는 강의라면 나름 공신력은 있지만, 그럼에도 단점은 자신들이 판매하는 상품 위주로만 설명을 할 수밖에 없다는 점이다.

주최 측을 전혀 알 수 없는 경우에는 자기들이 미리 사 둔 종목의 주가를 올리려고 매수 추천을 남발하는 경우들도 많다.

강사 역시도 중요하다. 현직 금융회사 직원이 강사면 큰 문제야 없지만, 이름 모를 요상한 투자자문사라든지 이상한 회사 이름들을 경력에 올려놓은 강사라면 좀 의심해 봐야 된다. 특히 수익률이 '몇백 퍼센트다, 몇천 퍼센트다'라며 수익률을 지나치게 자랑한다면 의심해 봐야 된다.

물론 수익률이 높으면 좋지만, 문제는 수익률을 확인할 수가 없다는 데 있다. 펀드매니저들은 펀드수익률을 가지고 평가받지만, 가끔 신문이나 인터넷 매체에 떠들썩하게 광고하면서 등장하는 소위 증권 전문가라고 불리는 이들은 수익률을 공개하지도, 증명하지도 않는다.

꾸준히 저축을 잘하려면

"습관은 삶의 훌륭한 안내자다."

- 데이비드 흄(영국의 철학자)

꾸준히 저축하기 위해 가장 먼저 해야 할 일이 있다.

바로 저축 목표를 구체적으로 설정하는 것이다. 저축 금액과 기간은 물론 매월 또는 매일 얼마만큼의 돈을 모아야 하는지를 정하는 데서부터 출발해야 한다는 이야기이다.

사회에 진출한 후 결혼하고 나서 자녀가 태어나면 살 수 있는 집을 마련해야 하고, 자녀의 교육비를 준비해야 하는 것처럼, 인생을 살다 보면 짧은 기간 안에 모을 수 없는 큰 금액의 자금이 필요하게 된다. 따라서 인생 계획과 함께, 이에 필요한 자금계획을 확인하는 것은 어떤 저축 상품을 선택해야 하는가와도 연결되는, 매우 중요한 과정인 것이다.

둘째로 저축을 계속 실천해 나가기 위해서 소비 습관을 점검하고, 이를 개선하는 노력이 필요하다.

수입을 늘리는 것은 마음대로 되지 않는다. 특히 월급을 받으며 생활하는 직장인이라면 더더욱 어려울 수밖에 없다. 그러므로 저축액을 지속적으로 확보하기 위해서는 지출을 조절할 수밖에 없는 것이다. 한마디로 저축은 절약이라는 작은 습관에서부터 시작한다는 이야기이다.

그렇지만 우리의 생활은 어떤가?

그야말로 소비의 연속이라고 해도 과언이 아니지 않은가. 사실 우리 국민들은 남의 시선을 의식하는 성향이 강한 편이다. 그런데 거기에 더해 하루가 다르게 발전해 온 수많은 마케팅 기법과 광고 등이 사람들의 소비 욕구를 더욱 자극하고 있는 게 현실이다.

그뿐인가? 이런 상황에 당장 수중에 돈이 없어도 쉽게 물건을 살 수 있는 신용카드까지 있다 보니, 소비 욕구가 실제 소비로 이어지는 것이 예전보다 훨씬 더 쉬워졌다.

따라서 소비 욕구가 남달리 강하다든지 유혹에 유독 약한 사람이 있다면 꾸준한 저축을 위해 신용카드를 없애는 것도 하나의 방법이 될 수 있을 것이다.

만약 현실적으로 신용카드를 없애는 게 너무 힘들다면 예금잔액 범위 내에서만 이용할 수 있는 체크카드로 바꾸어 사용하는 것도 좋다. 아니면 신용카드의 사용 한도를 하향 조정하거나 신용카드로 결제할 항목을 미리 정해 놓는 등 자신만의 원칙을 세워서 이를 지켜 나가는 방법도 좋다.

셋째로 장기간에 걸쳐 꾸준히 저축하기 위해서는 중간중간 돈이 불어나는 재미를 실제로 맛보는 것도 중요하다.

맛을 봐야 재미를 알지 않겠는가. 물론 처음부터 이를 기대할 수는 없겠지만 일단 어느 정도의 목돈, 즉 종잣돈이 만들어지면 돈이 불어나는 데 가속도가 붙어 돈 모으는 재미를 솔솔 느낄 수 있게 될 것이다.

마지막으로 종잣돈을 만들기까지는 무엇보다 안전한 방법을 선택하는 것이 좋다. 이런 금융상품으로는 뭐니 뭐니 해도 매달 일정한 금액을 저축하는 '정기적금'이 바람직하다고 할 수 있다. 물론 요즘은 저금리 시대라서 이자가 보잘 것 없다. 그러나 정기적금은 안전성이 매우 높고, 또한 만기에 탈 수 있는 금액을 미리 알 수 있기 때문에 목표를 정확하고 뚜렷하게 정할 수 있는 장점을 갖고 있다.

또한 사람에 따라서 다를 수 있겠지만, 돈이 있으면 더 넣고 없으면 덜 넣는 자유적립식 적금보다는 정해진 금액을 계속 입금하는 정액식 적금이 효과적일 수 있다. 그리고 입금일을 잊어버려 저축을 못하는 일이 생기지 않도록 자동납부를 신청하는 것도 저축을 꾸준히 할 수 있게 해 주는 좋은 방법의 하나라고 할 수 있다.

저축은 삶의 자세에도 큰 영향을 미친다. 저축 액수의 크기와 상관없이 그 저축 행위만으로도 삶에 커다란 자신감을 제공해 주기 때문이다.

저축이 어렵고 고된 이 세상에서 자신과 가족의 미래를 지켜 줄 든든한 버팀목이 될 것이라 믿는 것이다. 다시 말해 저축 습관은 미래에 대한 희망을 심어 줄 뿐만 아니라, 삶의 자세에 있어서도 훨씬 능동적이고 적극적이면서 긍정적인 방향으로 변화시켜 주는, 아주 강력한 힘을 가지고 있는 것이다.

그러한 의미에서 어려운 형편에서도 훌륭한 저축 실적을 보여 국가로부터 상을 받은 '저축의 날' 수상자들은 저축의 위력을 몸소 증명한 장본인들이다. 대부분 가난하고 배움도 부족했지만 성실하게 일했고 거의 매일 은행을 찾아가서 그날그날 벌어들인 수입을 저축하는 습관을 몸에 익혔다.

이들은 이러한 습관을 생활기반이 어느 정도 잡힌 이후까지도 계속하여, 남들이 부러워하는 경제적 성공을 이루었다.

저축왕들이 전하는 돈 모으는 5가지 비결

① 10원 벌어 9원 저축한다

지출을 먼저 생각하고 여유자금으로 저축을 한다면 그것은 실패 확률이 높다. 저축을 먼저 생각하고 나머지로 생활한다는 생각으로 돈이 생길 때마다 은행을 찾는다.

② 한번 가입한 적금은 해약하지 않는다

저축은 시작도 중요하지만 끝까지 밀고 나가는 끈기가 중요하다. 중도에 해약해서 얼마만큼의 돈을 쥐게 되면 유혹이 생기게 마련이다. 입금한 돈은 끼니를 굶을지언정 어떠한 경우에도 인출하지 않는다.

③ 계획적인 소비생활을 한다

돈을 버는 것보다 쓰는 것이 더 중요하다. 돈은 개인에 따라 많이 벌 수도 있고 적게 벌 수도 있지만 그것을 모으는 것은 어떻게 소비하느냐에 따라 달라진다. 계획을 세워 꼭 필요한 데에만 소비해야 불필요한 지출을 막을 수 있다.

④ 돈 불어나는 기쁨을 느껴야 한다

어려운 생활 속에서 저축을 한다는 것은 분명 고통스러운 일이 아닐 수 없다. 그것을 상쇄시켜 주는 것이 돈 불어나는 기쁨이다. 불어나는 통장 금액을 바라볼 때면 지친 육체도 힘을 얻는다.

⑤ 가족이 함께 해야 성공한다
아내나 남편은 물론 자녀들이 모두 근검·절약하고 저축하는 생활습관을 가져야만 돈을 모을 수 있다. 매일매일 가족이 모여 가계부를 쓰는 것도 좋다.

서양 속담에 '매일 1센트씩 저축하는 사람은 부자가 되고 1센트씩 빌리는 사람은 거지가 된다'는 말이 있다. 결국 꾸준한 저축은 행복을 가져다주는 좋은 습관이며, 동시에 행복한 미래를 위한 첫걸음이라 말할 수 있다. 그리고 잘 형성된 저축 습관은 내가 원하는 곳으로 나를 안내해 줄 수 있다.

 충전수업 부의 증식

내 집 마련의
기본은 청약통장

"비관론자는 모든 기회에 숨어 있는 문제를 보고,
낙관론자는 모든 문제에 감춰져 있는 기회를 본다."

- 데니스 웨이틀리(미국의 경영 컨설턴트)

저축성예금 중에는 내 집 마련에 요긴한 상품도 다양하게 있다.

주택청약예금, 주택청약부금, 주택청약저축, 주택청약종합저축은 보통 가입하고 일정 기간이 지나면 새로 짓는 아파트를 분양받을 수 있는 자격과 소득공제 등의 혜택을 준다.

이와 같은 아파트 청약과 관련한 금융상품이 출시된 것은 부동산 투기가 극성을 부리던 1977년부터이다. 그 당시 정부 입장에서는 부동산 투기도 막아야 하고 투기꾼들 때문에 피해를 보게 되는 대다수 무주택 서민들의 고통도 덜어 주어야 했다. 그렇지만 아파트 공급을 위한 재원이 부족했기에 결국 청약 관련 저축으로 민간 자본을 끌어들여 주택 공급을 대폭 늘리려 했는데, 그것이 바로 청약 제도이다.

이 청약 제도는 30년 넘게 유지되어 오면서 부동산 경기의 부침에 따라 수요를 조절하는 수단으로 변화를 거듭해 왔다. 최근의 가장 큰 변화는 청약 가점제인데, 무주택 기간이 긴 실수요자들의 당첨 기회를 늘리는 것이 핵심이다. 한마디로 말해서 청약 자격을 점수로 매겨 청약 가점이 높은 사람에게 주택을 우선 공급하는 것이다.

세대주 연령, 부양가족 수, 무주택 기간, 청약통장 가입 기간 등을 점수로 매기기 때문에 분양에 대한 의지가 강하고 부양가족이 있는 연령이 높은 무주택 세대주의 당첨 확률이 높아질 수밖에 없다. 청약 가점제는 완벽하지는 않지만 청약 제도의 본래 취지를 많이 살리게 되었다.

청약 가점제

2018년 2월 기준으로 주택청약종합저축 가입자 수는 2,000만 명이 넘고, 그중에서도 1순위 가입자 수는 그 절반인 1,000만 명이 넘는다.

분양하는 주택의 수가 한정되어 있는 것에 비해 1순위자는 너무 많기 때문에 1순위자 중에서도 우선순위를 정해야 되는데, 그것이 바로 청약 가점제다.

청약 가점제는 기본적으로 동일 순위 내에서 경쟁이 있다면 무주택 기간과 부양가족 수, 그리고 청약통장 가입 기간을 기준으로 산정하기 때문에 3가지의 점수가 높으면 높을수록 당첨 확률이 높아진다.

참고로 주택도시기금(nhuf.molit.go.kr)의 '청약가점빠른계산기' 메뉴로 들어가면 청약 가점을 미리 알아볼 수 있다.

이러한 배경으로 탄생한 청약 통장들 중 가장 대표적인 게 주택청약종합저축이다. '만능청약통장'으로도 불린다.

기존의 청약저축·청약예금·청약부금의 기능을 한데 묶어 놓은 주

 충전수업 부의 증식

택청약통장이라고 보면 된다. 주택 소유나 세대주 여부, 연령 등에 관계없이 누구나 가입할 수 있고 공공·민영주택에 모두 청약이 가능한 것이 특징이다. 단, 청약 자격은 만 20세 이상이어야 하고, 무주택 세대주로서 1인 1계좌 제도가 적용된다. 매월 2만 원 이상 50만 원 이내에서 10원 단위로 자유롭게 불입할 수 있으며, 납부 총액이 1,500만 원에 이를 때까지 50만 원을 초과하여 자유롭게 적립할 수 있다.

가입일로부터 1년 미만인지, 1년 이상 2년 미만인지, 2년 이상인지에 따라 금리가 다르게 적용되며, 예금자보호법에 의하여 보호되지는 않지만 국민주택기금의 조성 재원으로 정부가 관리하고 있다. 따라서 국민주택기금 취급 은행인 우리은행, 농협, 기업은행, 신한은행, 하나은행, 국민은행 등에서 취급하고 있다(2018년 3월 기준).

주택의 종류

국민주택	– 국가, 지자체, LH 및 지방공사가 건설하는 주거전용 85㎡ 이하*의 주택 – 국가나 지자체의 재정 또는 주택도시기금(구 국민주택지금)을 지원받아 건설·계량하는 주거전용 85㎡ 이하의 주택
민영주택	국민주택을 제외한 주택

* 수도권, 도시지역이 아닌 읍면은 100㎡ 이하

청약통장의 종류

주택청약 종합저축	국민주택과 민영주택을 공급받기 위한 청약통장
청약저축	국민저축을 공급받기 위한 청약통장
청약예금	민영주택을 공급받기 위한 청약통장
청약부금	주거전용면적 85㎡ 이하*의 민영주택을 공급받기 위한 청약통장

* 민영주택 2순위 청약에 청약부금을 사용하는 경우에는 규모 제한 없음
** 청약저축, 청약예금, 청약부금은 2015년 9월 1일부터 신규 가입이 중단되었음

주택의 종류에 따른 청약 가능 통장

주택 종류	청약 가능 통장		
	주택청약종합저축	청약저축	청약예금·청약부금
국민주택	○	○	—
민영주택	○	—	○

주택청약종합저축, 지금이라도 가입해야 할까

2015년 9월부터 모든 청약 통장이 주택청약종합저축으로 일원화되었다. 청약저축, 청약부금, 청약예금 등 종류가 네 개나 됐었는데, 하나로 합쳐진 셈이다.

이 통장을 개설하고 나서 일정 기간 동안 매달 일정액을 납입하면 청약저축 1순위를 부여받는다. 예전에는 가입 후 6개월이 지나면 2순위가 되고 2년이 지나면 1순위로 청약 우선순위가 되었지만. 지금은 수도권 지역은 가입 후 1년, 수도권이 아닌 지역은 6개월만 지나도 1순위가 된다(투기과열지구 및 조정대상지역에서는 2년). 사실상 거의 다 1순위인 셈이다. 거기에다가 주택을 구입하는 연령층대가 점점 줄어드는 구조라 주택 가격이 하락할 거라는 전망이 갈수록 힘을 얻고 있다. 그래서 과거에 비해 청약저축의 필요성이 줄어든 게 사실이다.

그럼에도 청약저축을 가입하면 몇 가지 유리한 장점이 있다.

일단 이자율이 일반 예·적금 상품에 비해 높은 편이고, 소득공제가 가능한 게 큰 장점이다. 무주택 세대주인 근로자를 대상으로 납입액의 40%를 공제해 주는데, 소득공제 납입 한도가 240만 원이라 소득공제가 주요한 재테크 수단인 근로자에게는 아주 좋은 조건이다.

그리고 무엇보다도 청약저축으로 일단 내 집을 마련할 수 있다는 것만으로도 심리적 안정감이 생긴다. 내 집이 있고 없고가 불안감과 안정감 사이를 왔다 갔다 하게 만드는 게 사실이기 때문에 이것이 참으로 중요하다.

그래서 결국 주택 가격이 하락한다 해도 청약저축을 불입하는 건 여전히 괜찮다고 볼 수 있다.

충전수업 부의 증식

주택청약종합저축 가입자 수
1순위
2순위
전국 2000만 441명
1105만 4775명
894만 5666명
서울 513만 5224명
300만 3990명
213만 1234명
* 2017년 4월 말 기준
출처 : 금융결제원

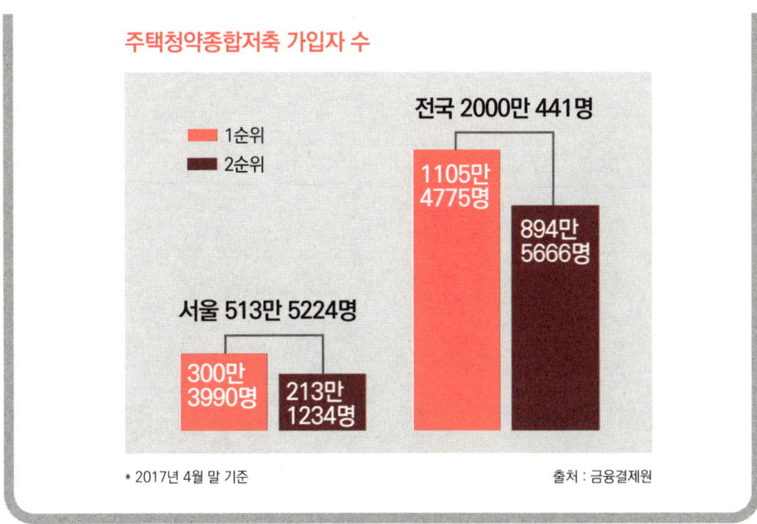

Chapter 3
대출,
현명하게 받기

상환 방식과
금리 조건을 비교하라

"남에게 빚을 지면 자유를 저당 잡히고 만다."

- 푸블릴리우스 시루스(로마의 작가 겸 시인)

현대를 살아가는 대부분의 사람에게 빚을 얻는 것은 피할 수 없는 일이 되었다고 해도 과언이 아니다. 장기 생활설계에 따라 돈을 모으려라도 목표했던 금액보다 돈이 덜 모였든지 애초 예상보다 지출 금액이 많아진다든지 하여 돈을 빌려야 할 상황은 언제든지 발생할 수 있다.

내 집을 마련하기 위해 일시에 큰돈이 필요할 경우에도 부족한 부분을 금융기관에서 빌릴 수밖에 없다.

물론 꾸준히 돈을 모아 빚을 지지 않고 주택을 마련하는 것이 바람직하다. 그러나 때에 따라서는 어느 정도의 종잣돈이 모이면 장기주택담보대출 등을 이용하여 대출을 받아 주택을 마련하는 것이 경제적으로 유리할 수도 있다.

중요한 점은 돈을 빌릴 때에는 반드시 스스로 갚을 능력이 있는 한도까지만 빌려야 한다는 것이다. 또한 이자와 원금은 약속한 날짜에 반드시 갚아야 한다. 이자나 원금을 기한 내에 갚지 않아 연체를 일정 기간 이상 지속하면 새로운 대출을 받기가 곤란해진다. 또한 기존 대출금에 대해서도 상환을 독촉받게 되는 등 많은 불이익을 감수해야 한다.

따라서 자신의 현재 소득으로 정해진 시기에 대출 이자를 지급하면서 장래에 갚아야 할 대출 원금을 충당할 수 있는지 계산해 보아야만 하는 것이다.

통계청 조사에 따르면, 금융기관으로부터 대출 받고 있는 가구가 전체의 70% 가까이 된다.

가계신용 잔액 추이

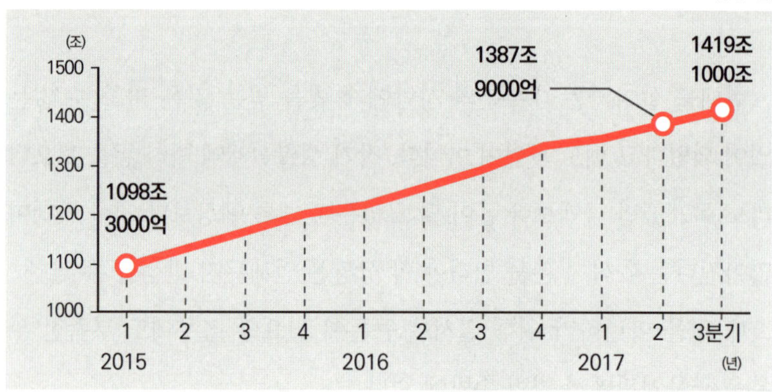

출처 : 한국은행

그런데 대출을 받으면서도 상환 방식이 어떻게 차이가 나는지 자세히 모르는 사람들이 많다. 대출 상환 방식에 따라 이자가 적게는 수십만 원에서부터 많게는 수천만 원까지 차이가 날 수 있는데도, 대부분 신경을

 충전수업 부의 증식

쓰지 않고 은행 직원이 설명해 주고 추천하는 방식만을 따르기 때문이다.

자신의 자금 사정을 잘 아는 사람은 은행 직원이 아니라 자기 자신이라는 점을 잊지 말아야 한다. 무조건 은행 직원의 말만 들었다가는 자칫 자신에게 유리한 대출 상환 방식을 택하지 못하게 되어 더 많은 빚을 떠안게 될 수도 있다.

따라서 적어도 은행에 가기 전 상환 방식에 관해 정확히 알고 있어야 자신에게 가장 유리한 방법을 선택할 수 있다.

가장 이자 부담이 적은 대출 상환 방식은

그럼 상환 방식의 차이에 대해 알아보자.

먼저 만기일시상환은 소위 거치식 대출이라고도 하며, 말 그대로 만기 이전에는 아무런 부담 없이 이자만 내다가 만기에 원금을 모두 갚는 방식이다. 또 원금분할상환은 원금을 만기까지 균등하게 나누어 갚고 이에 따라 이자 부담이 점차 감소하는 방식이고, 마지막으로 원리금균등분할상환은 원금과 이자를 합쳐 일정한 금액을 만기까지 나누어 갚아 나가는 방식이다.

그렇다면 만기일시상환, 원금분할상환, 원리금균등분할상환 이 세 방식 중 어느 쪽이 가장 이자 부담이 적을까?

대출금을 상환할 때 기억해야 할 중요한 원칙은 원금을 빨리 그리고 많이 갚을수록 이자 부담이 줄어든다는 것이다. 만약 1억 원을 3%의 금리로 30년 빌린 경우 이자 부담액을 계산해 보면 원금분할상환은 4,512만 4,966원, 원리금균등분할상환은 5,177만 7,476원, 만기일시상환은 9,000만 원 순으로 많아진다.

빌리는 사람 입장에서는 만기 이전까지 상환에 대한 부담 없이 이자만 내면 되기 때문에 만기일시상환 방식을 선호하는 경향이 있지만, 원금 상환을 미룬 만큼 이자 부담이 더 커지는 셈이다.

따라서 상환 능력에 문제가 없다면 원금분할상환 방식이 가장 유리하다. 하지만 원금을 너무 일찍 갚으려 하다 보면 자칫 중도상환수수료를 부담할 수도 있으므로 대출 조건을 자세히 검토한 후 상환 일정을 계획해야 한다.

대출금 상환 방식

	만기일시상환	거치식상환	원금균등분할상환	원리금균등분할상환
내용	대출기간 동안 이자만 납부하다가 만기일에 일시 상환	거치기간 동안은 이자만 내다가 거치기간이 끝나면 원금과 이자를 여러 가지 방법으로 상환	대출원금을 대출기간 동안 일정한 금액으로 상환. 이자는 줄어든 원금에서 계산하기 때문에 계속 감소	대출금 만기일까지의 총이자와 원금을 합하여 대출기간으로 나누어서 매번 일정금액을 상환
장점	· 조기상환부담 적음 · 만기일까지 수익을 올릴 수 있다면 유리	· 소득이 적거나 원리금균등상환이 곤란할 때 편리 · 주택담보대출처럼 대출금액이 큰 경우에 사용	· 이자 비용이 저렴 · 시간이 흐름에 따라 상환금액이 감소	· 상환금액이 항상 일정 · 계획적인 자금 운영이 가능 · 소득과 지출이 일정한 정액소득자에게 적절
단점	· 이자가 높다 · 만기일시상환의 부담이 크다.	· 이자가 높다 · 거치기간 동안은 원금이 그대로 있어서 상환 부담이 줄지 않는다.	· 처음에 상환 부담이 크다. · 매월 갚아야 할 금액이 달라서 번거롭다.	· 매번 상환 부담이 비교적 큰 편

빚을 얻을 때 금리 조건은 크게 두 가지로 나누어 볼 수 있는데, 고정금리 조건과 변동금리 조건이다.

고정금리 대출은 만기까지 적용되는 대출금리가 변하지 않기 때문에 매월 내야 하는 이자가 일정하지만, 변동금리 대출은 일정 주기마다 적용되는 대출금리가 바뀌기 때문에 내야 하는 이자도 일정 주기마다 변동한다.

일반적으로 변동금리보다 고정금리가 높아서 고정금리 대출이 불리할 것 같지만, 금리가 점차 상승하게 되면 변동금리가 고정금리보다 높아질 수도 있다. 따라서 금리 상승기에는 고정금리 방식의 대출이 유리하고 금리 하락기에는 변동금리 방식의 대출이 유리하다.

고정금리와 변동금리

유형		고정금리	변동금리
단기대출		초기 이자 부담이 크다.	초기 이자 부담이 적다.
장기대출	금리 상승기	안정	부담 가중
	금리 하락기	불리	유리

좀 더 자세히 살펴보자.

고정금리는 대출 만기 시중금리와 상관없이 애초 약정한 이자만 부담하면 되고, 이자가 고정되어 있어 계산도 편하고, 상환 계획도 한번에 세울 수 있다는 장점이 있다. 하지만 대출 시점에 변동금리보다 대개 0.5~1%p 정도 금리가 높게 책정되기 때문에 막상 본인이 대출을 받는 입장에 서면 쉽게 선택하기 힘든 경우가 많다. 향후 금리가 더 떨어진다면 손해를 보게 되는 것이다. 즉 금리 변동의 위험성을 돈을 빌려주는 금융회사가 떠안는 것이다.

변동금리는 시중금리 등에 연동되어 변하는 금리로 대출 당시에는 고정금리보다 낮기 때문에 우리나라 사람들이 많이 선택하는 편이다.

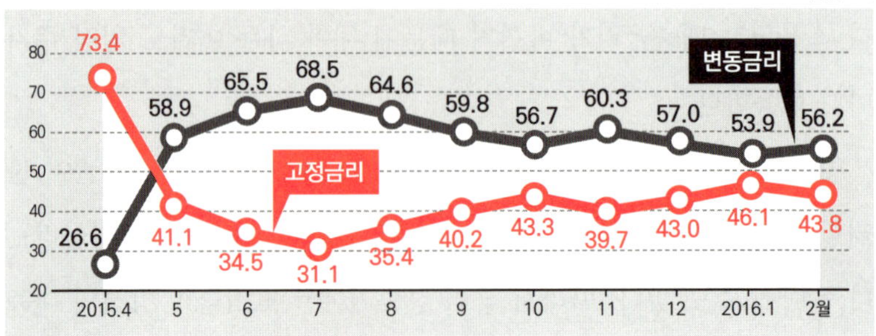

앞으로 대출 금리가 내려가 자신에게 유리할 거라는 생각을 하기 때문이기도 하다. 변동금리를 선택하면 때로는 이자를 적게, 어떤 때는 많이 내야 하는 상황이 발생하기도 한다.

시중금리가 오를 경우 대출금리가 따라 올라 이자 상환 부담이 커지고, 내리면 이자 부담이 줄어든다. 향후 금리 변동의 위험성을 대출자가 감수하는 것이다. 따라서 금리가 상승할 것 같거나 현재 금리가 예전에 비해 지나치게 낮은 것 같으면 고정금리를 선택하고, 현재 금리가 상당히 높은 것 같고 앞으로 금리가 내려갈 것 같으면 변동금리를 선택하는 것이 유리할 것이다.

그런데 장기적으로는 사실 금리가 내릴지 오를지는 아무도 모른다. 은행 직원은 물론이고 우리나라의 기준금리를 결정하는 한국은행 금융통화위원회에서도 알 수가 없다. 더구나 변동성이 커진 상황에서 전쟁이나 통일 같은 변수까지 생각한다면 먼 미래의 금리는 예측 불가다.

그러니 일반인의 입장에서 금리를 전망해 가며 변동금리로 받을지

 충전수업 부의 증식

고정금리로 받을지 고민하는 건 별 의미가 없을 수 있다. 다만, 금리가 오를 수도 있고, 내릴 수도 있다는 걸 감안하고 고민하는 게 좋다. 그래서 오히려 중요한 건 대출 기간과 상환 방식이 아닐까 싶다.

일단 장기 대출이라면 변동금리보다는 고정금리가 덜 위험한 게 사실이다. 또 일시상환 방식보다는 분할상환 방식이 덜 위험하다. 변동금리로 분할상환하기로 한 경우, 시간이 지날수록 원금이 줄어들기 때문에 나중에 이자율이 조금 오른다고 해도 크게 부담스럽진 않을 것이지만, 일시상환 방식이라면 금리가 오를수록 이자 부담이 아주 커지게 된다. 그래서 대개의 경우라면 장기대출과 일시상환일수록 고정금리가 덜 위험하다고 볼 수 있다.

그리고 또 한 가지 대출을 받을 때는 자기가 갚을 수 있는 수준인지 꼭 따져 보고 결정해야 된다. 금리가 어느 정도 오른다면 매달 갚는 금액이 얼마나 늘어날지 생각해 봐야 한단 것이다. 만약 이자율이 오름세라 매달 갚는 이자가 껑충 뛰어서 현재의 수입만으로 곤란해지는 경우라도 생기면 가계재무에 빨간불이 켜지게 된다.

따라서 금리가 오를 수도 있다고 가정하고 이자액을 계산해 봐야 한다. 그렇다고 10%, 20% 오른다고 생각할 순 없다.

일단 지난 10여 년 정도의 금리 변화를 살펴보면 높을 때와 낮을 때가 대략 3~5%p 정도 되므로 이 정도 선에서 금리 변화가 있을 수 있다고 가정하고 계산해 보는 게 좋을 것이다. 특별한 상황만 오지 않는다면 말이다. 그런 계산은 포털사이트나 각 은행 사이트에 있는 '금융계산기'라는 메뉴를 활용하면 된다.

물론 빚을 갚는 가장 좋은 방법은 빚을 지지 않는 것이다.

대출받기 전, 이것만은 반드시 체크하라

"빚지는 것은 빈곤 중에서도 가장 나쁜 빈곤이다."

- 토머스 풀러(영국의 역사가)

대출을 받기 전에 반드시 고려해야 할 사항이 몇 가지 있다.

무엇보다 자금의 사용 용도와 상환 계획을 분명히 하고 그에 알맞은 대출 방법을 선택해야 하는 것이다. '닭 잡는 데 소 잡는 칼을 쓰지 않는다'고 하는 것처럼 6개월 이하의 단기간에 쓸 소액의 자금을 융통하기 위해 금리가 낮다는 이유로 장기 주택담보대출을 받는 것은 어리석은 일일 수 있다.

이런 경우 아직 만기가 남은 저축이나 보험이 있다면 이를 담보로 돈을 빌리는 예·적금담보대출이나 보험약관대출을 활용하는 편이 나을 것이다. 통상 돈이 필요해서 예·적금을 중도 해지할 경우에는 포기해야 하는 이자가 적지 않은데, 이를 피할 수 있기 때문이다.

 충전수업 부의 증식

그뿐만 아니라 대출이자가 해당 금융상품 수익률에 1% 내외 정도를 더한 수준이기 때문에 신규로 대출받는 것보다 유리할 수 있다.

마이너스 통장의 유혹

만약 이 방법이 여의치 않고 자신의 급여나 생활비 절약을 통해 단기간에 갚을 수 있다면 보통 '마통'이라고 부르는 마이너스 대출이 유용할 수도 있다.

직장인들이 주로 사용하는데, 거래 은행에서 하나 만든 다음 일정 한도 내에서 필요할 때마다 수시로 빼서 쓸 수 있어 편리하다. 또 한 번 약정하면 만기를 연장하기 전까지 은행 방문이 필요 없고, 중도상환수수료도 없으며, 카드 대금의 연체수수료보다 대출이자가 낮다는 점 등 때문에 많은 사람들이 쓰고 있다.

하지만 마이너스 대출은 대개의 경우 신용대출보다 금리가 약 0.5~1%p 정도 높고, 대출이자가 복리로 계산되며, 대출 한도까지 다 쓴 후 이자를 갚지 않으면 신용대출처럼 높은 연체이자를 내야 한다. 그리고 무엇보다도 처음에는 '급할 때 잠깐 쓰면 되지' 하고 만들었다가 결국 미이너스 대출금액이 계속 불어나는 걸 보게 된다는 것이다. 대출이 쉬우니까 자꾸 빚지게 되고, 자꾸 빚지게 되니까 한도가 늘게 되고, 그러다가 어느 순간 눈덩이가 되어 돌아오는 빚더미를 보게 되는 것이다.

마이너스 대출 통장도 말이 통장이지 엄연한 빚이다. 급할 때야 유용하겠지만, 잘못 사용하면 빚더미로 변할 수 있다는 것이다.

그래서 마이너스 대출은 사실 아예 안 쓰는 게 기본적으론 좋다. 다만, 신용카드 결제일이 다가오는 데 잔고가 없다면 일단 마이너스 대출을 당겨 쓴 다음 월급날 채워 넣을 수 있을 때는 유용하게 사용할 수 있다. 하지만 1년 이상 마이너스 상태가 계속 갈 것 같다 싶으면 그냥 일반대출로 받은 다음, 꼬박꼬박 분할 상환하며 갚아 나가는 게 낫다.

일반 신용 대출과 마이너스 대출 비교

	일반 신용대출	마이너스 대출
장점	마이너스 대출 대비 낮은 금리	사용한 금액에 대해서만 이자 발생
단점	대출금 전액에 대한 이자 발생	일반 신용대출보다 높은 금리

적정한 부채 규모는 총소득의 30% 이내

다음으로는 대출 규모를 적절한 수준 이내로 하고 매달 원리금도 월급의 일정 수준 이하가 되도록 해야 한다. 만약 대출 규모가 일정 범위를 넘어선다면 대출이 살림에 큰 부담으로 작용하여 결국 돈도 잃고 가정의 행복도 잃는 시발점이 될 수 있기 때문이다.

보통 재무전문가들은 대출 규모를 집값의 30% 이내로 하고, 이자와 원금 등 부채를 상환하기 위해 지출하는 금액도 총소득의 30% 이하가 되도록 권장하는 편이다. 또한 보유하고 있는 총부채 잔액은 총자산의 40%가 넘지 않도록 하여야 한다.

대출 이용 시 주의사항

- 대출하기 전 그 목적이 무엇인지 생각해 보아야 한다. 꼭 필요한 대출이 아니라면 되도록 이용하지 않는 것이 좋다.

- 꼭 필요한 대출이라면 자신이 부채 상환을 잘할 수 있는지 생각해 보아야 한다. 이자 상환을 위해 지출을 줄이는 노력이 반드시 필요하다.

- 이자율이 낮은 대출 상품을 선택하는 것은 당연하다. 이와 함께 본인 재정 상황에 맞는 이자 상환 방식을 선택해야 한다.

- 대출 부대비용(취급수수료, 중도상환수수료, 보증보험료 등)도 고려해야 한다.

- 소득이나 자산을 기준으로 할 때 부채 규모가 적정한지 평가해야 한다. 일반적으로 소득 대비 부채상환액(DTI) 비중이 30%를 넘지 않는 것이 좋고, 총자산 대비 총부채 비중은 40%를 넘지 않는 것이 좋다.

그리고 무엇보다도 앞서 살펴보았듯이 대출을 받거나 신용카드를 사용했다면 대금을 연체시키지 말아야 한다. 하루라도 연체하면 곧바로 높은 연체료를 부담하게 될 뿐만 아니라 금융기관의 콜센터로부터 독촉전화를 받는 등 불쾌한 경험을 하게 되기 때문이다. 더욱이 연체 기간이 길어져 금융채무 불이행자가 된다면 금융기관 간 자료 공유로 거래은행 이외의 여타 금융기관과도 정상적인 거래를 하기가 어려울 수 있다.

그런데 요즈음은 대출에 대해 쉽게 생각하는 사람들이 많다. TV에 나온 대부업체 광고를 보고 전화 한 통만 하거나 인터넷이나 휴대폰으로도 간편하게 대출을 받을 수 있으니 그런 분위기가 형성된 듯싶다.

물론 월급이라든지 정기적인 소득이 있다면 먼저 돈을 쓰고 갚는 것이 반드시 나쁘다고만 볼 수는 없을 것이다. 다만, 실직을 하거나 사업을 접게 되면 그때부터 큰일이 나게 된다.

이렇게 불확실한 미래를 대비해서 가급적 신용카드보다는 체크카드를, 마이너스 통장보다는 비상금 마련을 하는 게 나은 것이다.

저렴하게 대출 받는 방법

그럼에도 불구하고 만약 대출을 받는다면 보다 저렴하게 받아야 할 것이다. 그 방법을 살펴보자.

낮은 이자로 대출을 받기 위해서는 먼저 금융감독원이 운영하는 '금융상품 한눈에'(finlife.fss.or.kr)와 전국은행연합회(www.kfb.or.kr)를 참고하는 게 좋다. 특히 '금융상품 한눈에'에서는 대출뿐만 아니라 저축, 펀드, 연금, 보험 등 다른 금융상품도 비교가 가능해 활용하면 좋다. 은행과 저축은행, 보험사별, 지역별로 알아볼 수 있을 뿐 아니라, 금리 방식, 상환 방식, 신용등급에 따른 금리와 월평균 상환액 등을 쉽게 비교해 볼 수 있다.

담보대출은 고객의 신용도나 거래 실적에 따라 금리가 낮게 적용되므로 본인의 급여통장이나 각종 결제통장이 있는 주거래 은행을 중심으로 자신의 할인 폭을 알아봐야 한다. 특히 부동산담보대출에는 근저당 설정 등 여러 가지 부대비용이 소요되므로 그 비용이 어떻게 되는지도 꼭 챙겨야 한다.

신용대출도 담보대출과 마찬가지로 주거래 은행을 이용하면 여러 가지 혜택이 있다. 보통 주거래 은행을 지정하고 거래 실적을 늘리면 대출한도 확대나 우대금리 적용 등의 혜택을 받을 수 있다. 직장인이 아니더라도 은행과의 거래 실적만으로 신용대출이 가능하며 금리 혜택도 있으므로 먼저 자신의 주거래 은행에 문의할 필요가 있다.

신용등급이 높은 경우에도 대출금액이 크지 않거나 단기 대출일 경우 쉽고 간편한 제2금융권이나 제3금융권 대출을 이용하는 경우가 많다. 은행을 찾아가서 상담하는 것이 번거롭고 귀찮기 때문이다. 그러나 대부분의 은행에서는 이런 고객을 위해 인터넷 대출을 취급하고 있기에 필요한 경우 주거래 은행의 인터넷 홈페이지를 통해 대출을 쉽게 받을 수 있다. 이렇게 하면 주거래 은행과의 거래 실적을 쌓는 동시에 자산과 부채를 이곳저곳 여러 금융회사에 분산하지 않고 한 곳에서 관리할 수 있다는 장점이 있다.

물론 당연한 얘기지만 주거래 은행을 활용하라는 것은 될 수 있는 대로 금융 거래를 한 군데로 몰아서 하라는 의미일 뿐, 거래 실적을 늘리려고 일부러 신용카드를 만들고 타행 이체 등을 반복하라는 뜻은 아니다.

한편, 신용등급이 낮은 경우 혹시라도 대출을 거절당할까 봐 대출 광고 전단지를 보고 대부업체나 대부중개업체에 연락하는 경우가 많은데, 제3금융권인 대부업체의 금리는 대부분 연 20%를 훌쩍 넘을 정도로 매우 높은 게 현실이다. 금리가 너무 높기 때문에 한번 잘못 빌렸다가 고금리 덫에 걸려 빚더미에서 헤어 나오지 못할 수 있을 뿐만 아니라 가족 전체가 고통받고, 심한 경우 집안이 망할 수도 있다는 것을 명심해야 한다.

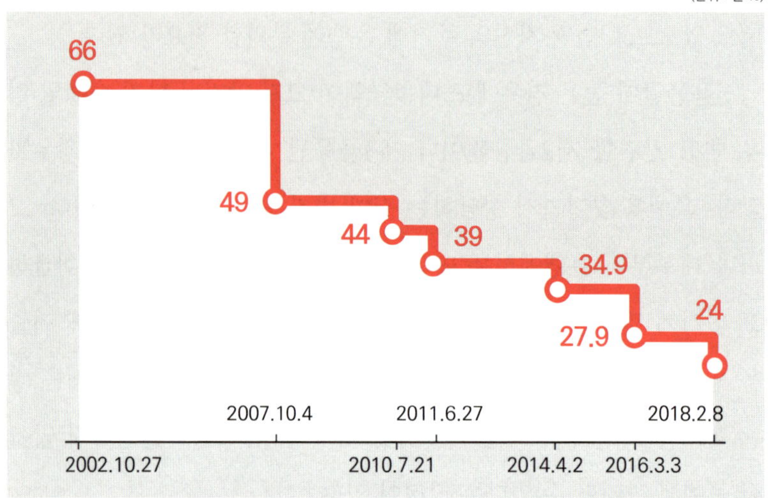

정말 신용등급 때문에 어쩔 수 없이 대부업체를 이용해야 하는 상황이라면 일단 '서민금융 대출지원 제도'라는 걸 알아보는 게 좋다.

새희망홀씨, 햇살론, 미소금융, 바꿔드림론 등의 제도들은 일반 서민들을 위해 마련한 제도라 요건만 해당되면 대부업체보다 훨씬 저렴한 이자율로 이용이 가능하다. 제도마다 내용들이 조금씩 다르므로 금융감독원(1332번)이나 서민금융 통합콜센터(1397번)에 전화해서 자신에게 적합한 상품이 있는지 상담을 받는 게 좋다.

빚을 갚으려면 더 많이 벌거나 더 적게 쓰는 방법밖에 없다. 그런데 더 많이 벌기보다는 더 적게 쓰는 게 쉬워 보인다. 그러므로 되도록 소비를 줄이고, 근검절약하는 것이 대출 없이 맘 편히 살 수 있는 방법이라 할 수 있다.

금융시스템 제대로 파악하기

금융상품 선택, 무엇이 잘못되었나

"탐욕스러운 인간은 다 삼켜 버리는 사막의 척박한 모래땅과 같다.
다른 이들에게 이익이 되는 그 어떤 과일도 주지 못한다."

– 제논(고대 그리스의 철학자)

금융상품은 취급하는 금융기관도 다양하고 종류도 매우 많다. 또 저마다의 장단점이 있어서 어느 금융기관의 어떤 상품을 선택해야 할지 잘 모르는 경우가 많다.

금융상품을 선택할 때에는 저축의 목적이나 기간, 금리 등 현실적으로 고려하여야 할 사항이 많은 편이므로 자신의 형편과 사정을 감안하여 적절한 상품에 가급적 분산 투자하는 지혜가 필요하다.

또한 현재 자신의 수입이나 재산 상태, 그리고 앞으로 필요한 자금의 규모 등을 고려하여 주택 마련, 자녀 교육, 노후생활 준비 등 구체적인 장기 저축 목표를 세우는 게 중요하다. 아울러 이를 달성하려는 강한 의지를 갖고 저축을 생활화해 나가는 것이 무엇보다 중요하다고 할 수 있다.

올바른 금융상품 선택 요령

그럼 재산 늘리기의 필수인 올바른 금융상품 선택을 위한 요령에 대해 알아보자.

첫째로 목적을 고려한 선택이 중요하다.

금융상품의 선택 기준은 돈을 모으려는 목적에 따라 달라야 한다는 이야기이다. 돈을 모으려고 하는지 아니면 모은 돈을 불리려고 하는 것인지, 돈을 모은다면 왜 모으려고 하는지에 대해 먼저 생각해 봐야 하는 것이다.

금융상품에는 주택 마련 자금, 노후 생활 자금 등 목적에 따라 개발된 장기 저축상품이 있고, 가계 여유자금을 단기간 운용하는 데 적합한 상품도 있으며, 또한 일상생활을 편리하게 할 수 있도록 도와주는 기능을 가진 상품도 있기 때문이다.

가령 우선 목돈을 모으려고 한다면 당연히 적금과 같은 금융상품을 선택하는 것이 좋을 것이고, 또 주택 자금을 모으려면 청약저축을 선택하는 것이 유리할 것이다. 그리고 적금을 열심히 부어서 목돈을 마련했는데 이를 좀 더 불리고 싶다면 은행의 정기예금이나 자산운용회사의 펀드 등을 선택하는 것이 좋을 것이다.

저축 목적별 주요 금융상품

저축 목적	비고
주택자금 마련	주택청약예금, 주택청약부금, 주택청약저축, 주택청약종합저축 등
노후생활자금 마련	연금저축, 변액연금, 연금보험, 역모기지론 등
목돈 늘리기	정기예금, 금전신탁, 수익증권, 뮤추얼펀드, 변액보험 등
자녀 교육비 마련	장학적금, 교육보험 등
생활 안정성 확보	생명보험, 상해보험, 질병보험(암보험), 손해보험 등
대출을 받기 위한 저축	상호부금, 신용부금 등

둘째로 기간을 고려한 선택이 중요하다.

자신의 목적에 맞는 금융상품을 찾았다 하더라도 그 돈이 언제 필요할 것인지를 예측한 다음 금융상품에 가입하는 것이 중요하다는 이야기이다. 높은 금리만 보고 무조건 장기 금융상품에 돈을 맡겼다가 갑자기 급한 사정 등으로 만기 이전에 중도해지하게 되면 중도해지 수수료를 내거나 약정금리보다 낮은 이율을 적용받게 되어 손실을 볼 수 있다.

따라서 금융상품을 선택할 때에는 자금 지출 계획과 저축 기간을 일치시키는 원칙을 지키는 한편, 장기 저축자금과 단기 운용자금을 구분하여 기간을 분산시키는 것이 유리한 것이다. 또한 만기가 도래한 금융상품을 그냥 놓아두면, 만기 후에 약정금리보다 낮은 이자가 적용되거나 이자가 전혀 지급되지 않는 경우도 있기 때문에 목돈이 언제 필요할지에 대하여 계획을 잘 세워 적절히 선택하여야 한다.

저축 기간별 주요 금융상품

구분	은행	자산운용회사*	증권사	보험회사
1개월 이내	저축예금, MMDA	MMF	RP, CMA	
1~3개월 이내	RP, 정기예금	MMF, 단기수익증권(채권형)	RP, 단기수익증권(채권형), CMA	
3~6개월 이내	RP, 정기예금, 특정금전신탁	단기수익증권(채권형)	RP, 단기수익증권(채권형),CMA	
6개월~1년 이내	정기예금, 특정금전신탁	중기수익증권(채권형/주식형)	중기수익증권(채권형/주식형)	
1년 이상	정기예금, 금융채, 특정신탁, 주택 관련 저축	장기수익증권(채권형/주식형) 연금투자신탁, 뮤추얼펀드	회사채, 국공채, 장기수익증권(채권형/주식형)	장기저축성보험, 연금보험, 변액보험

* 자산운용회사의 수익증권은 은행이나 증권사, 보험회사 등 판매회사에서 가입할 수 있음

이 기간을 고려한 선택은 특히 보험을 가입할 때 필요하다. 우리나라는 보험 가입률이 세계적으로 상당히 높은 수준이다. 보험은 1, 2년 내다보고 가입하는 게 아니라, 최소 10년, 적어도 20년, 길게는 40, 50년을 바라보고 가입해야 하는 장기 상품이다.

그런데 보험설계사 입장에서는 보험 가입 금액을 조금이라도 올려서 가입시키는 게 본인에게 유리하다 보니 많은 경우 자꾸 부담스러운 보험 계약을 권유하곤 한다. 이럴 경우 아무 생각 없이 계약서에 서명하고 가입하는 경우가 종종 있는데, 대부분 보통 약 3년 이내에 대략 10명 중 4명이 해약을 한다.

특히 보험상품은 중도에 해약하게 되면 다른 상품에 비해 가입 기간이 짧을수록 손해가 크다. 기간을 고려하지 않고 가입하는 바람에 큰 손실을 입게 되는 것이다.

셋째로 금리를 고려한 선택이 중요하다.

금리란 돈을 빌린 사람이 일정 기간 동안 돈을 빌려 쓴 것에 대한 대가로서 지급하는 이자의 원금에 대한 비율을 말하는데, 단리와 복리, 고정금리와 변동금리가 있다. 금융상품을 선택할 때는 이 금리를 주의 깊게 살펴보아야 한다.

상품 가입 후 금리가 상승할 것으로 예상된다면 당연히 변동금리 상품에 투자하는 것이 유리하겠고, 반대로 금리가 하락할 것으로 예상된다면 고정금리 상품에 투자하는 것이 낫다고 할 수 있다.

금융상품의
속성을 들여다보라

"금과 은은 계속 가지고 있어라. 우리에게는 지혜를 달라."

- 아랍 속담

금융상품을 선택할 때에는 서로 상반되는 관계에 있는 안전성, 수익성, 환금성의 3가지 요소를 적절히 고려해서 선택하는 것이 중요하다.

안전성은 어떤 금융상품에 있어서 원금과 이자가 보전될 수 있는 정도를 뜻한다. 어떤 금융상품이든 절대적으로 안전할 수는 없다. 그래서 모든 금융상품은 정도의 차이가 있으나 원금과 이자를 보전하는 데 위험이 따를 수밖에 없다.

금융거래 위험에는 거래 금융기관이나 증권 발행기업의 파산 등으로 인한 채무불이행의 위험과 금융상품의 시장가격 변동에 따른 가격 하락 위험, 이 두 가지가 있다. 따라서 금융기관을 정할 때는 부실화 가능성은 없는지 또 해당 금융상품이 예금자보호법에 의한 보호 대상인지 여부를 미리 확인해 볼 필요가 있다. 주식이나 회사채를 사는 경우에도 최소한 원금을 지켜 줄 수 있는 회사인지를 따져 본 후 결정해야 하는 것이다.

또한 실적배당형 금융상품은 확정금리형 상품과 달리 운용 실적에 따라 투자 원금까지 손해 볼 수 있는 위험을 안고 있는 데다 예금자보호 대상에서도 제외된다는 점에 유의하여야 한다. 결국 금융상품의 가치는 금융기관의 경영 상태나 주가, 환율 등 금융시장의 가격지표 변동에 따라 영향을 받을 수 있기 때문에 이들 요인에 의해 원금 손실이 발생하는 금융상품이라면 안전성이 낮다고 할 수 있다.

그러므로 일반적으로 수익성이 높은 금융상품일수록 위험도 큰 만큼 여유자금을 특정 금융상품에 집중시키지 말고 안전성이 다른 몇몇 상품에 분산하는 것이 바람직하다.

수익성은 금융상품의 가격 상승이나 이자 수익을 기대할 수 있는 정도를 뜻하는데, 이자율 또는 수익률로 표시한 수익성 지표가 높거나 주가 뜨는 환율의 변화에 따라 향후 가치 상승이 기대되는 경우에는 수익성이 높다고 할 수 있다.

주식의 경우라면 향후 주식 가격의 상승에 대한 기대와 주식 발행 회사가 결산 후에 지급하는 배당 수익에 대한 기대가 있고, 채권의 경우에는 채권 가격이 상승하고 이자 수입이 매 정해진 기간마다 안정적으로 지급되는 것에 대한 기대를 의미한다.

금융기관에서 판매하는 여러 가지 상품을 비교해 보면 비교적 높은 수익을 기대할 수 있는 상품을 찾을 수 있다. 하지만 수익이 높은 것은 위험이 높든지 환금성이 떨어진다든지 하는 분명한 이유가 있다는 점을 유념하여 잘 살펴보아야 한다.

한편 각 금융기관이 수익률을 다양한 형태로 제시하고 있는 점도 유의하여야 한다. 표면금리 이외에 이자 지급 방법, 세금 우대 여부 등 수익률에 실질적으로 영향을 미치는 요인을 함께 고려하여 수익률을 이해할 필요가 있다는 이야기이다. 즉 수익을 극대화하기 위해서는 수익에 영향을 미치는 요소들을 모두 반영한 다음에 세후 실효수익률이 높은 금융상품을 선택하는 것이 바람직하다는 것이다.

세후 수익률

보통 우리가 이자를 지급받으면 불어난 이자액에서 일정 금액을 정부가 이자소득세라는 명목으로 떼어 간다. 현재 이자소득세율은 15.4%이다.

예를 들어 내가 정기예금에 1억 원을 넣어 놨는데 이자율이 2%라서 1년 뒤에 200만 원이라는 이자를 얻었다고 가정해 보면, 200만 원의 15.4%인 30만 8,000원이 세금으로 나가는 것이다. 그래서 실제 내 주머니 안에 들어온 수익은 대략 170만 원 정도 된다(200만 원-30만 8,000원). 그러면 약 1.7%(170만 원÷1억 원)가 실제 세후 수익률이 된다.

유동성 또는 환금성이란 돈이 필요할 때 언제든지 보유 자산을 별다른 손해 없이 현금화할 수 있는 정도를 말한다. 생활을 하다 보면 당장 현금이 필요한 경우가 생기게 마련인데, 만기가 장기인 적금이나 예금 등은 중도해지에 따른 불이익이 크므로 환금성이 낮다고 할 수 있는 반면 은행의 수시입출금식 예금이나 급여통장, 또는 증권사의 CMA 등은 손쉽게 현금으로 인출할 수 있으므로 환금성이 높은 상품이라고 할 수 있다.

즉 유동성이 좋은 금융상품일수록 원하는 시점에 현금으로 바꾸는 데 어려움이 없거나 비용을 적게 지불한다고 할 수 있다. 반대로 중도 해약이 불가능한 조건 또는 환금이 되지 않는 기간이 설정되어 있거나 환금에 과다한 수수료를 물어야 할 경우 등은 유동성을 저하시키는 요인이 되는 것이다.

일반적으로 환금성이 높으면 수익성은 낮아지게 된다. 급여통장이나 수시입출금통장 또는 증권사의 CMA 계좌들은 언제든지 넣다 뺐다 할 수 있게 만들었기 때문에 금융사 입장에서는 금리를 높게 주기가 어렵다. 그래서 수익성이 낮다고 하는 것이다. 따라서 투자를 위한 단기 대기성 자금이나 일상의 생활자금은 수시 입출금이 자유로워 환금성이 높은 상품을 이용하는 것이 바람직하다.

금융상품 속성 간의 관계를 살펴보면 일반적으로 안전성과 유동성이 높은 금융상품일수록 수익성은 낮은 편이고, 안전성과 유동성이 낮을수록 수익성은 높은 편이다. 즉 이들 세 가지 속성을 동시에 만족시키는 금융상품은 찾아보기 어렵다는 것이다. 따라서 이상적인 금융상품은 세 가지 조건을 모두 만족하는 상품이라기보다는 안전성과 유동성이 같다면 수익성이 높은 상품, 수익성이 같다면 안전성과 유동성이 높은 상품이 될 것이다.

그리고 세금 절약을 고려한 선택이 중요하다.

금리가 낮은 수준을 유지하고 있는 요즈음 같은 상황에서는 금융기관이 수익성이 좋은 곳에 자금을 운용할 기회도 적어지기 때문에 수익성 높은 금융상품을 개발하여 판매하기가 쉽지 않다. 그만큼 금융상품의 개발 및 판매에 있어 각 금융기관들 간에 치열한 경쟁이 이루어진다는 이야기이다.

이런 상황에서 안전성이나 유동성의 훼손 없이 수익성을 높이는 방법으로 좋은 것은 정부의 세금 혜택에 따라 개발되어 판매되는 세금 절약 금융상품을 선택하는 것이다. 다시 말해 이자에 대해 세금을 부과하지 않거나 줄여 주는 상품에 우선적으로 가입할 필요가 있다는 이야기이다. 이러한 금융상품은 세후에 실질적으로 받게 되는 실효수익률이 그렇지 않은 금융상품보다 높다.

현재 이자소득에 대하여는 이자소득세 14%와 지방소득세 1.4%를 포함하여 전체 15.4%의 세금이 부과되고 있는데, 이런 이자소득에 대한 비과세 또는 감세되는 금융상품은 일반 서민들이 장기적이고 안정적으로 저축할 수 있도록 하기 위해 정부에서 혜택을 주는 것이다. 따라서 해당 상품이나 금액이 제한되어 있으며 일반적으로 일정 기간 이상 가입한 경우에 한해 비과세 또는 감세의 효과를 얻을 수 있다. 이 중 제일 유리한 것은 세금을 전혀 내지 않는 비과세라고 할 수 있고, 그 다음이 9.5%의 세금 우대, 그리고 15.4%의 세금이 부과되는 일반 과세 순이라고 할 수 있다.

만약 1년 만기 정기 예금 1,000만 원에 연 5%를 보장받는다면 1년 후에는 50만 원의 이자 수익이 발생할 것이다. 하지만 일반 과세인지, 세금 우대인지, 비과세인지에 따라 세후 수익이 달라지게 된다. 일반 과세일 경우 이자 수익 50만 원의 15.4%인 7만 7,000원을 이자 소득세로 제하고 남은 나머지 42만 3,000원을 손에 쥘 수 있지만, 세금 우대인 경우에는 이자 수익 50만 원의 9.5%인 4만 7,500원을 세금으로 제하고 45만 2,500원을 얻을 수 있게 된다. 또 비과세인 경우에는 50만 원 모두를 수익으로 쥘 수 있다.

따라서 제시하는 세전 금리가 같다면 비과세, 세금 우대, 일반 과세의 순서로 수익률이 높지만, 세전 수익률이 같지 않다면 세후 수익률을 꼼꼼히 따져 봐야 하는 것이다.

그리고 연말정산 시 소득공제나 세액공제 혜택이 주어지는 금융상품도 선택 대상으로 우선 고려할 필요가 있다. 보통 자격 요건이 주어지고, 저축금액의 일정비율 한도 이내에서 세금 절약의 혜택을 주고 있다.

소득공제는 과세대상 소득에서 공제금액을 차감하는 것으로서 납세자의 과세표준에 따라 누진적으로 적용되는 세율을 곱한 금액만큼 세금을 덜 내게 되는 효과가 있고, 세액공제는 과세소득금액에 세율을 적용하여 산출된 세액에서 일정 금액을 공제하는 걸 뜻한다. 둘 다 그만큼 세금을 덜 내게 되는 효과가 있다.

그러므로 금융상품을 고를 때두 TV나 냉장고를 살 때처럼, 이것저것 잘 비교해 가며 지혜롭게 선택해야 한다.

금융상품 선택 시 고려사항

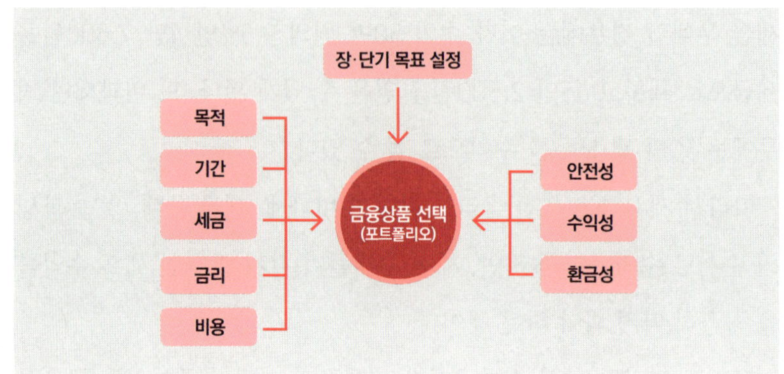

소득공제와 세액공제

직장인들은 매달 세금을 내고 있다. 개인별로 세금이 다 다를 텐데도 일단 편의상 평균적으로 떼었다가 이걸 연말정산 때 제대로 정산하게 된다. 그래서 개인별 차이가 반영되어 세금을 덜 낸 사람에게는 더 받고, 세금을 더 낸 사람에게는 돌려주는 것이다. 그런데 이 세금을 돌려받거나 덜 내기 위해서는 각종 소득공제 서류를 모아 회사에 제출한다. 보통 보험료라든지 교육비, 의료비, 카드내역서까지 등등(물론 요즈음엔 대부분 국세청 연말정산 간소화서비스를 통해 쉽게 이루어진다). 어찌 됐든 그렇게 해서 내가 번 돈, 즉 소득에서 공제받을 수 있는 금액을 빼 버려서 세금을 줄이는 방식이 소득공제이다. 쉽게 말하면 소득이 많으면 세금도 많은 것처럼 소득을 줄여서 세금도 적게 내려는 것이다. 그렇게 공제를 많이 받으면 받을수록 세금을 많이 돌려받다 보니, "13월의 보너스"라는 말도 생겼다.

반면에 세액공제는 간단히 말하면 세금 자체를 줄여 주는 것이다. 소득공제는 소득을 낮춰서 세금을 줄이려는 거라서 고소득자들은 세율이 높다 보니 공제를 잘만 받으면 많은 세금을 줄이게 되는 반면에 저소득자들은 세율이 낮다 보니 공제를 많이 받아도 세금이 많이 줄지 않는다.

그런데 세액공제는 그렇게 소득에 따라 달라지는 소득공제와 달리 계산된 세금 자체를 줄여 주기 때문에 소득공제는 주로 고소득층에게 유리하고, 세액공제는 저소득층에게 유리하다.

예전에는 연금저축 상품도 소득공제 대상이었는데, 이젠 세액공제 방식으로 바뀌었다. 그런 것처럼 세법이나 연말정산 방법도 해마다 자주 바뀌기 때문에 특히 직장인들은 잘 챙겨 봐야 한다.

금융상품을 선택하는
목적을 확실히 하라

"만약 어디로 가고 있는지 알지 못한다면 엉뚱한 곳에 닿게 된다."

- 요기 베라(미국 프로야구 선수)

금융상품을 선택할 때, 목적이 중요하다는 사실을 아는가?

현재 각 금융기관에서는 국민들의 다양한 저축 수요를 충족시키기 위해 여러 형태의 금융상품을 취급하고 있는데, 그 금융상품들을 특성에 따라 분류해 보면 첫째로 수익률이 낮은 반면 입출금이 자유로운 상품이 있고, 둘째로 적은 돈을 매월 또는 매분기 적립하여 목돈을 마련하는 상품이 있다.

셋째로는 일정 규모 이상의 목돈을 불려나가는 상품이 있고, 넷째로 주택자금, 노후자금, 교육자금 등 특정한 목적을 달성하기 위한 상품 등이 있다. 그리고 확정이자를 지급하는 상품이 있는가 하면 실적에 따라 수익을 배당하는 상품도 있고 이자소득 등에 대해 비과세하

　　　　　　　　　　　충전수업 부의 증식

거나 우대세율을 적용하는 상품도 있다.

아울러 최근에는 하루가 다르게 변모하고 있는 금융환경 속에서 각 금융기관들이 고객을 유치하기 위해 새로운 종류의 다양한 금융상품을 수시로 개발, 판매하고 있다.

따라서 저축을 할 때에는 금융기관의 선택 못지않게 수익성, 환금성, 안전성 및 부대서비스 내용 등 여러 금융상품의 특성을 서로 비교해 보고 각자의 저축 목적에 부합되는 금융상품을 선택하려는 노력이 무엇보다도 중요하다고 할 수 있다.

금융상품별 특성 평가

상품 종류	평가 항목		
	안전성	수익성	유동성
예금	높음	낮음	높음
주식	낮음	높음	높음
국공채	높음	낮음	높음
회사채	보통	보통	보통

위험도에 따른 단계별 금융상품

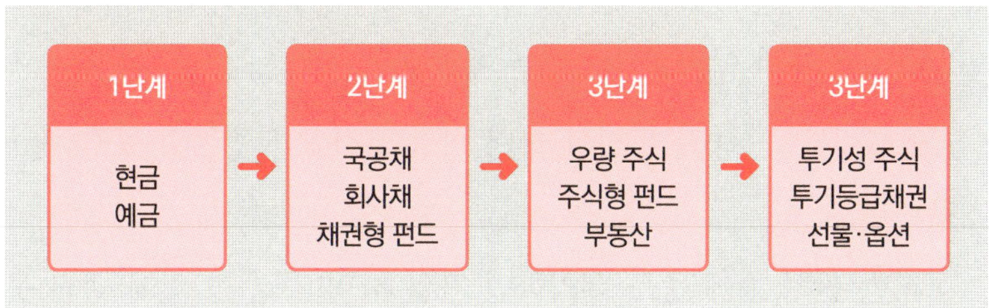

특히 가장 많이 가입하게 되는 예금상품은 크게 요구불예금과 저축성예금으로 구분된다.

요구불예금은 고객이 요구하면 언제라도 지불해야 하는 예금이다. 그렇기 때문에 은행의 입장에서는 고객이 맡긴 돈을 언제 찾아갈지 예상하기 어렵다. 즉 그 돈을 이용하여 기업에 장기간 대출한다든지 해서 추가적으로 수익을 내기가 곤란하다는 이야기다.

그래서 요구불예금은 낮은 이자를 주게 된다. 고객의 입장에서도 돈을 맡겼다가 손쉽게 찾을 수 있는 장점을 얻는 대신 이자를 포기하는 셈이다. 따라서 요구불예금은 재산을 늘리기 위한 상품이라기보다 수시로 필요한 생활자금이나 회사 운영자금 등을 금융기관에 안전하게 보관하는 예금이라고 할 수 있다.

요구불예금에는 개인이 많이 이용하는 보통예금, 가계당좌예금, 기업이 주로 이용하는 기업당좌예금 등이 있다.

이와 달리 저축성예금은 이자 수입을 주된 목적으로 하는 예금이다.

이 저축성예금은 돈을 불리는 목적에 따라 다시 몇 가지로 나누어 볼 수 있는데, 먼저 목돈 마련을 위한 정기적금을 들 수 있다. 정기적금은 일정 기간을 정하여 매월 정기적으로 일정한 금액을 입금하고 만기일에 원금과 이자를 지급받는 예금이다.

푼돈을 모아 목돈을 마련하는 데 적합한 가장 보편적인 장기 금융상품이다.

하지만 만기 전에 중도 해지하면 가입 시 받기로 한 것에 훨씬 못 미치는 이자를 받게 된다. 그러므로 정기적금에 가입할 때는 자신의 수입 등을 고려하여 무리하지 않는 범위에서 적절한 입금액과 기간을 정하는 것이 중요하다.

 충전수업 부의 증식

은행, 상호저축은행, 상호금융, 신용협동조합, 새마을금고, 우체국에서 취급하고 있으며, 가입 대상에 제한이 없다. 일반적으로 예치 기간은 6개월 이상 60개월 이내에서 월 단위로 정하며, 최저 1만 원 이상으로 저축 한도도 제한이 없다. 또한 예금자보호법 등에 의해 예금이 보호되며, 필요한 경우 적금을 담보로 납입한 적금 잔액의 일정 범위, 통상 95% 이내에서 대출을 받을 수 있다.

상호금융이란

상호금융은 가입된 조합원들로부터 예금을 받아서 그 돈을 다른 조합원들에게 싼 이자로 빌려주고 융통해 주는 금융기관이다. 쉽게 농협, 수협, 축협 등을 들 수 있다.

농협, 수협, 축협의 단위조합뿐만 아니라 신용협동조합, 새마을금고 등도 여기에 해당된다. 그리고 지역별, 업종별로 구성되는데, 전국적으로 새마을금고가 제일 많다. 새마을금고나 농협은 전국적으로 1,000개가 훨씬 넘는다.

이러한 상호금융조합은 보통 제2금융권이라고 봐야 된다. 그래서 금리도 일반 시중 은행보다 조금 더 높은 수준이다.

농협, 새마을금고, 신협과 거래하는 게 유리할까

금리 면만 보면 그럴 순 있다. 하지만 안전성 측면에선 다소 떨어진다는 사실을 감안해야 된다. 상호금융은 독립채산제로 운영되다 보니 1금융권과 달리 금융감독원의 관리를 제대로 받기가 좀 어려운 게 현실이다. 외부로부터 관리나 감독을 받는 게 없다 보니, 횡령, 불법대출, 고객정보 유출 같은 사건사고가 종종 발생하기도 한다.

그래서 금리가 좀 높다고 해도, 내 돈을 지키려면 잘 알아보아야 한다. 다만, 농협중앙회와 같이 중앙회란 이름이 들어가면 금융감독원 관리하에 있는 1금융권이라고 보면 된다.

금융기관별 주요 금융상품

구분	취급 상품	장점	단점
은행 (농·수협중앙회 포함)	(주요상품) 요구불예금, 저축성예금, 신탁상품, CD, RP 등 시장성상품	- 다양한 부대 서비스 - 광범위한 점포망 및 이용편리성 - 대출 가능	- 비교적 낮은 예금금리 - 중도해지 시 낮은 금리 적용
	저축예금, 가계당좌예금, 시장금리부 수시입출금식예금(MMDA), 정기적금, 상호부금, 정기예금, 실세금리연동형정기예금, 양도성예금증서(CD), 환매조건부채권(RP), 표지어음, 금융채, 청약저축, 주택청약예금, 주택청약부금, 장기주택마련저축, 연금신탁, (신)노후생활연금신탁, 특정금전신탁, 퇴직신탁, 생계형저축		
종합금융 회사	(주요상품) CMA, CP, 발행어음	- 단기고수익 - 거액고객에 다양한 서비스 제공	- 개인대출 불가 - 점포 수 적음 - 최소 가입 금액 큼
	기업어음(CP), 발행어음, 표지어음, 어음관리계좌(CMA), 생계형 저축		
상호저축 은행	(주요상품) 예금, 적금, 신용부금, 표지어음	- 고수익 - 대출 절차 간단	- 기관 신용도 낮음 - 점포 수 적음
	보통예금, 기업자유예금, 정기예금, 정기적금, 자유적립예금, 장기주택마련저축, 신용부금, 표지어음, 생계형저축		
상호금융 (지역 농·축협, 지구별 수협, 지역 산림조합)	(주요상품) 출자금, 예탁금, 적금	- 고수익	- 기관 신용도 낮음
	출자금, 보통예탁금, 자립예탁금, 정기예탁금, 정기적금, 농어촌목돈마련저축, 부금공제, 생계형저축		
신용협동 조합	(주요상품) 출자금, 예탁금, 적금	- 고수익	- 기관 신용도 낮음
	출자금, 보통예탁금, 자립예탁금, 정기예탁금, 자유저축예탁금, 정기예탁금, 정기적금, 자유적립적금, 생계형저축		
새마을금고	(주요상품) 출자금, 예탁금, 적금	- 고수익	- 기관신용도 낮음
	출자금, 보통예탁금, 자립예탁금, 정기예탁금, 정기적금, 자유적립적금, 생계형저축		
자산 운용회사	(주요상품) 수익증권, 뮤추얼펀드	- 고수익	- 일부 상품은 위험도 높음 - 개인 대출 불가
	단기금융상품펀드(MMF), 수익증권, 뮤추얼펀드, 엄브렐러펀드, 생계형펀드		

구분	취급 상품	장점	단점
우체국	(주요상품) 우체국예금·보험	– 원리금 100% 보장 – 광범위한 점포망	– 대출 불가
	보통예금, 가계우대정기적금, 자유저축예금, 근로자우대저축, 저축예금, 환매조건부채권, 정기예금, 복리정기예금, 정기적금, 장학보험, 개인연금보험, 어린이보험, 종합건강보험, 생계형저축		
생명 보험회사	(주요상품) 보장성보험, 저축성보험	– 보험 혜택 – 저축성보험도 기본적인 보장 기능을 겸함	– 만기 전 해약 시 환급액이 이미 납입한 보험료보다 적을 수 있음 – 일반저축상품보다 수익률 낮음
	보장성보험(상해보험, 질병보험, 간병보험, 어린이보험, 교육보험, 암보험, 종신보험, 변액종신보험 등), 저축성보험(변액보험보험, 교육보험, 연금보험, 양로보험)		
손해 보험회사	(주요상품) 재물보험, 배상책임보험, 제3보험, 특종보험, 근재보험, 보증보험, 재보험, 퇴직연금, 장기손해보험	– 보험 혜택 – 저축성보험도 기본적인 보장 기능을 겸함	– 만기 전 해약 시 환급액이 이미 납입한 보험료보다 적을 수 있음 – 일반저축상품보다 수익률 낮음
	재물보험(화재보험, 해상보험 등), 배상책임보험(자동차보험, 생산물배상책임보험 등), 제3보험(상해, 질병, 장기간병보험), 특종보험(여행자보험 등), 근재보험, 보증보험, 퇴직연금, 장기손해보험(재물, 상해, 질병, 운전자, 저축성 등)		
증권회사	(주요상품) 증권저축, 채권저축, 수익증권, 뮤추얼펀드	– 고수익	– 주가 하락 시 손실 발생 – 점포 수 적음 – 상품이 다양하지 않음
	단기금융상품펀드(MMF), 수익증권, 뮤추얼펀드, 증권저축, 생계형저축		
증권 금융회사	실권주청약예수금, 환매조건부채권(RP)	– 고수익	– 점포 수 적음 – 상품이 나양하지 않음

출처 : 한국은행

정기적금을 통해 만들어진 목돈을 굴리는 데 적합한 상품으로는 정기예금이 있다.

정기예금은 금리를 미리 정하여 목돈을 금융기관에 일정 기간 맡기는 예금이다. 보통 만기는 1개월, 6개월, 1년, 2년, 3년 등으로 다양하게 있으며, 대개 약정 기간이 길수록 더 높은 이자율이 적용되므로 여유자금을 장기간 안정적으로 운용하기에 좋은 금융상품이다. 또한 이자를 매월 지급받을 수도 있으므로, 목돈을 맡겨 놓고 이자로만 생활하고자 하는 경우에 적합하다고 볼 수 있다.

정기예금도 정기적금과 마찬가지로 만기 이전에 예금을 찾을 경우, 가입 시 정했던 이자율보다 훨씬 못 미치는 이자를 받게 된다. 은행은 물론 상호저축은행, 우체국에서 취급하고 있으며 가입 대상과 예치 한도에 제한이 없다.

그리고 정기적금과 마찬가지로 예금자보호법에 의해 보호되고, 또한 마찬가지로 통상 예금잔액의 95% 범위 내에서 담보대출을 받을 수 있다.

정기적금이나 정기예금은 당연히 안전하되 높은 금리를 받는 게 좋다. 그런데 취급하는 금융기관이 너무 많아서 어디에 맡겨야 할지 잘 모르는 경우가 많다. 홈페이지마다 일일이 다 방문해 가면서 알아보면 좋긴 하겠지만, 시간이 꽤 걸리고 현실적으로 어렵다. 이럴 때 각 은행별 상품별 금리를 한눈에 비교해 볼 수 있는 사이트가 있다. 일단 금융감독원에서 운영하는 금융상품 한눈에(finlife.fss.or.kr)가 있고, 전국은행연합회(www.kfb.or.kr)도 있다. 저축은행중앙회(www.fsb.or.kr)도 마찬가지로 사이트에 들어가면 예금 금리를 살펴볼 수 있다.

그런데 이 사이트들은 기본금리는 비교할 수 있는데, 우대금리 비교는 어렵다. 그것까지 알려면 각 금융회사의 홈페이지로 들어가 손품을 팔거나 실제 은행을 찾아가는 발품을 팔아야 알 수 있다. 이쯤 되

     충전수업 부의 증식

면 ‘금리 좀 더 받으려다가 머리 터지겠다’ 싶은 생각이 들 수도 있다.

그래서 몇 가지 팁을 알려주면, 일단 내가 주로 거래하고 있는 은행부터 살펴보는 게 좋다. 보통 ‘주거래 은행’이라고 하는데, 대개 내 급여통장이 있거나 카드대금을 결제하거나 하면 0.1~0.5%의 우대금리를 준다. 그러니 일단 내 주거래은행부터 살펴보는 게 우선이다.

그리고 본인에게 맞는 상품을 찾아봐야 되는데, 보통 직장인이냐, 주부냐, 은퇴자냐, 학생이냐 등에 따라 우대가 달라진다. 보통 직장인을 위한 ○○급여통장, 주부를 위한 ○○적금, 이런 식으로 많이들 판매하는데, 다 우대금리를 높게 주는 상품들이다. 또 직장인인지, 주부인지 이런 것과 상관없이 모바일 전용일 경우에도 우대금리를 더 받을 수 있다. 결국 우대금리라는 게 급여통장이나 카드결제 등과 같은 거래 실적이 있거나 직장인인지, 주부인지를 따지는 건데, 이런 류의 우대금리는 처음 가입할 때만 좀 신경 쓰면 금방 알 수 있다.

그런데 휴대폰을 통해 특정 어플을 깔아서 가입해야 우대금리를 준다거나 가족이 함께 가입해야 한다거나 하는 어떤 특정 조건을 달성해야 우대금리를 주는 경우도 많다.

그래서 일단 은행 사이트에 들어가서 자신의 특성에 맞는 상품을 골라 놓고, 거기에서 또 조건을 충족해 달성 가능한 금리 상품이 있는지 확인하고 따져 보는 게 좋다. 이렇게 금리를 확인한 다음에는 내가 받을 수 있는 이자 수익이 얼마인지 금리계산기로 계산해 보면 좋다 (대부분의 은행 홈페이지에는 금리계산기가 있다).

금리계산기를 클릭해서 연 다음 거기다가 예금이나 적금 납입액, 기간, 금리, 단리와 복리 같은 이자 계산 방식 등을 입력하면 세전 수익은 얼마인지, 세후 수익은 얼마인지 단번에 알 수 있다.

그런데 막상 계산해 보면 좀 씁쓸할 수도 있다. 예전에는 10%도 훌쩍 넘게 받았는데, 이젠 너무 조금 주다 보니 세금마저 빼고 나면 남는 것이 별로 없기 때문이다. 그래도 예·적금만큼 안정적으로 돈을 불려 주는 상품이 없기 때문에 요즈음 같은 저금리 시대에는 금리를 비교해 보고, 우대금리를 꼼꼼히 알아보고 상품을 고르는 게 남는 것이다.

버스에 올라탔는데, 어디로 가고 있는지 모른다면 당연히 엉뚱한 곳에 내리게 될 것이다. 돈도 마찬가지다. 목적 없이 운용하게 되면, 터무니없는 곳에 다 쓰게 될지도 모른다.

금융시스템 구축의 첫걸음, 통장 나누기

"돈을 버는 것은 바늘로 땅을 파는 것과 같지만,
돈을 쓰는 것은 모래에 스며드는 물과 같다."

- 일본 속담

현금 흐름을 관리할 때 가장 흔히 사용하는 방법으로 '통장 나누기'를 들 수 있다. 통장 쪼개기라고도 하는데, 원리는 간단하다. 우선 돈을 각각의 목적에 맞게 나누어 담는다고 하면 크게 4가지 목적에 따리 통장을 나누어 볼 수 있다.

첫째는 급여통장이다.

기본적으로 매월 들어오는 수입이 있을 것이다. 근로자라면 월급, 사업자라면 사업소득을 관리하는 계좌라고 보면 된다. 또한 이와 함께 주택대출 상환금이라든지 아파트 관리비, 전기료, 자동차 할부금, 보험료 등 각종 고정적으로 나가는 지출을 관리하는 계좌라고 보면 된다. 한마디로 급여통장의 첫 번째 역할이라고 한다면 일정한 소득을 한 군데로 합치는 것이다.

물론 급여소득자라면 급여명세서 정도만으로도 한 달 수입 규모를 정확히 알 수 있지만, 사업소득자처럼 비정기적인 소득이 발생하는 가계의 경우라면 정확한 한 달 수입 규모조차 파악하기 어려울 수가 있다. 하지만 소득을 한 통장으로 고정시켜 놓는다면 일단 가계의 전체 수입 규모는 한눈에 파악할 수 있게 된다.

그다음으로 고정지출 또한 이 통장을 통해 관리하면 좋은데, 세금이나 공과금, 고정관리비 등을 관리하는 것이다. 참고로 이처럼 어차피 나가야 할 고정지출이라면 이를 제한 후의 소득을 실질소득으로 봐야 한다.

급여통장을 잘 만드려면

우리나라 직장인들이라면 대개 은행에서 급여통장을 만든다. 그래서 이왕 고르는 거 계좌 관리가 편하고, 출금이나 이체·결제·대출·저축 등을 종합적으로 고려해서 서비스가 좋을 것으로 기대되는 은행을 선택하는 것이 좋다.

좀 더 구체적으로 설명하면 일단 출금이나 이체 수수료가 싼 게 좋다. 예를 들어 자신이 주로 이용하는 매체가 뭔지 파악하고, 출금 이체 수수료가 얼마인지 봐야 되는 것이다.

가령 인터넷뱅킹을 주로 사용하는지, 모바일뱅킹을 주로 사용하는지, 아니면 ATM 기기인지를 확인한다. 급여통장은 적금이나 예금과 달리 출금과 이체가 잦기 때문에 이자가 거의 붙지 않는 반면에 출금이나 이체 수수료는 회당 대략 500원에서 1,500원인 경우가 많다. 그러니 이 수수료를 아끼는 게 훨씬 낫다. 대개 주거래 은행의 ATM기기를 이용하면 수수료가 없다. 또 주거래 은행의 다른 계좌로 이체해도 거의 공짜이다. 다만, 다른 은행 계좌로 이체할 때는 수수료를 물릴 때가 있다.

또 수수료 외에 평균잔고가 중요하다. 대부분의 은행 급여통장을 따져 보면, 잔고가 일정 범위 안에 머무를 때에만 높은 금리를 제공하는 편이다. 예를 들어, 잔고가 50만 원 이상 100만 원 미만이면 1.5%, 그 외에는 0.1%, 이런 식이다,

그리고 우대수익률도 따져 보는 게 좋다. 은행들은 급여통장이 엄청 중요하다. 급여통장을 개설해야 거기서 대출도 나오고, 펀드도 나오고, 보험도 나오고 하는 것이기 때문이다. 그래서 급여통장을 개설하면 서비스를 잘 해 주는 것이다.

은행별로 급여통장의 우대금리가 조금씩 다 다르므로 확인이 필요하다.

은행 급여통장과 증권사 CMA 중 뭐가 나을까?

증권회사에는 CMA가 있다. CMA는 쉽게 말해 수시로 입출금 거래가 가능한 증권통장이다. 직장인들 중 일부가 이 통장을 사용한다. 그럼 은행 급여통장과 증권사 CMA 중 뭐가 나을까?

은행 급여통장보다 CMA가 훨씬 높은 금리를 제공하는 편이라 금리만을 봤을 때는 CMA가 좀 더 유리한 게 사실이다. 그런데 증권사 CMA보다 아직은 은행 수시입출금 통장이 좀 더 낫다.

일단 은행이 증권회사보다 접근성이 좋다. 지점 수만 비교해 봐도 증권회사는 2,000개도 안 되지만 은행 지점 수는 7,000개를 훌쩍 넘는다.

이 급여통장이라는 건 금리도 좋지만, 자주 사용한다는 점을 기억해야 된다. 보통 직장인이라면 점심시간에 짬을 내기가 어렵다. 그러니 가깝고 지점 수도 많은 은행을 이용하는 게 시간상 훨씬 유리하다.

또 은행의 수수료가 증권사보다 좀 더 낮은 편이고, 예·적금이나 대출을 사용할 때, 은행에 주거래 계좌를 가지고 있으면 우대금리를 받을 수 있다는 점 등을 고려하면 아무래도 아직까지는 증권사 CMA보다 은행 수시입출금 통장이 급여통장으로 좀 더 적합하다고 할 수 있다.

은행 급여계좌와 증권사 CMA 비교

구분	은행 급여계좌	증권사 CMA
판매	시중은행	시중 증권사
이자	연간 0.1% 수준	연간 1~3%
대출	대출 여부, 대출 한도, 우대 금리 결정과 관련한 혜택 있음	대출 관련 기능이 없음
예금자 보호	원리금 합계 5,000만 원까지 예금자보호가 됨	예금자보호 안 됨 (단, 종금형 CMA는 예금자보호가 됨)

둘째는 생활통장이다.

매월 씀씀이에 따라 지출액이 크게 변동될 수도 있는 생활비용을 관리하기 위한 통장이다. 일정 금액을 넣어 두고 식비나 교통비, 문화비 등의 지출을 위한 용도로 활용한다. 요즘에는 다양한 혜택들이 부가된 체크카드들이 많이 나오고 있는데, 이런 체크카드와 생활통장을 연계해 활용한다면 더욱 좋다.

이처럼 생활통장을 별도로 관리하는 이유는 지출을 줄이고자 하는 목적도 있지만, 매월 일정한 예산 내에서 소비하는 습관을 기르기 위한 목적이 더 크다고 할 수 있다. 예산을 정해 놓고 한 달을 생활하다 보면 의외로 쓸데없는 지출을 줄일 수 있다.

셋째는 목적통장인데, 이 통장은 재무 목적에 따라 여러 개가 될 수 있다.

예를 들어 내 집 마련 자금, 교육 자금, 은퇴 자금 등 이렇게 3가지 재무 목표가 있다면 해당 재무 목표를 위한 자금을 일정한 비율로 나누어 통장별로 운영하면 된다는 이야기이다. 목적통장, 즉 투자 상품을 선정할 때 가장 유의해야 할 점은 수익률도 물론 중요하지만, 무엇보다도 투자 목적을 분명히 하고 적절한 투자 기간에 따라 가장 적합한 상품에 가입해야 한다.

넷째는 예비통장이다.

예비통장의 주된 역할은 우리가 살아가면서 겪을지 모를 예기치 않은 사고나 변수 등 여러 가지 위험요인이 발생한다고 해도 나누어 놓은 통장들이 원활히 유지될 수 있도록 하는 일종의 방패와 같은 것이다.

지속적인 투자 계획을 유지하기 위해서는 뜻밖의 상황에 대비하기 위한 비상자금을 준비해 두어야 하는데, 정확히 얼마의 금액을 준비해야 한다는 기준이 있는 것은 아니다.

하지만 최소 월평균 지출의 2개월 치에서 6개월 치에 해당되는 금액은 언제든지 현금화가 가능하도록 미리 준비해 두는 것이 바람직하다는 게 대다수 전문가들의 의견이다.

그렇게 준비를 해 두더라도 혹시 예비통장의 잔고가 일정 수준 이상이라고 판단이 된다면, 이를 그대로 놔두지 말고 목적통장으로 이체해 수익을 극대화하는 것이 효율적이다. 물론 당연한 얘기지만 급한 이유로 예비자금을 지출한 후라면 지출한 금액만큼 다시 보충해서 채워 두어야 한다.

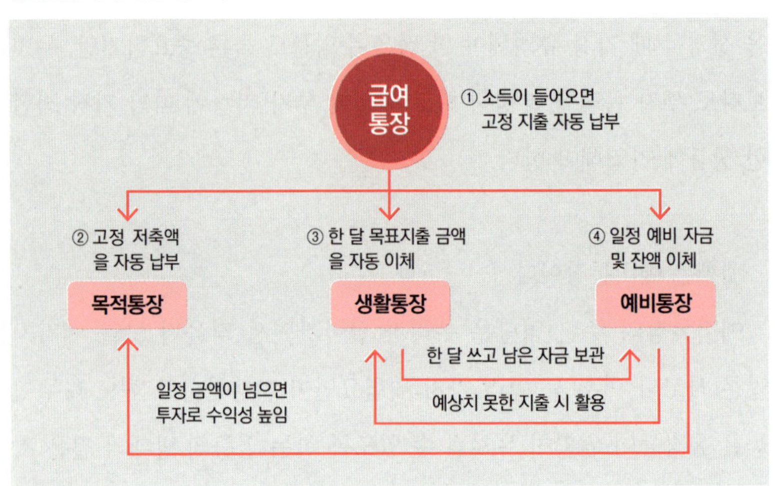

충전 지식

예비통장 활용법

예비통장에는 연령대에 따라 월평균 지출의 2개월에서 6개월 치 정도를 넣어 두는 게 좋다.

그런데 그만한 금액은 사실 목돈이라서 꽤 부담이 된다. 그래서 그 정도가 될 때까지 매월 조금씩 따로 떼서 저축하는 방법이 있다. 아니면 매월 쓰고 남은 돈을 저축해도 된다. 또는 성과급이나 수당 등이 발생해 좀 더 많이 급여를 받을 때, 그 돈을 저축해도 된다.

이렇게 예비통장에 돈을 넣어 두면 쓸데없는 지출도 막고, 비상금도 모을 수 있어 일석이조가 된다.

통장 자동이체에도 적절한 순서가 있다고 할 수 있다. 목적통장, 고정지출, 생활통장 순으로 이체되도록 하는 것이 바람직하다.

순서가 얼마나 중요하겠느냐고 생각할 수도 있지만, 예산이란 것은 항상 생각지 못한 여러 가지 변수로 인해 오차가 생기기 마련이다.

이럴 경우 예산 조정은 대부분 마지막에 남겨진 돈에 의해 좌우된다. 결국 모든 자동납부가 끝나고 목적통장, 고정지출, 생활통장 순으로 자동 이체된 후, 급여통장의 잔고가 다음 급여일까지 거의 제로가 되면 성공인 것이다.

급여일 이후 월말까지 모든 고정지출이 자동으로 납부되고 생활비도 자동으로 생활통장에 입금되므로 월말이 지나 최종 잔액을 확인한 후 남은 돈을 예비통장으로 이체하는 것 외에는 특별히 신경 쓸 일이 없다.

또한 통장을 정리하거나 인터넷뱅킹으로 거래 내역을 조회하면 매월 똑같은 내역이 반복해서 표시되기 때문에 언제든지 고정지출 내역과 지출액의 변동 사항을 한눈에 확인할 수 있다.

어찌 보면 통장 나누기가 별것도 아닌 것 같은데, 뭔가 대단히 복잡하고 번거로워 보일 수 있다. 하지만 그렇게 시스템을 갖춰 놓지 않는다면 돈이 마치 모래에 스며드는 물처럼 쉽게 사라질 있다는 것을 절대 잊지 말아야 한다.

금융기관이 망하면
내 돈은 받을 수 있나

"땅 위에 있는 1페니가 바닷속에 있는 10페니보다 낫다."

- 덴마크 속담

금융기관이 망하면 내가 맡겨 놓은 예·적금 등은 어떻게 될까?

금융기관이 예금의 지급 정지, 영업 인·허가의 취소, 해산 또는 파산 등으로 고객의 예금을 지급하지 못하게 될 경우 해당 예금자는 물론 전체 금융제도의 안정성에도 큰 타격을 입게 된다.

이러한 사태를 방지하기 위하여 금융기관 예금 등을 정부가 일정한 범위 내에서 보장해 주는 것이 예금보험 제도이다. 정부는 예금보험 제도를 효율적으로 운영하기 위하여 예금자보호법을 제정하고, 이 법에 따라 예금보험공사를 설립하였다.

예금자 보호를 위하여 예금보험공사는 평소에 금융기관으로부터 예금보험료를 받아 예금보험기금을 적립한 후, 금융기관이 예금을 지급할 수 없게 되면 금융기관을 대신하여 예금을 지급하게 된다.

또 예금자보호법에 의한 예금자보호제도가 적용되지 않는 금융기관들은 자체적으로 안전기금 등을 적립하는 등의 예금자 보호를 위한 장치를 마련하고 있다.

예금 보험의 구조

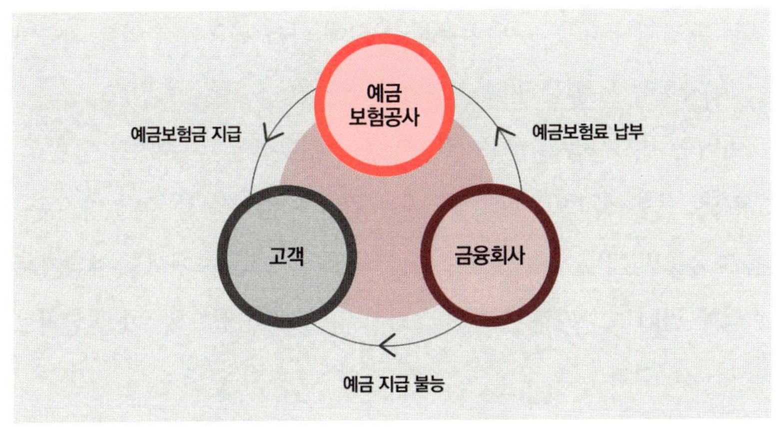

출처 : 예금보험공사

그럼 어떤 금융기관들이 보호 대상에 해당될까?

현재 은행과 보험회사, 투자매매업자·투자중개업자, 그리고 종합금융회사와 상호저축은행이 예금자보호법의 적용을 받아 보호 대상 금융회사에 해당된다. 또한 외국은행 국내 지점과 농협은행, 수협중앙회도 보호 대상 금융회사에 포함된다. 다만 농·수협의 지역조합, 신용협동조합, 새마을금고는 보호 대상 금융회사가 아니며, 관련 법률에 따른 자체 기금에 의해 보호되고 있다.

또 보호 대상 금융상품으로는 어떤 것들이 있을까?

예금보험에 의해 보호되는 저축상품은 예금보험 가입 금융기관이 취급하는 '예금'만 해당된다. '예금'이란 금융기관이 만기일에 약정된 원리금을 지급하겠다는 약속하에 고객의 금전을 예치 받는 저축상품을 말한다.

따라서 실적배당신탁이나 수익증권과 같이 고객이 맡긴 돈을 유가증권 매입이나 대출 등에 운용한 실적에 따라 원금과 수익을 지급하는 '투자상품'은 예금이 아닌 것이다.

이러한 투자상품은 운용 실적이 좋은 경우에는 큰 수익을 올릴 수 있지만, 운용 실적이 나쁜 경우에는 원금도 손실을 볼 수 있다. 이렇게 예금보험 가입 금융기관이 취급하는 저축상품 중에서도 예금자보호법에 의해 보호되는 것과 보호되지 않는 것이 있는데, 이를 살펴보면 다음과 같다.

은행의 경우 보통예금이나 정기예금, 정기적금, 외화예금 등이 보호 금융상품에 해당되고, 흔히 CD로 불리는 양도성예금증서, RP로 불리는 환매조건부채권, 은행발행채권 등은 비보호 금융상품에 포함된다.

증권의 경우 금융상품 중 증권 등의 매수에 사용되지 않고 고객 계좌에 현금으로 남아 있는 금액은 보호 금융상품이지만, 수익증권, 뮤추얼 펀드, MMF 등은 비보호 금융상품이다.

보험도 개인이 가입한 보험 계약은 보호되지만, 법인이 계약하거나 납부하는 보험 계약은 보호되지 않는다.

그리고 종금사의 CMA는 보호되는 반면, CP로 불리는 기업어음은

 충전수업 부의 증식

보호되지 않는다. 마지막으로 저축은행의 보통예금, 정기예금, 정기적금은 보호되지만, 저축은행 발행채권은 보호되지 않는다.

그렇다면 은행이나 증권사, 보험사에서 가입한 퇴직연금은 보호되는 상품일까?

예금보호 대상 금융상품으로 운용되는 확정기여형 퇴직연금 및 개인퇴직계좌(IRP) 적립금은 보호 상품에 해당한다. 그런데 주의해야 할 부분이 있는데, 만약 확정기여형 퇴직연금에 가입하거나 IRP를 개설한 근로자 또는 예금자가 퇴직연금 적립금이 적립된 금융기관에 해당 근로자 명의의 다른 예금을 예치한 경우에는 퇴직연금 적립금과 다른 예금을 합산한 금액을 기준으로 1인당 5,000만 원까지만 보호받을 수 있다는 점이다.

만약 예금보험 사고가 발생하면 예금보험공사가 예금 등의 지급에 필요한 준비를 마친 후 지급의 시기 및 방법 등을 신문에 공고하게 되고, 이에 따라 예금보험 사고가 발생한 금융기관과 거래하고 있는 예금자들은 신문에 공고된 내용에 따라 예금을 지급받으면 된다.

다만, 예금자보호 제도는 다수의 소액예금자를 우선 보호하고 부실 금융기관을 선택한 예금자도 일정 부분 책임을 분담한다는 차원에서 예금의 전액을 보호하지 않고 일정액만을 보호하는 것이 원칙이다.

금융회사별 보호금융상품과 비보호금융상품

	보호금융상품	비보호금융상품
은행	· 보통예금, 기업자유예금, 별단예금, 당좌예금 등 요구불예금 · 정기예금, 저축예금, 주택청약예금, 표지어음 등 저축성예금 · 정기적금, 주택청약부금, 상호부금 등 적립식예금 · 외화예금 · 예금보호대상 금융상품으로 운용되는 확정기여형 퇴직연금제도 및 개인형퇴직연금제도의 적립금 · 개인종합자산관리계좌(ISA)에 편입된 금융상품 중 예금보호 대상으로 운용되는 금융상품 · 원본이 보전되는 금전신탁 등	· 양도성예금증서(CD), 환매조건부채권(RP) · 금융투자상품(수익증권, 뮤추얼펀드, MMF 등) · 특정금전신탁 등 실적배당형 신탁 · 은행 발행채권 · 주택청약저축, 주택청약종합저축 등
투자매매업자 · 투자중개업자	· 증권의 매수 등에 사용되지 않고 고객계좌에 현금으로 남아 있는 금액 · 자기신용대주담보금, 신용거래계좌 설정보증금, 신용공여담보금 등의 현금 잔액 · 예금보호대상 금융상품으로 운용되는 확정기여형 퇴직연금제도 및 개인형퇴직연금제도의 적립금 · 개인종합자산관리계좌(ISA)에 편입된 금융상품 중 예금보호 대상으로 운용되는 금융상품 · 원본이 보전되는 금전신탁 등	· 금융투자상품(수익증권, 뮤추얼펀드, MMF 등) · 선물·옵션거래예수금, 청약자예수금, 제세금예수금, 유통금융대주담보금 · 환매조건부채권(RP), 증권사 발행채권 · 종합자산관리계좌(CMA), 랩어카운트, 주가지수연계증권(ELS), 주식워런트증권(ELW) · 금현물거래예탁금 등
	증권금융회사가 「자본시장과 금융투자업에 관한 법률」 제330조제1항에 따라 예탁받은 금전	
보험회사	· 개인이 가입한 보험계약 · 퇴직보험 · 변액보험계약 특약 · 변액보험계약 최저사망보험금·최저연금적립금· 최저중도인출금·최저종신중도인출금 등 최저보증 · 예금보호대상 금융상품으로 운용되는 확정기여형퇴직연금제도 및 개인형퇴직연금제도의 적립금 · 개인종합자산관리계좌(ISA)에 편입된 금융상품 중 예금보호 대상으로 운용되는 금융상품 · 원본이 보전되는 금전신탁 등	· 보험계약자 및 보험료납부자가 법인인 보험계약 · 보증보험계약, 재보험계약 · 변액보험계약 주계약(최저사망보험금·최저연금적립금·최저중도인출금·최저종신중도인출금 등 최저보증 제외) 등

	보호금융상품	비보호금융상품
종합 금융 회사	· 발행어음, 표지어음, 어음관리계좌(CMA) 등	· 금융투자상품(수익증권, 뮤추얼펀드, MMF 등) · 환매조건부채권(RP), 양도성예금증서(CD), 기업어음(CP), 종금사 발행채권 등
상호 저축 은행 및 상호 저축 은행 중앙회	· 보통예금, 저축예금, 정기예금, 정기적금, 신용부금, 표지어음 · 상호저축은행중앙회 발행 자기앞수표 등	· 저축은행 발행채권(후순위채권 등) 등

출처 : 예금보험공사

* 정부·지방자치단체(국·공립학교 포함), 한국은행, 금융감독원, 예금보험공사,
　부보금융회사의 예금은 보호 대상에서 제외

우리나라는 1997년 말 외환위기 이후 일시적으로 예금 전액을 보장하기도 했지만, 2001년부터는 예금보험 지급 사유가 발생할 경우 원금과 소정의 이자를 포함하여 1인당 최고 5,000만 원까지 예금을 보장받게 되었다. 그럼 5,000만 원을 제외한 나머지 예금은 어떻게 될까?

예금보험공사로부터 보호받지 못한 나머지 예금은 파산한 금융기관이 선순위채권을 갚고 남은 재산이 있는 경우에 한해서 전부 또는 일부를 돌려받을 수 있다.

따라서 중요한 점은 보호금액 5,000만 원이 예금의 종류별 또는 지점별 보호금액이 아니라 동일한 금융기관 내에서 예금자 1인이 보호받을 수 있는 총금액이라는 점이다. 즉 5,000만 원을 넘는 금액은 보호받지 못할 수도 있다는 이야기인 것이다.

그래서 예금금액이 큰 경우에는 금융기관별로 나누어 예치하여 적

절하게 예금 보호를 받을 필요가 있다.

물론 예금의 지급이 정지되거나 파산한 금융기관의 예금자가 해당 금융기관에 대출이 있는 경우에는 예금에서 대출금을 먼저 상환시키고 남은 예금을 기준으로 보호한다.

그렇다면 이와 같은 예금자보호법이 적용되지 않는 기관의 예금자는 어떻게 보호할까?

지역 농·축협이나 지구별수협 및 지역산림조합 같은 상호금융의 경우 별도의 기금을 적립하여 고객의 예금을 보장하고 있는데, 예금자보호법 적용 대상의 금융기관과 형평을 맞추어 5,000만 원까지 보호해 주고 있다. 또 새마을금고의 경우에도 상호금융과 마찬가지로 별도의 기금을 적립하여 원리금을 합해 최고 5,000만 원까지는 지급을 보장하고 있다.

우체국은 예금자보호법에 의한 보호대상 기관이 아니지만 우체국 예금·보험에 관한 법률에 의하여 국가가 우체국예금 및 우체국보험금 전액에 대하여도 지급을 보장한다.

마지막으로 신용협동조합 예금·적금에 대하여는 신용협동조합중앙회 내부의 신용협동조합 예금자보호기금에 의해 최고 5,000만 원까지 보호되고 있다. 그러나 1인당 1,000만 원 한도로 비과세 혜택이 주어지는 출자금은 보호대상에서 제외된다는 점은 주의하길 바란다.

해가 갈수록 경제가 어려워져만 가는 것 같다. 그런데 이런 와중에 믿을 만하다던 금융기관들도 부실해진다면 큰일이다. 따라서 땀 흘려 번 내 돈을 불리는 것도 좋지만 잘 지키는 게 우선이 아닐까 싶다.

Chapter 5

금융기관에 관한 불편한 진실

은행에 금리 인하를 요구하라

"참으로 정직한 사람은 없다.
우리 중 그 누구도 이익의 위력을 능가하지 못하기 때문이다."

- 아리스토파네스(고대 그리스의 희극 시인)

은행에서 돈을 빌릴 경우 한번 정해진 대출금리는 변할 수 있을까? 대체로 변제가 끝날 때까지 변하지 않는 것이라고 생각하기 쉬운데, 사실은 그렇지 않다. 대출금리는 갚을 사람의 능력에 따라 변할 수 있으며, 특히 협상으로 낮출 수도 있다. '금리인하요구권'이 바로 그것이다.

금리인하요구권은 2000년대 초반에 정부가 도입한 제도임에도 은행에서 이 권리를 숨기거나 적극적으로 홍보하지 않아 많은 사람들이 모르고 있다. 신용대출을 받거나 또는 받은 이후 대출을 연장할 때 협의를 통해 금리를 낮출 수 있고, 고객 우대 차원에서 금리를 할인해 신용도 향상의 기회를 주자는 취지로 만든 제도다. 현재 대부분의 은행들이 실시하고 있다.

신용대출금리는 개인의 신용도에 따라 당연히 차이가 난다. 그렇다면 주택담보대출에서조차 은행별로 금리 차이가 나는 것은 무엇을 뜻할까? 바로 은행들이 주택담보 대출금리를 적용할 때에도 신용대출처럼 개인의 신용도와 금융권 거래에서 연체가 있었는지 여부를 판단해 대출금리를 결정한다는 얘기다. 실제로 최근 은행들은 신용대출뿐 아니라 아파트 담보대출에서도 개인의 신용도와 소득 수준에 따라 대출 한도와 금리를 차등 적용하고 있는데, 이는 대출금리를 흥정으로 깎을 수 있는 여지가 얼마든지 있다는 뜻이다. 즉 은행과 협상을 잘하면 대출금리도 깎을 수 있고 예금금리도 높일 수 있다는 얘기다.

그런데도 돈을 빌리러 은행창구 앞에 서면 아쉬운 소리를 해야 하는 입장에서의 사람들 대부분이 위축되기 마련이다. 그래서 대출해준다는 사실만으로도 은행직원들의 요구대로 따라가기 십상이다.

그러나 내가 어떻게 하느냐에 따라 대출 조건이 크게 달라질 수 있다는 사실을 기억해야 한다. 대출은 금융회사에서 판매하는 상품일 뿐이기 때문이다. 상품을 구입하는 것과 마찬가지로 대출의 가격인 이자를 흥정할 권리가 금융소비자에게는 있는 것이다. 따라서 이자를 깎아 달라는 말을 두려워할 필요가 없다.

은행에서는 통상 본부에서 지정해 놓은 금리에 따라 예금과 대출금리를 제시한다. 하지만 그 이면에는 0.3~0.5%p 정도의 다양한 우대금리가 숨어 있다. 얼핏 차이가 별로 크지 않다고 생각할지도 모르지만, 실제로 따져 보면 그렇지 않다.

예를 들어 주택자금 1억 원을 5년 동안 은행에서 빌린다고 가정해

 충전수업 부의 증식

보자. 실제로 대출이자 3%와 4%의 차이는 총 500만 원 가량이나 차이가 난다. 생각보다 꽤 많이 나는 편이다.

은행에 월급통장을 개설해 놓았거나 신용등급이 좋다거나 계열사 신용카드를 가지고 있으면 우대고객의 자리에 오를 수 있는데, 이럴 경우 지점장에게 전결 금리라는 것이 있어서 금리를 깎아 주거나 올려 줄 수 있다. 은행 지점끼리도 경쟁을 하기 때문에 작은 차이이긴 하지만 마진을 줄이고 늘릴 수 있는 재량을 부여한 것이다. 따라서 신용대출을 받을 때 은행직원과의 협상을 통해 금리를 낮출 수가 있다.

금리인하요구권 행사가 가능한 때

그러면 언제, 어떻게 금리인하요구권을 행사할 수 있을까?

정답은 '필요하다면 언제든지 요구할 수 있다'이다. 우선 대출이 이루어진 뒤, 직장에서 승진했거나 더 높은 연봉을 받고 이직했을 경우라면 즉각 이를 증빙하는 서류를 첨부해 은행에 가서 '가계여신 조건변경 신청서'를 작성, 제출해 금리 인하를 요구하면 된다. 예를 들어 지난해 말 소득세 증명서가 '대리' 기준으로 되어 있었는데, 연초에 승진을 해서 '과장'이 되었다면 충분히 대출금리 경감 사유가 될 수 있는 것이다. 한마디로 대리보다 과장이 더 저렴하게 은행 돈을 빌릴 수 있다는 얘기다.

또한 이직이나 자격증 취득 등 개인의 신상 변화도 알려 주는 것이 좋다. 가령 급여가 높은 직장으로 옮겼거나 전문직에 해당하는 자격증을 취득했을 경우, 신용 상태가 개선되었을 수 있기 때문이다. 또한 해당 은행에서 다른 금융상품에 가입했다거나 자동이체 실적, 신용카드나 체크카드 사용액 등 기타 거래 실적이 늘어났을 경우에도 신용등급이 올라 대출금리 인하가 가능하다. 따라서 이런 경우가 발생하면 잊지 않고 금리 인하를 요구하는 것이 좋다.

그러므로 대출을 받은 뒤 6개월에 한 번 정도 또는 정기적으로 은행을 방문해서 자신의 신용등급을 확인하고 금리 인하를 요구하는 것이 바람직한 금융소비자의 자세다. 일반적으로 은행의 대출 담당 직원은 0.1%p, 지점장은 0.2~0.3%p의 금리인하재량권이 있다.

원래 은행은 분기 또는 반기 기준으로 거래 고객을 분류하지만, 그 이전에 변화된 신상 정보를 알려 주면 그때부터 금리 할인을 받을 수 있다. 이때 필요한 것은 급여명세서와 재직증명서, 자격증 사본 등과 부지런한 '발품'이다. 그러나 대부분의 은행들이 홍보를 제대로 하지 않거나 대출 상담을 할 때도 적극적으로 알려 주지 않는 분위기이다. 그래서 이러한 혜택을 받거나 제도가 있다는 것을 아는 소비자들이 많지 않은 편이다.

또 한 가지, 많은 사람들이 손쉽게 쓸 수 있는 비상금의 용도로 마이너스 통장을 개설한다. 마이너스 통장은 일종의 한도대출이라고 볼 수 있는데, 일반적인 대출을 받으면 대출금액만큼 통장에 입금되지만, 마이너스 통장은 잔액에는 변동이 없고, 정해 놓은 한도만큼 마이너스가 되더라도 쓸 수 있게 되어 있다.

마이너스 통장 대출은 개별 대출금리보다 이자는 조금 높지만 쓰는 기간과 금액만큼만 이자가 부과되기 때문에 자금을 단기간에 쓸 계획이고, 수시로 돈을 입·출금하면서 사용하는 사람에게는 편리하고 유리한 방법일 수 있다. 또한 직업별로 금리를 차등 적용하기 때문에 공무원이나 교사, 전문직 같은 경우에는 오히려 담보대출보다 싼 금리로 쉽게 돈을 인출해서 쓸 수도 있다.

하지만 마이너스 통장도 빚이다. 대출이라는 단어가 들어가 있지는 않지만 분명히 대출이다. 마이너스 통장을 개설하려면 대출신청 서류를 작성해야 하지 않는가. 따라서 마이너스 통장도 부채로 인식되어야 하는 것이다. 하지만 대다수의 많은 사람들이 마이너스 통장을 빚으로 생각하지 않는 데 문제가 있다. 이러한 인식이 평범한 사람을 빚쟁이로 만든다.

사실 은행에서는 마이너스 통장을 하나 만들어 놓고 언젠가 생길지 모를 급한 경우를 대비하라고 권유한다. 언뜻 합리적인 이야기로 들릴 수도 있지만 빚으로 살아갈 수는 없는 것이다. 은행의 권유로 마이너스 통장에 가입한 금융소비자들은 초반에는 여유가 생기지만 결국에는 마이너스 한도까지 모두 채워 쓰게 되는 경우가 많다. 그러다가 연체라도 되면 한도를 올려서 막게 되지만, 곧 또다시 한도가 차 버리게 된다. 결과적으로 의도치 않은 마이너스 인생이 시작되는 것이다. 이것이 마이너스 통장의 함정이다.

마이너스통장 잔액의 변동 추이

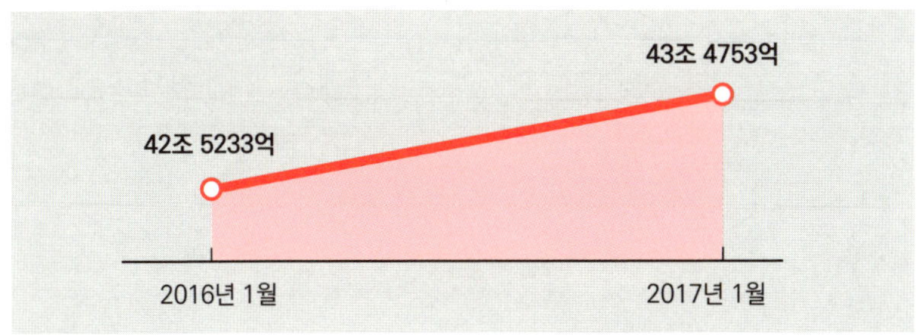

출처 : 7개 은행(국민·신한·하나·우리·농협·제일·기업)

대출, 현명하게 받는 방법

은행에서 대출받을 땐, 일단 첫째로 금리 비교가 우선이다. 금융상품 한눈에(finlife. fss.or.kr), 전국은행연합회(www.kfb.or.kr), 저축은행중앙회(www.fsb.or.kr), 새마을금고(www.kfcc.co.kr)에서 비교가 가능하다.

다음으로 정부의 정책지원 상품을 찾아봐야 하는데, 서민, 신혼부부, 창업자, 대학생, 고령자, 다문화 가정 등 다양한 계층에 대한 대출 지원 제도가 있다. 이건 자산관리공사에서 운영하는 서민금융나들목(www.hopenet.or.kr)을 보면 된다.

그리고 다음으로는 우대금리를 챙겨라. 금융회사마다 급여이체 계좌, 발급받은 신용카드, 청약저축 여부 등에 따라 우대금리를 받을 수 있다.

결국 손품, 발품을 열심히 파는 사람이 좋은 조건으로 대출을 받을 수 있다는 얘기다.

은행이 국민들에게 많은 신뢰를 받고 있는 이유는 선량하게 근무하는 은행원이 많기 때문이다. 그렇다고 은행에 근무하는 사람 모두가 진실 되고 정직하기는 어려운 게 세상 이치다. 은행 또한 돈을 가지고 장사를 해야 하는 입장이라는 것을 명심하라.

증권사 리포트에 매도 의견이 없는 이유

"솔직만 한 지혜는 없다."

- 벤자민 디즈레일리(영국의 정치가)

2000년대 초반부터 주식형펀드가 재테크의 대세로 자리 잡았다. 그 이면에는 이전에 10%를 넘나들던 은행예금의 이자율이 급격히 떨어지고, 주식시장은 개인이 직접 투자하기에는 너무 위험해 보일 뿐만 아니라 전문성도 갖추지 못한 게 현실이었다.

이런 상황에서 투자의 전문가라는, 당시에는 이름도 생소했던 펀드매니저들이 개인을 대신하여 주식에 직접 투자해 높은 수익을 안정적으로 거둬 준다고 홍보했던 간접투자 방식의 펀드가 사람들에게 알려지기 시작했다.

그러더니 점차 월급으로 재테크를 하는 직장인에서부터 목돈을 안정적으로 굴리려는 노년층, 용돈을 모아 종잣돈을 만들려는 대학생과 직장 초년생에 이르기까지 펀드 열풍이 불기 시작했다. 남녀노소를 가리지 않고 펀드가 전 국민적인 인기를 끌었던 것이다.

하지만 불패 신화를 이어 갈 것 같았던 펀드는 2008년 금융위기 이후, 많은 국민들에게 원망의 대상이 되면서 좀처럼 이미지를 회복하지 못하고 있는 실정이다.

사실 펀드가 한창 각광받던 2000년대 초중반은 종합주가지수가 꾸준히 상승하던 시기였다. 이런 장에서는 펀드는 물론이고, 대다수의 개별 주식종목들도 양호한 수익을 거둘 가능성이 높은 편이다. 하지만 반대로 전반적인 하락장이 시작되면 펀드나 개별 주식종목들도 손실을 면하기가 힘들다. 그러다 보면 펀드의 인기가 점차 떨어질 수밖에 없다.

코스피, 코스닥의 상장 기업수를 모두 더하면 약 2,000개가 조금 넘는다. 그런데 이들을 기초자산으로 하는 펀드의 수는 대략 1만 개가 넘는다. 종목 수보다 펀드 수가 훨씬 많은 것이다. 특히 이들 중 절반 이하는 설정액 100억 원 이하의 소규모 펀드로 이른바 '자투리 펀드'이다. 이 같은 자투리 펀드들은 각 회사별로 상품군이 유사하다. 그러다 보니 투자자 입장에서는 펀드에 투자하려고 해도 차별화되거나 남들과 다른 방식의 펀드를 찾기가 힘들다.

실제로 자산운용사 입장에서는 독자적인 투자 철학에 따른 독창성 있는 펀드를 개발하기보다 타사에서 흥행한 상품을 벤치마킹하는 것이 비용도 적게 들고, 성과도 좋을 수 있다.

이런 이유로 자산운용사는 펀드의 질을 개선하기보다 매년 새로운 펀드를 출시하고는 이를 공격적으로 마케팅하는 전략을 주로 추구하게 되는 것이다. 이러다 보면 자연스럽게 흥행에 실패한 펀드는 자산운용사의 관심 밖으로 밀려나게 되고, 그러면 수익률 관리가 일단 제대로 이루어지지 않을 뿐만 아니라, 이를 견디다 못한 투자자들이 환매에 나서면 자투리 펀드 신세로 전락하는 것이다.

자산운용사가 자투리 펀드를 정리하는 방법

자투리 펀드는 주로 운용 경험이 적은 펀드매니저가 맡는 경우가 많다 보니 아무래도 관리가 좀 소홀한 게 사실이다. 그러다 보니 투자자들이 제대로 된 자산관리 서비스를 받지 못할 수밖에 없다.

그러면 자산운용사 입장에서는 이러한 자투리 펀드들을 정리할 수밖에 없는데, 크게 다음의 3가지 방법 중 하나를 선택한다.

하나는 설정액을 100억 원 이상 끌어올리는 것이고, 둘째는 다른 펀드와의 합병, 마지막은 펀드를 임의로 해지하는 것이다. 그런데 설정액을 끌어올리는 게 쉽지 않고, 펀드 간 합병도 복잡해서 자연스레 임의 해지하는 방법을 사용하는 경우가 많다.

이러면 투자자들 입장에선 "운용사 잘못이 왜 우리한테 오느냐?"고 항의하는 것 외에는 다른 도리가 없다.

그래서 가급적이면 펀드 규모가 큰 게 다소 유리하다. 운용사가 아무래도 관리도 그렇고 신경도 좀 더 쓰게 될 테니까 말이다.

또한 펀드 운용의 일관성이 지켜지지 않는 점도 큰 문제다. 펀드를 운용하는 펀드매니저라는 직업은 컨설턴트, 애널리스트와 함께 경영학과 졸업생들에게는 선망의 대상이다. 그러다 보니 입사하는 사람들의 스펙도 대체로 매우 높은 편이고, 기대하는 연봉 수준도 높다. 그러나 고용 체계는 계약직이 많아서 사실상 연봉에 따라 이직이 굉장히 심한 편이다. 관련협회 자료에 따르면 펀드매니저의 3년간 정착률은 30%대에 불과하다.

물론 담당 펀드매니저가 교체된다고 무조건 수익률이 나빠지는 것은 아니다. 하지만 펀드 투자자 입장에서는 처음 투자했던 펀드의 매니저가 달라진다는 것이 유쾌한 일은 아닐 것이다. 왜냐하면 기존과 운용 방식이 달라질 수 있거나 투자 실력이 다소 떨어질 수도 있기 때문이다. 결국 펀드의 특성상 수익률 측면에서 펀드매니저의 역량이 가장 중요한데도 이직이 잦다는 것은 치명적인 결함일 수밖에 없다.

펀드매니저뿐 아니라 애널리스트도 문제가 있다. 애널리스트는 자신의 회사나 회사고객들에게 금융 및 투자 자문을 제공하기 위해 금융시장의 정보를 수집, 분석하는 투자분석가를 말한다. 문제는 주식시장은 오를 수도 있고 내릴 수도 있기 마련인데, 국내 애널리스트들 대부분이 매수만을 권유한다는 것이다. 왜 그럴까? 바로 수익구조 때문이다. 국내 증권사들의 브로커리지 수입, 즉 위탁매매로 벌어들이는 주식매매 중개수수료의 비율이 전체 수익에서 절반 가까이 차지하는 구조다.

이런 이유로 국내 증권사들이 많은 돈을 벌기 위해서는 고객들이 잦은 주식 거래를 해야만 한다. 그러다 보니 주식시장이 상승장이냐 하락장이냐, 또는 분석하는 기업의 주가가 오르느냐 내리느냐는 그리 중요하지 않을 수 있는 것이다. 국내 증권사들의 가장 큰 고객이 기업들이라고 볼 수 있는데, 이는 대형 자본 조달이나 M&A가 큰돈이 되기 때문이다.

그래서 증권사들은 대형 거래를 따내기 위해서 평소 기업들과의 친

 충전수업 부의 증식

분에 신경 쓰지 않을 수 없게 되는 것이다. 결국 이러한 상황으로 인해 국내 기업들에 대해 쓴소리를 하는 분석을 내놓거나 매도 추천하는 증권사를 해당 기업이 좋아할 리가 없다. 결과적으로 실적이 좋지 않을 것으로 예상되는 기업이더라도 애널리스트는 투자자에게 매도를 권유하지 못하게 되는 것이다. 이러한 점은 오랫동안 증권업계의 문제점으로 지적되어 왔다.

다행히 최근 들어서 국내 증권사들 사이에서도 점차 부정적인 의견을 내는 경우가 늘어나고 있다. 물론, 여전히 '매도'라는 투자 의견을 강하게 제시하는 경우는 거의 없지만, 돌려서 표현하거나 경고하는 경우가 늘고 있는 것이다.

가장 흔한 경우로 볼 수 있는 것이, 투자 의견을 '중립' 또는 '보유'로 유지하면서 목표주가는 현재 주가보다 낮게 제시하는 것이다. 예를 들어 어떤 기업의 주가가 10만 원이라고 가정해 보자. 그런데 한 증권사가 15만 원이던 목표주가를 8만 원으로 낮췄다면 앞으로 2만 원은 더 하락해야 적정주가에 가깝다고 보는 것이다. 결국 긴 시간 동안 장기 투자할 고객이라면 계속 보유해도 되지만, 그렇지 않다면 주식을 팔리는 얘기나 마찬가지이다.

또 다른 예로 업종 비중 축소가 있다. 업종 비중 축소는 애널리스트들의 부정적 코멘트라 볼 수 있는데, 말하자면 개별기업에 대해 팔라고는 못 하지만 전체 주식자산 중 특정 업종의 비중을 낮추라는 뜻이다. 이는 한마디로 해당 업종 기업의 주식을 보유하고 있다면 팔라는 얘기다. 결국 투자자라면 이러한 펀드매니저와 애널리스트의 현실을 잘 이해하고 접근하는 것이 바람직하다.

의견 구분	의견(건)	전체 대비 비율(%)
매수	13,735	80.11
투자 의견 없음	1,885	11
중립	1,397	8.15
강력 매수	104	0.61
비중 축소	21	0.12
매도	1	0.01
합계	17,143	100

출처 : 에프앤가이드

사업을 함에 있어 가장 중요한 것은 진실한 태도가 아닐까 한다. 땀 흘려 번 돈을 투자할 때, 아마도 투자자들은 증권사에게 진실 이상의 무엇을 바랄 것이다.

내 보험은 왜
고아계약이 되었는가

"능력이 많아도 명예롭지 못하다면 전혀 쓸모가 없다."

– 앤드류 카네기(미국의 기업가)

대개 보험영업을 시작하면 주위에 알고 지내던 친척이나 지인들을 대상으로 영업을 하는 경우가 많다. 하지만 지인을 대상으로 영업하는 것이 쉽지 않다. 그래서 아무리 친한 사람이 많고, 이들과 잘 지냈던 사람이라 할지라도 1년 내내 보험 계약을 새로 맺어 줄 사람을 주위에서 찾는 건 어려울 수밖에 없을 것이다.

금융감독원에 따르면 생명보험사들의 설계사 정착률은 13회차 기준, 평균 40% 정도밖에 안 된다.

생명보험사 설계사 정착률(2016년)

(단위 : %)

회사명	13월차 설계사 등록 정착률
한화생명	51.4
삼성생명	48
교보생명	43.8
흥국생명	32.5
현대라이프	39.8
신한생명	29.7
DGB생명	40.4
KDB생명	38.6
미래에셋생명	42.1
KB생명	36.8
동부생명	30.3
동양생명	30.5
농협생명	28
알리안츠생명	31.8
메트라이프생명	32.2
PCA생명	20.4
처브라이프생명	30.4
푸르덴셜생명	56.3
ING생명	37.2
라이나생명	27.6
AIA생명	19.6
평균	40.2

* 설계사 정착률은 매년 변동   출처 : 금융감독원

'13회차 정착률'은 쉽게 말해 한 회사에서 1년 이상 활동하는 설계사의 비중인데, 이 비중이 작아질수록 회사를 자주 옮기는 소위 '철새 설계사'가 많다는 얘기다. 즉 보험영업을 시작한 사람 10명 중 6명 이상은 1년 이내 그만둔다는 것이다.

이처럼 보험설계사들이 몇 달도 버티지 못하고 그만두게 되면 가장

큰 피해를 당하는 사람은 바로 고객일 수밖에 없다. 갑자기 자신을 관리해 주던 설계사가 없어지는 것이기에 이른바 '고아계약'이 된다는 얘기다.

물론 보험설계사가 그만두더라도 보험사들은 다른 설계사를 배정하여 해당 고객을 관리하도록 하고 있다. 하지만 자신한테 가입하지 않은 고객을 제대로 관리해 줄 설계사는 그리 많지 않은 편이라고 보는 게 맞다. 모집 수당을 이미 그 이전의, 즉 그만둔 설계사가 다 받은 뒤이기 때문이다. 그래서 새로운 설계사는 오히려 고객에게 새로운 계약을 추천하기 일쑤다. 다른 계약을 따내지 못할 경우엔 자신이 받을 수 있는 수당이 없기 때문이다.

그런데 고객 입장에서 생각해 보면 평소 얼굴 한번 본 적이 없는 새로운 설계사에게 보험 처리를 맡기거나 궁금한 점을 물어봐야 하니 불편하기 짝이 없을 것이다.

좋은 보험설계사를 알아보는 방법

실력 있거나 좋은 설계사를 만나고 싶다면 '우수인증설계사'인지 확인해 보는 것도 방법이다.

우수인증설계사란 금융감독원의 지원으로 생명보험협회와 손해보험협회에서 보험설계사들의 근속 기간, 계약 유지율, 완전판매 여부 등을 따져서 좋은 설계사들을 매년 인증해 주는 제도다. 한 회사에서 3년 이상 근무하고 있고, 1년간 보험 유지율이 90% 이상, 그리고 불완전판매가 없어야 한다.

2017년 12월 기준으로 전체 설계사들 중 10% 안팎으로 손해보험사와 생명보험사를 합쳐 총 3만여 명이 있다.

참고로 MDRT(Million Dollar Round Table)는 직역하면 '백만달러원탁회의'인데, 고

소득 설계사들의 단체이다. 그런데 이건 사실 고객과는 별 상관이 없다. 판매 실적이 높으면 주는 자격이라서 회사가 좋아하는 설계사일 뿐일 수도 있다.

차라리 금융 자격증이 있는지 보는 게 좋다. 세무사나 공인회계사 자격이 있다면 꽤 신뢰할 수 있을 것이다. 하지만 이런 자격증을 소지한 보험설계사는 드물기 때문에 적어도 한국재무설계사(AFPK)나 국제공인재무설계사(CFP) 자격증 보유자라면, 실력을 좀 갖추었다고 볼 수 있다.

그리고 설계사를 선택할 때는 적어도 두세 사람 이상을 만나 보는 게 좋다. 설계사와 상담한다고 바로 계약이 되는 건 아니기에 여러 사람을 만나 보고 따져 본 다음 가입하는 게 그래도 낫다.

사실 이보다 더 큰 문제는 고객들이 가입한 보험이다. 이렇듯 실적에 쫓기는 보험설계사가 지인 영업을 통해 가입시킨 보험이 제대로 된 것인지 의문이 들 수밖에 없다는 점이다. 대개 급한 마음에 보험 하나 가입해 달라고 사정하는 식이 많다 보니, 별로 가치가 없는 보험, 굳이 안 들어도 되는 보험에 가입할 수 있는 것이다. 10년 이상 가입을 유지해야만 비과세 혜택을 받을 수 있는 저축성보험에 불과 3년이나 5년까지만 유지하는 사람이 생기게 되는 배경이라고 볼 수 있다.

하지만 이와 같은 문제가 발생하는 데에는 보험설계사도 문제지만, 보험회사의 구조적인 문제도 있다.

일반적으로 설계사의 모집 수당이 많은 보험 상품으로 꼽히는 것은 종신보험, CI보험, 변액보험 등과 같은 보장성보험이다.

한때 변액연금보험 수익률 비교로 인해 금융소비자연맹과 생명보험업계 간에 갈등이 있었는데, 상당한 투자 이익을 안겨 줄 것처럼 광고했던 변액연금보험의 환급률이 물가상승률에도 미치지 못한다고 발표된 것이 원인이었다.˙ 이 같은 분석을 놓고 '수익률이 왜곡됐다' '그렇지 않다'로 싸움을 치른 것이다.

금융소비자연맹에서는 변액연금보험이 매년 4%의 펀드 수익률을 올려도 10년 후에 해약하면 46개 중 18개 상품, 즉 39%에서 원금 손실이 발생한다고 주장했다. 한마디로 10개 상품 중 4개의 경우 10년 후에 해약했을 경우 원금도 건지지 못한다는 의미다. 또한 나머지 상품의 환급금도 납부보험료를 겨우 되찾는 수준에 그친다고 덧붙였다. 이에 대해 생명보험협회는 "10년 납부 상품은 만기가 지나면 수익률이 크게 뛰는데도 이를 의도적으로 무시했다"고 비판했다. "노후에 연금을 받는 게 주목적인데 단순히 10년 기준으로 수익률을 계산해서 상품의 특징을 무시했다"라는 주장이었다.

이 같은 양측의 주장 사이에는 '사업비'가 있다. 사업비는 일종의 보험사 수수료인데, 그중에서 판매수수료가 가장 큰 비중을 차지한다.

그런데 판매수수료는 선취 방식으로 부과되기 때문에 소비자의 투자 원금에서 수수료가 먼저 떼이다 보니 작아질 수밖에 없고 이로 인해 결국 초기 환급률이 낮아지게 되는 것이다. 특히 우리나라는 보험을 한 건 판매할 때 첫 해에 대부분 판매수수료인 모집 수당을 지급하는 관행을 유지해 왔다. 설계사가 보험을 한 건 계약하면, 첫 해에 수당을 거의 다 받는다는 얘기다. 수수료를 먼저 떼는 체계이다 보니 변액연금만 놓고 봤을 때, 소비자 입장에서 계약 체결 후 5~6개월까지의 환급액이 제로에 가까운 게 현실이다.

예를 들어 변액연금에 매달 50만 원씩 넣는 계약을 체결한 뒤 6개월 후 급한 사정이 생겨 그동안 낸 보험료를 돌려 달라고 요구하면 1

만 원도 받기 어려운 것이다. 초기 환급률을 대폭 끌어올린 변액연금이 나오고는 있지만, 아직까지는 드문 형편이다.

그렇다면 수수료를 먼저 떼는 이런 관행은 어떻게 해서 시작됐을까?

2000년대 초반 보험사 간 판매 경쟁이 격화되면서 소위 '설계사 빼앗아 오기'가 벌어졌던 게 시작이었다. 특히 외국계 생명보험사들이 '계약 초기에 모집수당을 집중적으로 지급한다'며 다른 회사의 우수 설계사를 대거 영입하기 시작했는데, 당연히 거액의 현금을 먼저 지급한다는 데 마다할 설계사들이 없지 않겠는가.

다행히 이런 관행은 당국의 규제로 서서히 정상화의 길을 걷고 있다. 하지만 소비자들이 느끼기에 보험 계약 체결에 따른 수수료는 지나치게 높은 수준이다.

보험업계에 따르면 보험사가 설계사에게 지급하는 신규 보험계약 수수료는 월납 보험료의 최대 5배에 이르는 것으로 나타났다. 보험사마다 차이가 있지만, 대략 변액연금보험 50만 원짜리를 가입했을 때, 보험설계사가 받는 수수료가 250만 원가량 된다는 얘기다. 더군다나 250만 원 중 170~180만 원가량은 계약 후 1년 내에 지급한다. 이런 현실이다 보니 고아계약도 많이 발생하게 되고, 초기 환급률도 낮을 수밖에 없는 것이다.

이렇게 된 데에는 보험설계사가 위촉직이기 때문이다. 개인사업자와 비슷하다고 볼 수 있는데, 그러다 보니 보험설계사들에게는 일정한 월급이 없다. 그런데 월급은 없지만 생활은 해야 되니, 일단 계약 체결이 이루어지면 당장 생활비가 급한 설계사한테 보험사가 수수료를 빨리 지급하는 것이다. 이런 구조 때문에 보험설계사들이 수수료를 받고 다른 회사로 옮기는 경우도 빈번하다.

하지만 보험설계사란 결국 자신을 믿고 맡겨 준 그 고객의 자산을 관리하는 일을 하는 사람이 아닌가. 따라서 보험설계사를 한다면 적어도 자신의 연봉을 자랑하기보다 자신의 명예를 지키는 일에 힘쓰는 것이 더 좋을 듯싶다.

카드 마케팅 꼼수는
이제 그만!

"인간의 본성은 서로 비슷하지만 후천적 습관에 의해 서로 멀어진다."

- 공자

카드회사가 주는 온갖 부가서비스와 포인트 혜택을 보면 카드라는 것을 많이 쓰면 쓸수록 자신에게 득이 된다는 생각을 할 수 있다. 그래서 마치 카드를 많이 사용할수록 좋은 소비자로 대접받을 수 있을 것 같다. 더군다나 여기에 정부까지 나서서 카드를 쓴 만큼 연말정산에서 소득공제를 해 주고 있으니 '카드 사용을 권하는 사회'라 해도 지나치지 않아 보인다.

하지만 금융 상품들이란 것들이 정교한 기술을 통해 이윤을 창출해 내듯이, 신용카드 또한 마찬가지다. 카드회사가 고안해 내는 방식으로 소비자들로 하여금 지갑을 열도록 유혹하는 것이다.

예컨대 카드회사가 내놓은 소위 '데이 마케팅'이 한때 상당한 고객몰

이를 한 적이 있었다. 카드회사가 고객을 유치하기 위해 요일에 따라 기름값과 식사값, 책값 할인까지 다양한 혜택을 주는 마케팅이었다. 가령 기름은 월요일에 넣고, 패밀리 레스토랑은 수요일에 가서 이용하고, 책은 금요일에 맞춰서 사면 할인 혜택이 더 커지는 식인 것이다.

하지만 카드회사가 이렇게 지정한 요일별 혜택을 이용하려면 소비자가 자신의 생활패턴을 마케팅 방식 속에 정확히 집어넣어야만 한다.

또한 카드회사들이 내놓는 혜택의 할인율도 흐릿한 부분이 있다. 예를 들어 카드회사가 내건 할인율이 15%라고 가정해 보자. 대체로 할인 받을 수 있는 이용 횟수엔 제한이 없지만, 카드회사들은 최대 할인 금액에 상한선을 설정해 놓는다. 회당 몇천 원, 또는 월 최대 몇만 원 등으로 최고 할인액을 정해 놓는 것이다.

이렇다 보니 결국 소비자들이 할인 받을 수 있는 한도는 건당 15%가 아니라 평균 몇천 원 정도에 그친다는 결론이 나온다.

또 카드 혜택을 받으려면 전월 사용금액이 30만 원이나 50만 원 이상은 되어야 한다. 그래서 할인이나 적립 혜택을 받기 위해서 현금으로 결제해도 되는 데도 굳이 카드를 써야 되는 것 같은 강박을 카드사가 심어 주는 것이다. 그렇게 매순간 쉽게 긁다 보면 어느 순간 통제 불능이 된다.

결국 카드회사들이 만드는 마케팅 기술을 제대로 이용하는 것은 웬만한 머리를 갖지 않고서는 힘들다는 얘기다. 한마디로 소비자들에게 치밀한 소비행동이 요구되는 것이다.

그런데 과연 일상생활 속에서 카드를 그렇게 치밀하게 사용하는 사람들이 몇 명이나 있을까? 카드라는 물건 자체가 기본적으로 사용하는 데 최대한 쉽도록 고안된 것이기에 '읽는 데'에 익숙한 소비자들에게 정교한 소비행동까지 요구하는 것은 무리일 수밖에 없다. 결국 대부분 '빛 좋은 개살구'라고 볼 수 있는 것이다.

그래서 자신이 혜택을 일일이 외우면서 제대로 활용하는 사람이 아니라면 그냥 무조건 혜택을 주는 카드들이 나을 수 있다. 한마디로 조건 따지지 않고, 가맹점에서 쓰는 사용액에 대해 모두 할인이나 포인트 적립 혜택을 주는 카드인 것이다.

카드사마다 하나쯤은 있는데, 좋은 점은 거의 모든 사용액에 대해 조건 없이 혜택을 준다는 것이고, 안 좋은 점은 특화된 카드에 비해서는 할인율이나 적립율이 좀 낮다는 것이다.

금융은 가급적 단순한 게 좋다. 복잡할수록 수수료만 커지기 때문이다.

포인트 선결제에 속지 마라

또한 '포인트 선결제'라는 것이 있다.

최근 사람들에게 인기가 매우 높은 서비스로, 카드로 물건을 구매할 때 미리 특정 부분만큼 할인을 받고, 이후 카드 결제 과정에서 쌓이는 포인트로 매달 할인액만큼 갚아 나가는 것이다.

하지만 카드는 기본적으로 '가불 결제 시스템'에 바탕을 두고 있다. 선포인트 제도 역시 미래에 얼마만큼 반드시 쓴다는 것을 전제로 값을 깎아 주도록 설계되어 있다. 쉽게 말해 미래의 빛을 포인트로 바꾼 것이다. 고객으로서는 포인트로 빛을 갚는 셈이다. 결국 포인트로 값을 깎은 만큼 일정 기간에 반드시 결제 카드를 사용해야 하고, 그렇지

  충전수업 부의 증식

않으면 현금으로 토해 내야만 한다. 세상에 절대 공짜는 없다.

실제로 카드 선지급 포인트를 이용해 자동차나 전자제품 등 고가 제품을 구입했으나, 이후 카드 사용 실적이 모자라 현금으로 갚는 사례가 구매자 가운데 절반에 가까운 것으로 알려져 있다.

더군다나 또 다른 문제가 있는데, 카드회사마다 조금씩 차이는 있지만, 대부분의 카드회사는 결제 금액을 연체했을 때 전액에 대해 포인트 적립을 거부한다. 하루만 연체해도 해당 달에 사용한 금액을 포인트로 인정하지 않는 것이다. 심지어 일부 카드회사 중에는 몇 달을 연체 시 연체액만큼 기존에 쌓아 놓은 포인트를 삭감하는 일도 있다. 고객 입장에선 연체이자에다 포인트 손실까지 이중, 삼중의 손해를 입는 셈이다.

포인트 선결제와 관련해 잊지 말아야 할 3가지

첫째, 포인트 선지급 상품은 상환을 반드시 해야 하는 부채다.

포인트 선결제 서비스를 이용하면 매매대금의 전액 또는 일부를 카드사로부터 지원받을 수 있지만, 나중에 신용카드 이용실적에 따라 적립되는 포인트로 상환해야 하는 부채인 것이다.

둘째, 포인트 선결세 이용을 원한다면 평소 사용하는 신용카드 이용금엑 징도에시만 사용해야 한다.

포인트 선결제 서비스 이용금액이 크면 클수록 포인트로 갚기 위해 앞으로 사용해야 할 카드 사용금액이 증가하는 구조이다. 따라서 평소에 본인이 사용하는 카드 사용금액 등을 고려해서 무리가 없는 선에서 이용하는 것이 바람직하다.

셋째, 중복적으로 이용하지 않는 게 좋다.

여러 회사에서 포인트 선결제 서비스를 중복 이용하게 되면, 카드 사용 실적이 부족해서 현금으로 상환해야 할 가능성이 높아지기 때문이다.

우리 사회는 신용사회다. 직장인이라면 지갑 속에 카드 한두 개쯤은 들어 있을 것이다. 이렇게 밀접하게 우리와 함께 생활하고 있는 신용카드를 잘못 다루었다가는 자산관리의 큰 흠을 남길 수 있다.

대부분의 신용카드 소비자들은 신용카드의 할인 혜택과 부가서비스를 이용하기 위해서 매우 정교하고 치밀하게 행동하기 어렵다. 더군다나 신용카드를 이용한다는 것 자체가 신중한 소비 성향과는 잘 맞지 않는 얘기일 수 있다.

카드사는 사람들에게 공짜라는 인식을 심어 주고, 소비자들은 신용카드를 통해 구매 자신감을 얻는다. 하지만 세상에 공짜 신용카드는 없다.

어쩌면 우리는 소비해야 만족을 얻는 본성을 지녔는지도 모르겠다. 하지만 소비 습관의 차이에 따라 각자의 미래가 달라질 수 있다는 사실을 잊지 말아야 한다.

그런 의미에서 자신의 미래를 위해 작은 것 하나를 소비하더라도 신중할 필요가 있다.

Chapter 6

펀드 100%
활용법

펀드는 중요한 자산관리 수단

"강세장은 비관 속에서 태어나 회의 속에서 자라고,
낙관 속에서 성숙하여 도취감 속에서 사라진다."

– 존 템플턴(미국의 투자가)

주식이나 채권이라는 용어는 낯설고 어려워 보여도 '펀드'라는 용어는 익숙한 편일 것이다. 하지만 펀드와 관련된 생소한 용어들 때문에 또는 펀드에 투자했다가 손실을 본 안 좋은 기억들 때문에 애써 펀드를 외면하는 사람들도 많을 것이다. 그렇지만 펀드가 싫든 좋든 간에 중요한 자산관리 수단이라는 것은 분명한 사실이다.

그렇다면 펀드란 무엇일까?

펀드란 쉽게 말해 여러 사람의 돈을 모아서 전문가가 주식이나 채권 등에 대신 투자, 운용하는 금융상품이다. 즉 일정한 목적을 위하여 사람으로부터 모은 자금의 집합체 또는 뭉칫돈을 가리킨다. 또한 이렇게 모은 자금을 자산에 투자해서 그곳에서 나온 수익을 투자한 비율만큼 투자자에게 나누어 주는 행위도 포함된다.

펀드의 장단점

그렇다면 펀드는 어떤 장점이 있는 것일까?

첫째, 투자 전문가가 대신 운용해 준다.

2000년대 이후 줄곧 이어지는 저금리 환경 속에서 과거처럼 높은 이자수익을 거두기는 힘들어졌다. 더군다나 긴 노후를 준비하려면 자연히 적극적인 투자 행위를 통해 기대수익을 높일 수밖에 없는 것이 현실이다.

그렇다면 하던 일을 멈추고 팔을 걷어붙인 채 좋은 투자 대상을 발굴하기 위해 직접 기업 탐방을 다니면서 투자처를 물색해야 할까?

물론 그것도 한 방법이긴 하겠지만, 개인이 직접 투자를 하려면 온갖 지식과 경험으로 무장한 투자 전문가 그룹과 마주하게 될 것이다. 개인이 홀로 그 안에서 살아남기는 매우 어려울 수밖에 없다.

치열한 금융시장에서 뛰어난 금융전문가와 전문적인 조직들을 상대로 살아남으려면 더 많은 시간과 노력을 투자해야 할 텐데, 평범한 직장인이거나 자영업자라면 절대로 만만하지 않을 일이다. 어쩌면 투자에 대한 극심한 스트레스로 인해 삶이 피폐해질 수도 있다.

하지만 펀드를 가입하는 것만으로 주식, 채권, 부동산 등 각 분야의 투자 전문가들을 저렴한 비용으로 활용할 수 있게 된다. 또한 투자 대상을 직접 분석하고 매매하는 시간과 노력을 줄일 수 있다.

물론 투자 전문가가 운용한다고 해서 반드시 높은 수익률을 거둘 수 있다는 말은 아니다. 그들이 운용하는 펀드 중에서도 손실을 내고 있는 펀드들도 많기 때문이다.

그래도 오랫동안 높은 수익률을 운용하고 있는 명성 있는 펀드매니 저들이 있다. 문제는 그들이 누구인지 인터넷을 통해 검색해 보지도 않는다는 것이다. 그래서 누가 잘하는지도 모른 채 그냥 금융회사에 서 추천하는 펀드들을 가입하는 경우가 많다. '누가 잘한다더라'라는 소문만 듣고 덥석 가입하는 것도 딱히 좋은 건 아니지만, 다만 적어도 누가 잘하는지는 찾아보고 조사해 보는 게 기본이 아닐까 싶다.

둘째, 적은 돈으로 분산투자를 할 수 있다.

펀드가 가진 장점 중에 빼놓을 수 없는 것이 분산투자이다. 분산투 자라는 것은 투자를 한두 종목에만 집중하지 않고 여러 종목에 나누 어 투자하는 것을 말한다. 이것은 달걀을 한 바구니에 담고 가다가 바 구니를 떨어뜨리면 달걀이 모두 깨지는 것을 방지하기 위해 달걀을 여러 바구니에 나누어 담는 것을 의미한다. 바구니 하나가 떨어졌다 고 해도 나머지 바구니에 든 달걀들은 안전할 것이고, 이것이 바로 분 산투자의 장점이다.

물론 가격이 상승하는 종목에만 집중하면 이익이 크게 날 수 있다. 그러나 집중 투자한 종목의 가격이 내려간다면 그만큼 손실도 크게 발생한다. 그런데 분산투자를 하게 되면 전체적으로 시장이 상승할 때 가격이 많이 오르는 종목과 덜 오르는 종목이 있을 수 있지만, 반 대로 시장이 하락할 때는 동일한 이유로 수익률 하락폭을 줄일 수 있 는 장점이 있다.

이러한 분산투자를 펀드를 통해 적은 돈으로도 할 수 있는 것이다.

예를 들어 투자는 하고 싶은데, 여윳돈이 고작 10만 원밖에 없다고 가정해 보자. 10만 원으로 살 수 있는 종목은 한정되어 있고, 특히 몇몇 우량기업은 가격이 비싸 단 한 주도 사지 못할 수 있다. 그러나 펀드 상품에 가입하면 이 단돈 10만 원으로도 우량기업뿐 아니라 수십 종목의 주식이나 채권에 분산투자가 가능하다.

펀드의 분산투자

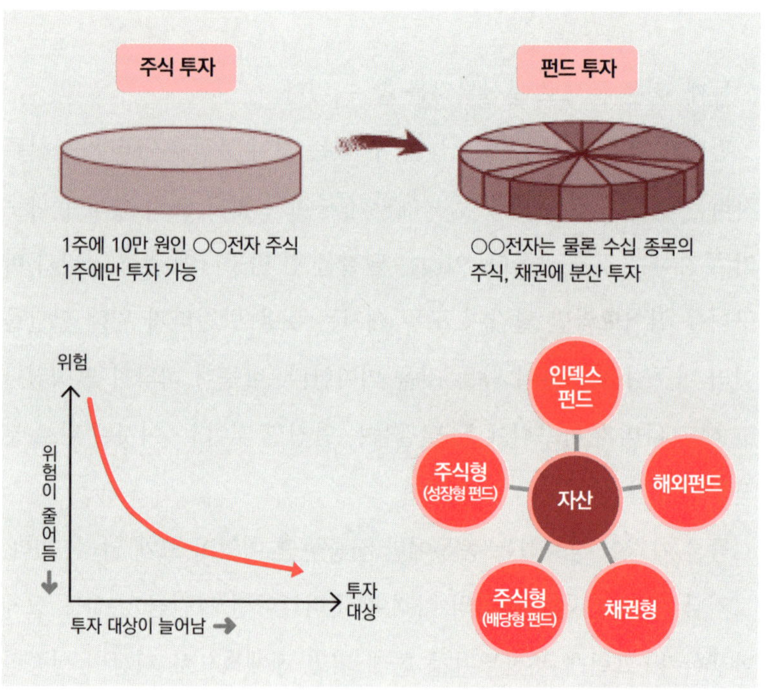

포트폴리오를 만들어라

포트폴리오는 원래 간단한 서류가방이나 자료 수집철을 뜻하는 말이다. 금융에서는 주로 금융자산의 목록을 말하는 건데, 투자 위험을 줄이기 위해 다양한 자산에 분산해서 투자한다는 의미이다.

금융 포트폴리오 이론으로 노벨 경제학상을 수상한 제임스 토빈 교수에게 이 의미를 좀 더 쉽게 설명해 달라고 하자, 그 유명한 "달걀을 한 바구니에 담지 마라"고 하였다. 결국 하나에 투자하면 위험하니까 그 위험을 나누라는 말이다.

물론 투자를 아주 잘하는 사람이라면 집중 투자가 더 효율적일 수 있다. 그래서 유명한 경제학자인 케인즈도 자신의 모교인 케임브리지 대학의 펀드를 운용하면서 한두 종목에 집중 투자하는 게 좋다고 말하였다. 한마디로 실력이 뛰어나면 집중 투자를 하는 것이 잘못된 게 아니다. 오히려 옳을 수 있다. 다만, 일반인은 집중 투자하기엔 위험이 너무 크니까 분산투자가 적절하다는 얘기다.

그러한 의미에서 펀드를 통한 분산투자가 아주 좋은 방법이다. 국내 상장기업들 중 상위 50위권만 봐도 절반 이상이 주당 10만 원이 넘고, 심지어 몇몇 우량기업들은 주당 100만 원이 넘어서 황제주라고 불린다. 그런 걸 사고 싶어도 투자금액이 적으면 한 주도 못 사는데, 그런 우량기업들을 담고 있는 펀드에 가입하면 10만 원으로도 우량기업들에 분산 투자한 것이나 마찬가지 효과가 나타날 수 있다.

셋째, 다양한 투자 대상에 쉽게 투자할 수 있다.

개인이 투자하기 힘든 해외주식이나 채권, 부동산, 실물자산 등 재산적 가치가 있는 모든 자산에 쉽게 투자할 수 있다는 뜻이다. 세계적인 IT기업 애플이나 구글에 투자하고 싶어도, 해외주식 거래에 익숙하지 않은 일반 개인이라면 낯설고 어려울 수밖에 없다. 또한 금값이나 원유가격이 변동하는 것을 보면서 직접 투자하고 싶다 해도 역시 진입 장벽이 다소 높은 것이 현실이다.

하지만 해외펀드나 미국기업에 주로 투자하는 펀드를 통해 소위 잘 나간다는 애플이나 구글에 손쉽게 투자할 수 있다. 또한 금 펀드나 원유 펀드를 통해 누구나 간편하게 금과 원유에 직접 투자하는 효과를 거둘 수 있다.

10년 전만 해도 해외펀드나 원자재펀드가 그렇게 많지 않았는데, 최근엔 정말 다양해졌다. 사실 "인도나 베트남이 중국 다음이다"라고 하는데, 이런 나라에 펀드가 없으면 어떻게 투자하겠는가. 물론 해외 주식 거래창구가 익숙하면 가능하겠지만, 미국이나 일본 아닌 나라에 직접 투자하는 건 정말 어렵다. 일단 정보도 너무 없고, 환위험도 높고, 증권 거래도 쉽지 않기 때문이다.

그런데 인도펀드, 베트남펀드는 어느 금융회사를 가도 쉽게 가입이 가능하다. 물론 수익률이 문제지만, 일단 투자자 입장에서는 쉽고 편리하게 적은 돈으로 해당 국가에 분산투자가 가능한 것이다. 이런 점이 펀드의 큰 장점이다.

물론 펀드는 이런 장점들뿐만 아니라 다양한 위험 또한 안고 있다. 그래서 투자자는 펀드 투자를 할 때, 일반 예·적금과 달리 위험에 대해서도 잘 알고 있어야만 한다. 일단 가격 변동의 위험이 있고, 기업의 부도 위험, 금리 변동의 위험, 환율 변동의 위험 등이 있다.

이외에도 인플레이션과 디플레이션에 따른 위험, 투자자산의 유동성에 따른 위험 등 다양한 위험이 존재한다. 따라서 투자자가 펀드를 일방적으로 맹신하는 것은 바람직하지 않다.

어떤 펀드가 됐든, 결국 손실을 입으면 모든 책임은 투자자의 몫이다. 그래서 항상 경제 환경의 변화를 주의 깊게 살펴보면서 해당 펀드의 운용 방식과 결과를 꾸준히 검토하고 대응하는 것이 좋다.

펀드와 관련한 정보는 다음의 사이트를 참고하면 좋다.

명칭	홈페이지	주요 내용
펀드정보 One-Click 시스템	fund.kofia.or.kr	금융감독원 · 금융투자협회 · 운용사 · 평가사 등에서 제공하는 펀드 관련 정보를 연결
펀드닥터	www.funddoctor.co.kr	펀드에 대한 종합적인 정보를 제공하며, 개인은 물론 기관투자가들의 자산운용 활동을 지원
한국펀드평가	www.kfr.co.kr	펀드평가, 성과평가, 위험관리, 자산배분 등을 일괄 제공
모닝스타코리아	www.morningstar.co.kr	해외거래소와 국채시장 데이터와 더불어 1,400만 개 이상의 주식, 채권, 지수, 선물, 옵션, 원자재, 귀금속, 환율 등의 실시간 데이터를 포함하여 주식, 뮤추얼펀드, 유사 상품 등 약 50만 개의 투자자산들에 대한 데이터를 제공

투자 성향 테스트

금융 지식이 부족한 개인투자자들이 원치 않는 금융상품으로 피해를 입지 않도록 보호하기 위한 테스트다.

연령대, 투자 가능 기간, 과거 투자 경험, 금융상품에 대한 지식수준, 일정한 소득 유무, 감수할 수 있는 원금 손실 정도 등을 묻는다. 결과를 점수(100점 만점)로 매겨 해당하는 투자 등급을 제시한다.

이 테스트를 통해 자신의 투자 성향을 진단해 보자.

1. 당신의 연령대는 어떻게 됩니까?

　① 19세 이하　　② 20~40세　　③ 41~50세

　④ 51~60세　　⑤ 61세 이상

2. 투자하고자 하는 자금의 투자 가능 기간은 얼마나 됩니까?

① 6개월 이내　　　② 6개월 이상~1년 이내　　　③ 1년 이상~2년 이내

④ 2년 이상~3년 이내　　　⑤ 3년 이상

3. 다음 중 투자 경험과 가장 가까운 것은 어느 것입니까?(중복 가능)

① 은행의 예·적금, 국채, 지방채, 보증채, MMF, CMA 등

② 금융채, 신용도가 높은 회사채, 채권형펀드, 원금보존추구형 ELS 등

③ 신용도 중간 등급의 회사채, 원금의 일부만 보장되는 ELS, 혼합형펀드 등

④ 신용도가 낮은 회사채, 주식, 원금이 보장되지 않는 ELS, 시장수익률 수준의
수익을 추구하는 주식형펀드 등

⑤ ELW, 선물옵션, 시장수익률 이상의 수익을 추구하는 주식형펀드, 파생상품에
투자하는 펀드, 주식 신용거래 등

4. 금융상품 투자에 대한 본인의 지식수준은 어느 정도라고 생각하십니까?

① [매우 낮은 수준] 투자 의사 결정을 스스로 내려 본 경험이 없는 정도

② [낮은 수준] 주식과 채권의 차이를 구별할 수 있는 정도

③ [높은 수준] 투자할 수 있는 대부분의 금융상품의 차이를 구별할 수 있는 정도

④ [매우 높은 수준] 금융상품을 비롯하여 모든 투자대상 상품의 차이를 이해할
수 있는 정도

5. 현재 투자하고자 하는 자금은 전체 금융자산(부동산 등을 제외) 중 어느 정도의 비중을 차지합니까?

① 10% 이내　　　② 10% 이상~20% 이내　　　③ 20% 이상~30% 이내

④ 30% 이상~40% 이내　　　⑤ 40%

6. 다음 중 당신의 수입원을 가장 잘 나타내고 있는 것은 어느 것입니까?

① 현재 일정한 수입이 발생하고 있으며, 향후 현재 수준을 유지하거나 증가할 것
으로 예상된다.

② 현재 일정한 수입이 발생하고 있으나, 향후 감소하거나 불안정할 것으로 예상된다.

③ 현재 일정한 수입이 없으며, 연금이 주수입원이다.

7. 만약 투자원금에 손실이 발생할 경우 다음 중 감수할 수 있는 손실 수준은 어느 것입니까?

① 무슨 일이 있어도 투자원금은 보전되어야 한다.

② 10% 미만까지는 손실을 감수할 수 있을 것 같다.

③ 20% 미만까지는 손실을 감수할 수 있을 것 같다.

④ 기대수익이 높다면 위험이 높아도 상관하지 않겠다.

문항별 점수표

구분	문항						
	1번	2번	3번	4번	5번	6번	7번
①	12.5점	3.1점	3.1점	3.1점	15.6점	9.3점	−6.2점
②	12.5점	6.2점	6.2점	6.2점	12.5점	6.2점	6.2점
③	9.3점	9.3점	9.3점	9.3점	9.3점	3.1점	12.5점
④	6.2점	12.5점	12.5점	12.5점	6.2점	—	18.7점
⑤	3.1점	15.6점	15.6점	—	3.1점	—	—

* 위 점수표는 문항별로 중요도에 따라 가산점을 달리하였다.

투자성향별 점수표

투자 성향	점수
안정형	20점 이하
안정추구형	20점 초과~40점 이하
위험중립형	40점 초과~60점 이하
적극투자형	60점 초과~80점 이하
공격투자형	80점 초과

출처 : 전국투자자교육협의회

- **안정형** : 예금이나 적금 수준의 수익률을 기대하며, 투자원금에 손실이 발생하는 것을 원하지 않는다. 원금 손실의 우려가 없는 상품에 투자하는 것이 바람직하며 CMA와 MMF가 좋다.

- **안정추구형** : 투자원금의 손실 위험은 최소화하고, 이자소득이나 배당소득 수준의 안정적인 투자를 목표로 한다. 다만 수익을 위해 단기적인 손실을 수용할 수 있으며, 예·적금보다 높은 수익을 위해 자산 중의 일부를 변

동성 높은 상품에 투자할 의향이 있다. 채권형펀드가 적당하며, 그중
에서도 장기회사채펀드 등이 좋다.

- **위험중립형** : 투자에는 그에 상응하는 투자 위험이 있음을 충분히 인식하고 있으
며, 예·적금보다 높은 수익을 기대할 수 있다면 일정 수준의 손실 위
험을 감수할 수 있다. 적립식펀드나 주가연동상품처럼 중위험 펀드로
분류되는 상품을 선택하는 것이 좋다.

- **적극투자형** : 투자원금의 보전보다는 위험을 감내하더라도 높은 수준의 투자수익
을 추구한다. 투자자금의 상당 부분을 주식, 주식형펀드 또는 파생상
품 등의 위험자산에 투자할 의향이 있다. 국내외 주식형펀드와 원금비
보장형 주가연계증권(ELS) 등 고수익·고위험 상품에 투자할 수 있다.

- **공격투자형** : 시장평균수익률을 훨씬 넘어서는 높은 수준의 투자수익을 추구하며,
이를 위해 자산가치의 변동에 따른 손실 위험을 적극 수용할 수 있다.
투자자금 대부분을 주식, 주식형펀드 또는 파생상품 등의 위험자산에
투자할 의향이 있다. 주식 비중이 70% 이상인 고위험 펀드가 적당하
고, 자산의 10% 정도는 직접투자(주식)도 고려해 볼 만하다.

투자 성향에 따른 기대수익률과 투자 위험의 관계

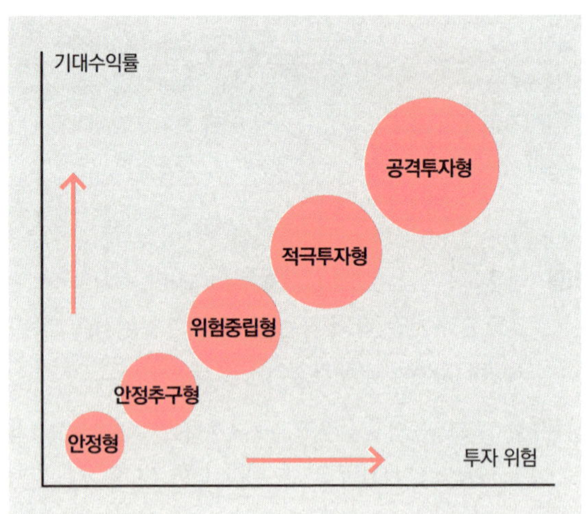

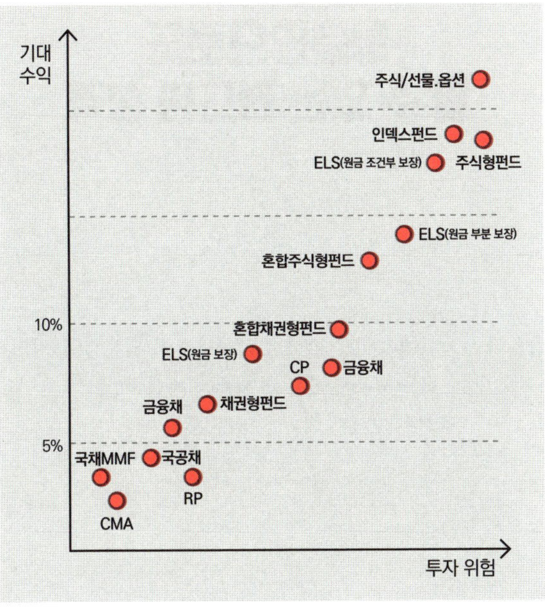

각 금융상품별 기대수익과 투자 위험의 관계

이름만으로도
알 수 있는 펀드의 성격

"사람들이 부동산에서 돈을 벌고 주식에서 돈을 잃는 것은 당연하다.
집을 고르는 데는 몇 달을 투자하지만,
주식을 고르는 데는 10분도 쓰지 않는다."

- 피터 린치(미국의 펀드매니저)

약 15년 전만 해도 펀드는 일반인들에게 무척 생소한 금융상품이었다. 그런데 이제는 대학생들도 펀드에 투자한다고 얘기할 정도로 아주 대중적인 금융상품이 되었다. 하지만 펀드라는 용어가 자주 입에 오르내리고는 있지만, 정작 펀드가 무엇인지 정확히 이해하고 있는 사람은 별로 없는 것 같다.

펀드를 한마디로 얘기하면 여러 사람의 돈을 모아서 전문가가 대신 주식이나 채권 등에 투자하고 운용해 주는 금융상품이라고 할 수 있다.

이렇게 여러 사람의 돈을 모아서 투자하기 때문에 혼자서 투자할 때보다 여러 자산에 나누어 투자할 수 있어서 위험을 분산할 수 있는 장점이 생긴다. 또 투자에 따르는 비용도 다수의 투자자들이 나누게 되므로 개인별 부담이 작아지는 장점도 있다.

　무엇보다도 전문가가 대신 투자해 주기 때문에 투자자가 시장의 움직임을 매일 체크해 가며 일희일비하지 않고, 오히려 별 신경을 쓰지 않아도 된다는 큰 장점이 있다. 이러한 펀드를 전문용어로 '집합투자기구'라고 부른다. 여러 사람의 돈을 모은다는 뜻에서 집합이라는 단어를 사용하는 것이다.

　그리고 펀드를 우리가 투자하려고 하면 금융회사를 방문하게 된다. 은행, 증권사, 보험사 등이 이에 해당된다. 이렇게 우리에게 펀드를 추천하고 판매하는 금융회사를 '펀드판매회사'라고 부른다.

　그런데 펀드판매회사에서 펀드를 만드는 게 아니라, 펀드를 만드는 금융회사는 따로 있는데, 이런 회사를 '자산운용사'라고 부른다. 자산운용사는 펀드를 만들 뿐만 아니라 펀드 투자자금을 어떤 자산에 얼마만큼 투자할지 결정한다.

　펀드를 전문가가 대신 주식이나 채권 등에 투자하고 운용하는 것이라고 했는데, 바로 이 투자와 운용을 담당하는 전문가가 자산운용회사에 고용된 '펀드매니저'를 뜻하는 것이다.

　그리고 '신탁회사'가 있다. 펀드판매회사가 투자자루부터 돈을 모으면 자산운용사는 투자와 운용을 담당하고 신탁회사는 투자 결정을 실제로 집행하는 역할을 한다. 돈은 신탁회사가 관리하기 때문이다. 또한 자산운용사나 증권사가 망했을 때, 신탁회사는 이들의 파산으로부터 투자자 재산을 지켜 주는 역할도 한다.

　하나의 펀드에 이렇게 많은 금융회사들이 관여하고 있다. 이러한 이유는 각자의 분야에 집중함으로써 낮은 비용으로 전문성을 도모할 수 있게 되기 때문이다.

펀드의 구조

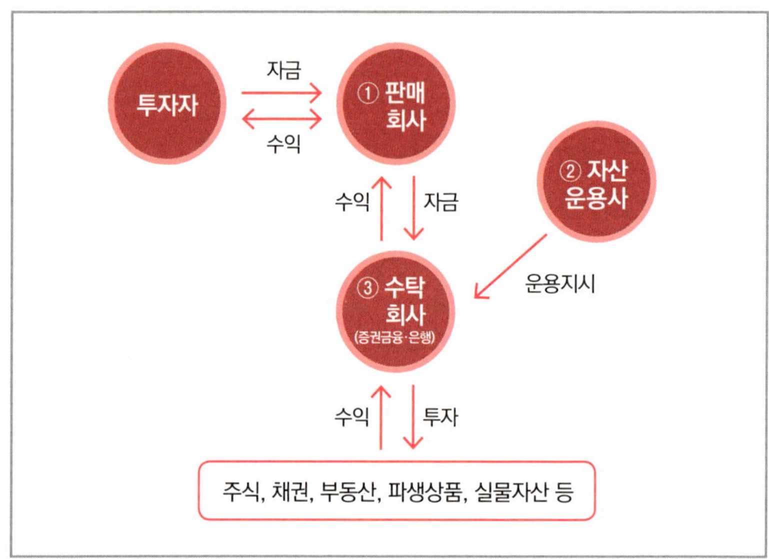

그리고 펀드를 알고 싶으면 펀드 이름을 보면 된다. 펀드에도 다양한 종류가 있고, 그 특징이 서로 다르다. 하지만 이런 차이를 열심히 외울 필요는 없다. 펀드의 이름을 보면서 자연스럽게 이해하면 된다. 유명 펀드들 중 몇 가지를 예로 들어 보자.

한국밸류10년투자1(주식)(C), 신영밸류고배당자(주식)C형, 삼성코리아대표1[주식](A), KB밸류포커스자(주식)클래스A, 에셋플러스코리아리치투게더1(주식)종류C, 미래에셋디스커버리3(주식)종류A, 교보악사파워인덱스1[주식-파생]ClassA

이러한 펀드명들을 보면 일견 복잡해 보이지만, 각각 끊어서 보면 어렵지 않다.

펀드 명칭 표기법

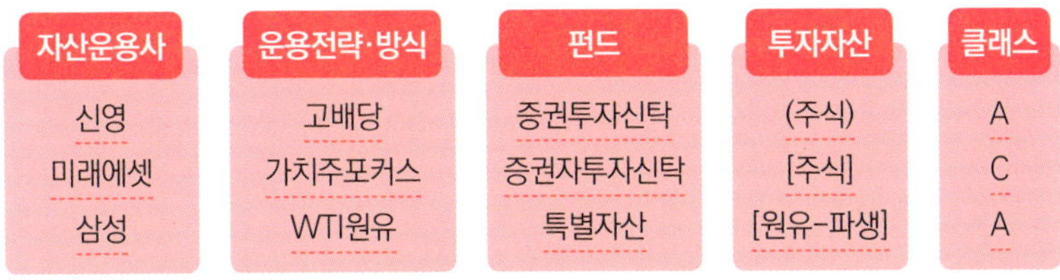

일단 펀드명의 제일 앞에 나오는 것은 자산운용사의 이름이다.

자산운용사는 펀드를 만들고 운용하는 곳이다. 따라서 운용 성과를 결정하는 중요한 요소 중 하나이므로 내 펀드의 자산운용사가 어떤 곳인지 알고 펀드를 가입하는 것은 매우 중요한 일이라고 할 수 있다.

그래서 투자하기 전에 자산운용사가 어디인지, 어떤 투자 전략이나 운용 방향이 어떤지를 살펴보는 게 좋다. 이런 정보는 주로 해당 자산운용사의 홈페이지를 보면 알 수 있다.

우리나라에서 활동 중인 자산운용사가 100개(이구게 포함) 정도 되는데, 투자를 결정할 때 이 자산운용사에서 운용하는 펀드 정보를 파악함으로써 내 투자 성향에 맞는 자산운용사를 선택하는 게 좋다.

주요 자산운용사별 특징

자산운용사명	특징
피델리티자산운용사(www.fidelity.co.kr)	액티브펀드
프랭클린템플턴투신운용(www.franklintempleton.co.kr)	글로벌 가치투자
미래에셋자산운용(investments.miraeasset.com)	해외펀드
한국투자밸류자산운용(www.koreavalueasset.com)	가치투자
에셋플러스자산운용(www.assetplus.co.kr)	성장가치
교보악사자산운용(www.kyoboaxa-im.co.kr)	인덱스
KB자산운용(www.kbam.co.kr)	중소형

* 객관적 데이터로 보기 어려우나, 투자자가 참고할 만한 자산운용 특징을 정리

두 번째로 투자 전략에 대한 내용이 들어 있다.

예를 들어 '밸류'라는 단어가 들어가면 기본적으로 가치투자를 지향하는 전략으로 볼 수 있고, '배당'이란 단어가 있으면 배당 성향이 높은 주식에 투자한다고 볼 수 있으며, '중소형'이란 단어가 있으면 주로 중소형 주식에 집중적인 투자를 한다는 뜻으로 이해할 수 있다.

또 이 부분에서 해외 투자인지 아닌지도 알 수 있다. 가령 '차이나' '인도' '브릭스' '선진국' 등 특정 해외 국가의 이름이 들어가면 해당 국가에 투자하는 펀드이고, 만약 '글로벌'이란 단어가 들어 있으면 해외에 투자하되, 특정 국가에 제한해 투자하지 않고 전반적으로 분산 투자하겠다는 뜻이다.

이렇게 대략적인 투자 전략은 이름만으로 파악할 수가 있다. 하지만 더 정확한 운용 방향을 알려면 반드시 투자 설명서를 읽어 보는 것이 좋다.

세 번째로는 투자자산에 관한 내용이 들어 있다.

여기에는 주로 '증권' '부동산' '특별자산' '혼합자산' 등의 단어가

쓰인다.

증권펀드는 펀드 투자자금을 주로 주식이나 채권에 투자하는 펀드이고, 부동산펀드는 부동산에 주로 투자하는 펀드이다. 또 특별자산은 원자재, 예술품 등 증권과 부동산을 제외한 다른 분야, 즉 돈이 되는 모든 자산에 투자하는 펀드이고, 혼합자산펀드는 증권, 부동산, 특별자산 등에 자유롭게 비중을 조절하며 투자하는 펀드이다.

그런데 부동산펀드, 특별자산펀드, 혼합자산펀드는 일반적인 투자자에게는 잘 판매되지 않는 편이다. 그래서 우리나라 펀드의 대부분은 주식이나 채권 등에 투자하는 증권펀드가 많다. 또 증권펀드는 주식형, 채권형, 주식혼합형, 채권혼합형으로 분류된다. 주식형은 주로 주식에, 채권형은 주로 채권에 투자하는 펀드이고, 주식혼합형과 채권혼합형은 주식과 채권을 적절한 비중으로 투자하는 펀드로 보면 된다.

네 번째로 펀드에 '자'라는 단어가 붙는다면 해당 펀드가 '자(子)'펀드이며 모자(母子)형 펀드 구조를 갖고 있다는 것을 뜻한다.

투자자가 '자'펀드에 투자하면, '자'펀드는 주식과 채권 등에 투자하는 것이 아니라, 비로 상위 개념인 '모'펀드라는 별도의 펀드에만 투자한다. 자산운용사는 무수한 자펀드 대신 모펀드 몇 개만 운용하면 되기 때문에 운용 비용을 줄일 수 있어서 좋다. 또한 보다 집중적으로 펀드 운용을 할 수 있다는 장점도 있다.

그리고 '재간접형'이라는 용어가 쓰인다면 해당 펀드가 다른 펀드에 투자하고 있는 것으로 이해하면 된다. 모자형 펀드와 비슷해 보이지만 투자자가 모펀드에 투자하는 것이 불가능하다. 대신 재간접형

펀드는 투자자가 투자 대상이 되는 모든 펀드에 자유롭게 투자할 수 있는 장점이 있다.

마지막으로 간혹 '전환형'이란 용어가 펀드 이름에 사용되는 경우가 있다.

이 말은 자산운용사가 지정한 몇 개의 펀드 내에서 투자자가 자유롭게 펀드를 갈아탈 수 있다는 뜻이다. 보통 엄브렐러(umbrella) 펀드라고 불리는 것이 바로 이 전환형 펀드이다. 그렇다면 샀던 펀드를 팔고 새로운 펀드로 갈아타면 될 것인데, 왜 전환형 펀드가 있는 것이냐고 생각할 수 있다. 그런데 펀드를 팔 때에는 수수료를 부담하는 경우들이 종종 생길 수 있는데, 전환형 펀드는 펀드를 갈아탈 때 환매수수료를 내지 않아도 되는 것이 가장 큰 장점이다.

펀드 관련 용어는 처음에는 전반적으로 어렵단 생각이 들겠지만, 그래도 꾸준하게 자산관리에 관심을 기울이다 보면 익숙해질 것이다.

펀드의 유형 분류

① 주식 투자 비중에 따라
- 주식형 펀드 : 자산의 60% 이상을 주식에 투자
- 채권형 펀드 : 자산의 60% 이상을 채권에 투자
- 혼합형 펀드 : 주식과 채권에 각각 60% 미만으로 투자
  - 주식혼합형 : 주식에 50% 이상 투자
  - 채권혼합형 : 주식에 50% 미만 투자

② **투자 방식에 따라**

- 거치식 펀드 : 목돈을 한꺼번에 납입

- 적립식 펀드 : 일정 기간마다 일정 금액을 납입

- 임의식 펀드 : 최초 투자금을 넣고 이후 수시로 자유롭게 납입

③ **투자 근거 법률에 따라**

- 역외펀드(off-shore fund) : 외국 법률에 의해 외국에서 설정 및 설립된 펀드로 국내에서 판매 가능

- 역내펀드(on-shore fund) : 국내 법률에 의해 국내에 설정 및 설립된 펀드

④ **투자 지역에 따라**

- 국내펀드 : 국내에서 설정되어 국내자산에 투자하는 펀드

- 해외펀드 : 국내에서 설정되어 해외자산에 투자하는 펀드

⑤ **투자 스타일에 따라**

- 성장주 펀드 : 성장 잠재력이 큰 주식에 집중 투자하는 펀드

- 가치주 펀드 : 기업 실적에 비해 저평가된 주식에 집중 투자하는 펀드

- 중소형주 펀드 : 성장성이 높거나 저평가된 중소형 주식에 집중 투자하는 펀드

- 글로벌 자산배분 펀드 : 시장 상황에 따라 다양한 자산 또는 국가별로 투자 비중을 조정하여 분산 투자하는 펀드

- 인덱스펀드 : 특정 시장지수 수익률을 추종하도록 설계된 펀드

- 레버리지 펀드 : 시장의 당일 등락률보다 높은 투자 효과를 추구하는 펀드

- 인컴 펀드 : 주로 채권에 투자하여 이자 수익을 추구하는 펀드

- 공모주 펀드 : 공모주 투자를 통해 추가 수익을 추구하는 펀드

- 대안투자 펀드 : 주식이나 채권 외 다양한 자산에 투자하는 펀드

투자설명서를 읽지 않았다면
펀드를 논하지 말라

"비관론이 극에 달할 때 투자하라."

- 존 템플턴(미국의 펀드매니저)

투자설명서만큼 펀드에 대한 정보를 잘 정리해 놓은 문서는 없다. 그만큼 꼭 읽어 볼 필요가 있는 것이다. 하지만 막상 읽어 보려 하면 일단 분량이 방대하고, 어려운 전문용어가 난무하며, 디자인이 매우 딱딱하여 초보투자자가 읽기에는 쉽지 않은 게 사실이다. 그래서 대부분의 경우라면 펀드를 판매하는 금융회사 직원의 도움으로 투자설명서를 읽게 된다.

하지만 본인이 직접 인터넷을 통해 펀드에 가입하려는 경우라면 문제가 될 것이다. 투자설명서를 꼼꼼하게 읽어 보지 못한다면, 잘못된 투자 결정을 내릴 가능성이 높기 때문이다. 그렇기 때문에 올바른 투자자라면 투자설명서를 읽고 이해하기 위한 노력을 기울일 필요가 있다.

투자설명서는 다소 어려워 보이지만, 형식과 용어가 정해져 있기 때문에 몇 번 읽고 나면 익숙해질 수 있다.

투자설명서의 주요 내용

그럼 투자 시 꼭 확인해 보아야 할 용어와 투자설명서의 주요 내용들을 살펴보도록 하자.

먼저 '집합투자기구'라는 용어를 접하게 되는데, 집합투자기구는 펀드를 의미한다. '투자신탁'이란 단어도 역시 쉽게 펀드라고 해석해도 괜찮다. 또 '수익증권'은 펀드에 투자한 사람들에게 투자의 대가로 나눠 주는 증서를 뜻한다. 그런데 우리가 주식 증서를 그냥 주식으로 말하듯이 수익증권 역시 쉽게 펀드라고 생각해도 상관없다. 주식은 1주, 50주, 100주 등 주 단위로 세는 반면 펀드는 1좌, 50좌, 1,000좌 등 좌 단위로 센다.

그리고 '집합투자업자'는 펀드를 만들고 운용하는 자산운용사를 뜻하는 것이고, '운용전문인력'은 바로 펀드매니저를 뜻하는 것이다. 펀드의 가격은 '기준가격'이라고 하는데, 1,000좌를 기준으로 한다.

펀드와 관련해 가장 기본이 되면서 중요한 용어는 '기준가'이다. 그런데 이 기준가를 이해하려면 펀드에 대한 이해가 선행되어야 한다.

펀드는 앞서 말했다시피 주로 주식이나 채권 등에 투자한다. 그런데 어떤 펀드에서 삼성전자 100주를 샀다면 이 100주를 그 펀드에 투자한 사람들에게 일일이 쪼개서 주지 않고, 대신에 자신이 투자한 자산의 가치를 나타내는 수익증권이라는 것을 따로 발행해서 투자자에게 나누어 준다. 투자자가 개별 종목의 소유권을 갖는 것이 아니라 주식이나 채권 등에서 발생한 수익을 갖는 것이다. 그것이 펀드가 발행해서 투자자에게 주는 '좌'라는 것이다.

주식시장에서는 주식의 단위를 '주'라고 하지만, 펀드는 '주' 대신 '좌'라는 단위를 쓴다. 펀드통장에 보면 '잔고좌수'라는 칸이 있는데, 바로 거기에 '좌'에 대한 내역이 찍히게 된다. 보통 펀드가 처음 만들어져 투자자가 사게 되면, 1좌의 가격은 1원이다. 이는 액면가 5,000원짜리 주식 1주를 5,000원에 사는 것과 같은 것이다.

그런데 다음날 주가가 올라서 5,000원짜리 주식이 10.000이 되면 어제 샀던 1주의 가격도 10,000원이 되는데, 펀드도 마찬가지이다. 펀드 가치가 1원에서 2원으로 오르면 1좌의 가치는 2원이 되는 것이다.

그런데 1좌라고 하면 단위가 너무 작아서 보통 펀드의 가치를 1,000좌 단위로 쓰는데, 이게 바로 기준가이다. 펀드 가입자들은 이 기준가로 펀드에 가입하기도 하고 출금하기도 하는 것이다.

그래서 기준가가 떨어지면 펀드에 싸게 가입할 수 있는 것이고, 동시에 같은 돈으로 더 많은 펀드를 살 수 있는 것이다. 반대로 기준가가 오르면 같은 돈으로 더 적게 사게 된다. 쌀 때 사서 비싸게 팔아야 하니까, 기준가가 낮을 때 사는 게 유리하다. 예를 들어 어떤 물건의 값이 1,000원에서 1,200원으로 올랐다면, 이걸 900원 주고 산 사람이 1,100원 주고 산 사람보다 더 이득인 것과 마찬가지 원리이다.

그리고 기준가로 수익률도 구할 수 있는데, 기준가 1,000원에 펀드에 가입했는데, 기준가가 1,200원이 됐다면 투자수익률이 20%가 된 것이다.

모르는 용어가 나오면 투자설명서의 맨 마지막 장을 보면 된다. 거기에 용어 풀이가 있다. 거길 보면서 차근차근 읽어 나가면 그래도 그나마 이해하기가 좀 더 쉽다.

펀드 통장 보는 법

계좌번호 000-00-000000		① 저축구분 적립식		운 용 회 사 0000	
펀 드 명 0000펀드 ②				연결계좌번호 000-00-000000	
차	거래일자	적 요	③ 입금/출금 금액	⑤ 평 가 금 액	거 래 점
례	비 고		④ 입금/출금 좌수	⑥ 잔 고 좌 수	⑦ 기준가격
	20090618	입금	100,000	100,000	서소문
	20090719	매수	125,000	125,000	800
		(총 잔고 좌수 125,000		기준가격 800)	

① 저축 구분 : 펀드에 투자하는 방법을 표시하는 것으로 거치식(일시에 목돈 투자)과 적립식(분할 납입)이 있다.

② 펀드명 : 투자자가 선택한 펀드의 이름이 표시된다.

③ 입금/출금 금액 : 거치식은 일시에 투자한 금액이, 적립식은 정기적으로 납입한 금액이 입금 금액으로 표시된다. 그리고 **중도환매**를 하여 출금한 금액이 출금 금액으로 표시된다.

④ 입금/출금 좌수 : 입금 또는 출금 시 수익증권을 매입 또는 출금한 펀드의 수량이 표시된다. 주식의 경우에는 '주'라고 하지만, 펀드의 수량 단위로는 '좌'가 쓰인다. 이는 펀드에 가입하는 순간부터 수익증권을 매입한다는 의미이다. 보통 증권사에서 주식을 사고팔 때 주식(증권)을 직접 주고받지 않고 통장 거래를 하는 것과 비슷한 경우이다.

⑤ 평가금액 : 통장에 표시된 날짜를 기준으로 평가한 투자금액이 표시된다.

$$\text{평가금액} = \frac{\text{총 보유좌수} \times \text{현재 기준가격}}{1,000}$$

⑥ 잔고좌수 : 현재까지 표시한 펀드의 총수량이다.

⑦ 기준가격 : 통장에 표시된 날짜의 펀드 기준가격이 표시된다. 기준가격은 매일 변동하며, 펀드를 매수하고 환매하는 데 기준이 된다.

$$\text{기준가격} = \frac{\text{펀드의 순자산총액}}{\text{총좌수}} \times 1,000$$

예1) 기준가격이 1,350원인 펀드에 10만 원을 투자하면 얼마나 많은 좌수를 살 수 있을까?

$$\frac{\text{10만 원}}{\text{1,350원}} \times 1,000 = 740\text{좌}$$

예2) 기준가격이 950원인 펀드에 10만 원을 투자하면 얼마나 많은 좌수를 살 수 있을까?

$$\frac{\text{10만 원}}{\text{950원}} \times 1,000 = 1,052\text{좌}$$

펀드의 수익률 계산법

거치식이나 적립식에 관계없이 평가금액과 투자 원금을 알면 투자 수익률을 쉽게 계산할 수 있다. 단, 평가금액 중 주식의 시세 차익을 제외한 수익금은 과세되므로 평가금액으로 계산한 세전 수익률보다 투자자가 세금을 제한 뒤에 실제로 얻는 세후 수익률은 낮다.

$$\text{수익률} = \frac{\text{평가금액} - \text{투자원금}}{\text{투자원금}} \times 100$$

또 기준가격을 알아도 수익률을 계산할 수 있다.

투자수익률 = [(현재 기준가격-가입 당시 기준가격)÷가입 당시 기준가격)]×100

예) 기준가 1,000원에 펀드에 가입했는데 기준가가 1,200원이 됐다면 투자 수익률은?

[(1,200원-1,000원)÷1,000원)]×100 = 20%

누적수익률은 펀드 설정 이후부터 비교 시점까지의 총수익률을 의미하며, 연평균 수익률은 특정 기간의 수익률을 연단위로 환산한 수익률을 의미한다. 예를 들어 3년간 총수익률이 51%인 경우, 연평균 수익률은 14.7%가 된다. 참고로 펀드 간에 수익률을 비교할 때는 동일 기간의 수익률을 비교해야 한다.

그리고 명목수익률과 실질수익률이 있는데, 실질수익률은 명목수익률에서 물가상승률을 차감한 수익률이다.

투자설명서는 증권사 홈페이지에서 PDF파일로 다운로드 받을 수 있는데, 대략 총 5부로 나뉜다. 주요 내용을 살펴보면 다음과 같다.

제1부는 모집 또는 매출에 관한 사항이다.

펀드의 이름과 종류 및 형태에 대한 정보가 간략히 나타나 있다. 또 펀드를 언제, 어디서 판매하는지도 여기에서 볼 수 있다.

제2부는 집합투자기구에 관한 사항이다.

펀드의 기본사항이 적혀 있다. 자산운용사와 운용전문인력, 투자전략, 투자위험, 펀드 매입과 환매, 비용 등 펀드에 대한 기의 대부분의 정보가 정리되어 있다. 투자설명서 중 가장 중요한 부분이므로 다른 부분은 읽지 못한다 하더라도 이 부분만큼은 꼭 읽어 두는 게 좋다.

제3부는 집합투자기구의 재무 및 운용 실적에 관한 사항이다.

펀드의 투자자산, 부채, 손익 등 펀드의 재무 현황에 대해 싣고 있다. 투자자들이 이 펀드에 얼마나 투자하고 있는지 확인하고 싶다면 이 부분을 보면 된다. 그리고 연도별 펀드 수익률 추이도 여기서 확인할 수 있다.

제4부는 집합투자기구 관련회사에 관한 사항이다.

펀드에는 여러 금융회사들이 관여하고 있는데, 예를 들어 자산운용사는 펀드를 만들어 운용하고, 신탁회사는 투자자들의 돈을 보관 및 관리한다. 이와 같이 각 회사들에 대한 정보는 여기서 확인할 수 있다.

제5부는 기타 투자자 보호를 위해 필요한 사항이다.

손해배상 책임 등 투자자의 권리 등에 대한 사항을 확인할 수 있다.

집합투자기구

이렇게 총 5부로 구성되어 있는데, 이 중에서도 특히 제2부 집합투자기구에 관한 사항이 가장 중요하다. 주요 내용을 좀 더 살펴보자.

첫째, 운용전문인력에 대한 소개가 나온다. 운용전문인력이란 펀드매니저를 뜻한다.

펀드 투자의 주역인 펀드매니저와 그의 주요 경력 및 이력을 확인할 수 있기 때문에 꼭 어떤 사람인지 확인할 필요가 있다. 그리고 각 펀드매니저가 담당하고 있는 펀드 수가 적절한지도 살펴볼 필요가 있다. 대개의 경우 펀드매니저 한 명당 5개 정도의 펀드를 운용하는 걸로 알려져 있다. 따라서 지나치게 많은 펀드를 관리하고 있는 것으로 적혀 있다면, 펀드 관리에 소홀해질 수 있다는 점을 체크해 두어야 할 것이다.

또한 펀드매니저가 너무 자주 교체되지 않았는지 확인해야 한다. 펀드매니저가 너무 자주 바뀌었다면 운용 전략을 일관되게 추진하기가 어렵다.

그리고 새롭게 교체된 펀드매니저가 자신의 투자 전략을 위해 펀드를 구성하고 있는 투자 종목들을 다시 재구성하게 되면 상당한 비용이 지출되는 것이므로 향후 좋은 성과를 기대하기가 어렵게 된다.

펀드매니저에 대한 정보는 투자설명서뿐만 아니라 금융투자협회 전자공시서비스(dis.kofia.or.kr)에서도 확인할 수 있다.

둘째, 집합투자기구의 투자 전략, 투자 방침, 수익구조 역시 자세히 살펴볼 필요가 있다.

특히 투자 전략 부분은 펀드매니저가 자산을 어떻게 운용할 것인지에 대한 계획을 밝히는 부분이다. 이러한 전략에 의해 투자 방침과 수익구조가 정해지는 것이므로 투자자는 주목해서 읽어야 한다.

먼저 주식형 펀드의 경우라면 대표적인 투자 전략으로 성장형, 가치형, 배당형 등이 있다. 성장형은 경쟁력 있고 성장 잠재력이 높은 기업의 주식을 사고팔아 그 시세 차익을 노리는 전략이고, 가치형은 기업의 실제 가치보다 저평가되어 있는 주식을 사서 후에 주가가 상승하면 파는 전략을 구사한다. 그리고 배당형은 주로 기업의 배당 수익을 목표로 하며 동시에 시세 차익을 추구하는 전략이다.

경제 흐름에 따른 펀드 투자 전략

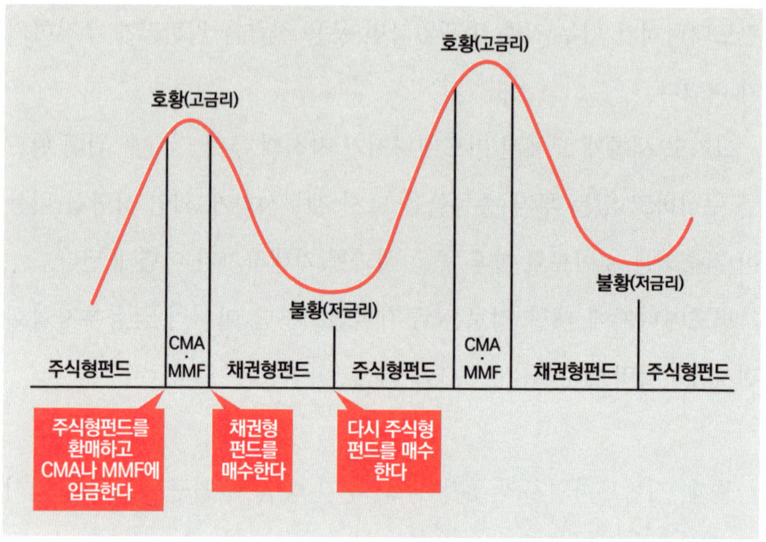

셋째, 집합투자기구의 투자 위험에 주의를 기울일 필요가 있다.

해당 펀드의 투자 위험, 위험 등급과 이에 대한 사유가 적혀 있다. 이 부분을 읽어 보면 투자 위험이 대단히 많고 다양하다는 점을 알 수 있게 된다. 주식 가격의 변동 위험부터, 금리 변동 위험, 시장 위험, 신용 위험, 유동성 위험 등 투자자들이 생각지 못한 다양한 종류의 위험들이 적혀 있기 때문에 찬찬히 읽어 보면서 위험에 대한 깊은 고려를 하는 것이 좋다.

펀드는 원금이 보장되지 않는 금융상품이다. 따라서 펀드 투자는 기본적으로 위험하다는 생각을 가질 필요가 있다. 그런데 위기가 기회라는 말이 투자에서도 마찬가지가 아닐까 싶다.

손실은 모두 투자자 본인의 선택에 의한 결과이며, 아무도 이를 책임겨 주지 않는다는 사실을 잊지 말아야겠지만, 위험에 대해 잘 알면 오히려 기회로 활용이 가능하다는 것도 기억한다면 좋은 결과를 낼 수 있을 것이다.

투자 기간과 투자 위험의 상관관계

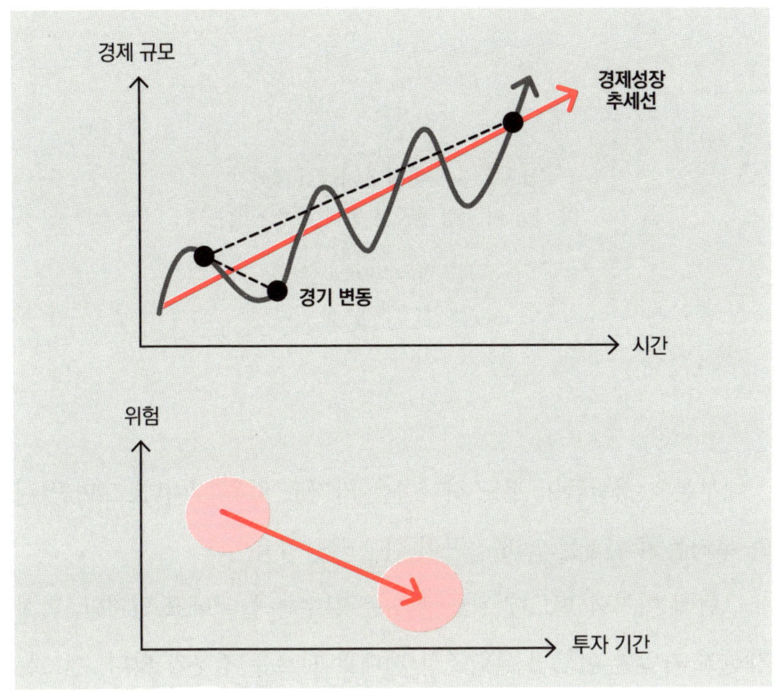

펀드 보수와
수수료 체계의 비밀

"금융은 돈이 마침내 사라질 때까지
이 사람 저 사람 손으로 돌리는 예술이다."

- 로버트 사노프(미국의 기업가)

대부분의 사람들이 펀드 하나쯤은 가지고 있을 것이다. 그만큼 펀드 투자는 주식과는 달리 접근이 쉬운 금융상품이다.

그런데 이처럼 펀드에 관한 관심은 갈수록 늘어나고 있지만, 막상 자신이 가입한 펀드의 유형조차 제대로 모르는 경우가 많다. 펀드는 동일한 펀드일지라도 어떤 유형이냐에 따라 수수료가 천차만별로 달라진다.

대다수 펀드 가입자들은 주로 금융기관 내 영업직원들이 추천하는 유형의 펀드에 가입한다. 하지만 펀드 유형에 대해 조금만 관심을 기울인다면 자신의 펀드 수수료를 아낄 수 있다.

펀드 수수료를 아끼기 위한 가장 좋은 방법은 펀드 이름 뒤에 붙어 있는 클래스를 이해하는 것인데, 이 클래스 유형들은 알파벳으로 표시되어 있고, 이것들은 수수료의 체계를 나타낸다.

클래스 A형은 가입 시에 선취수수료가 부과되는 펀드이고, 클래스 B형은 일정 기간 내에 환매 시 후취 판매수수료가 부과되는 펀드이다. 또 클래스 C형은 선취 및 수취수수료가 모두 없으나 높은 보수가 부과되는 펀드이며, 클래스 D형은 선취 및 후취수수료가 모두 부과되는 펀드이다. 그리고 클래스 E형은 인터넷 전용 펀드를 뜻하고, 클래스 F형은 금융기관 등 전문투자자 펀드를 말한다.

그 외에 클래스 I형은 법인 또는 고액개인고객 전용 펀드이며, S형은 펀드슈퍼마켓 전용, W형은 랩(Wrap) 전용 펀드이다.

펀드에는 이렇게 다양한 유형들이 있지만, 클래스 B나 D형은 주로 외국에서 볼 수 있는 유형이고, 국내에서 출시되는 대부분의 펀드 이름 뒤에는 클래스 A 또는 C가 붙는다.

펀드 클래스 유형

유형	특징
클래스 A형	가입 시 선취판매 수수료가 부과되는 펀드
클래스 B형	일정 기간 내에 환매 시 후취판매 수수료가 부과되는 펀드
클래스 C형	선취 및 후취수수료가 모두 없으나 높은 보수가 부과되는 펀드
클래스 D형	선취 및 후취수수료가 모두 부과되는 펀드
클래스 E형	인터넷 전용 펀드
클래스 F형	금융기관 등 전문투자자 펀드
클래스 I형	법인 또는 고액 개인고객 전용 펀드
크랠스 S형	펀드슈퍼마켓 전용
클래스 W형	Wrap 전용 펀드

그럼 수수료는 무엇이고, 보수는 무엇일까?

앞서 설명했다시피 펀드는 여러 투자자로부터 자금을 모아 주식, 채권 등 각종 자산에 투자해 그 수익을 투자자들에게 돌려주는 금융상품이다. 펀드 운용과 관련해 금융회사가 투자자들에게 서비스를 제공하는데, 이 서비스의 대가로 투자자들이 지불하는 돈이 수수료이다.

수수료는 크게 일회성 수수료와 연 단위로 매년 부과되는 총보수로 나눌 수 있다. 일회성 수수료는 처음 펀드에 가입할 때 또는 펀드를 환매할 때 한 번만 내는 수수료인데, 선취 또는 후취 판매 수수료라고 보면 된다.

보통 투자자들이 펀드에 가입할 때, 은행, 증권사 등 판매회사들은 투자자의 재무 구조, 위험 성향 등을 분석해 적절한 펀드를 추천한다. 이를 판매 서비스라 하는데, 그 대가가 바로 일회성 판매 수수료인 것이다.

일회성 수수료와 달리 총보수는 투자자들이 펀드를 보유한 기간에 연 단위로 매년 지급해야 하는 수수료이다. 펀드 자산 대비 이 보수가 차지하는 비율을 총보수비율, 또는 총보수비용 비율이라고 하는데, 펀드 투자로 소요되는 여러 다양한 보수나 비용 등을 합친 것이다. 영어로 Total Expense Ratio라고 하며, 줄여서 TER이라고도 한다.

이러한 총보수는 판매보수와 운용보수가 대부분을 차지하며 수탁보수, 사무보수 등이 포함된다. 판매보수는 은행이나 증권사 등에서 펀드를 가입할 때 펀드를 판매한 판매회사에 지불하는 비용이고, 운용보수는 펀드 운용을 맡은 자산운용사에 지불하는 비용이다. 그리고 수탁보수는 펀드자산을 맡아 보관, 관리하는 회사에 지불하는 비용이

　　충전수업 부의 증식

고, 사무보수는 펀드와 관련된 여러 행정사무 서비스를 제공하는 회사에 지불하는 비용이다.

이러한 펀드보수는 펀드 운용과 관리가 어려운 순서에 따라 높게 책정된다. 주식형 펀드의 경우 연 1.5~3%, 채권형 펀드는 연 0.7~1.5%의 보수가 부과된다.

보수 종류가 이렇게 여러 개이다 보니 일반투자자가 일일이 비교하기는 어려운 게 현실이다. 그래서 총보수 비율이 얼마인지 확인한 후, 다른 조건이 비슷하거나 동일하다면 총보수가 낮은 펀드를 택하는 게 유리하다.

펀드 수수료 종류

구분	종류		내용
수익자에게 부과되는 수수료	선취판매수수료	가입 시 지불	펀드에 가입 혹은 환매할 때 투자자가 지출하는 판매비용
	후취판매수수료	환매 시 지불	
펀드에 부과되는 보수 (평가금액 기준)	운용보수		펀드 평가금액에서 판매자, 운용자, 수탁자, 기타 업무 관계자에게 정기적으로 지급하는 비용
	판매보수		
	수탁보수		
	기타 비용		

선취수수료와 후취수수료 외에 환매수수료라는 것도 있다. 환매(還買)란 것은 금융회사가 고객에게 팔았던 펀드를 다시 사들인다는 뜻인데, 이것을 고객의 입장으로 표현하면 펀드를 팔아 현금화하는 것을 의미한다.

이렇게 환매를 하게 될 때, 약관에 정해진 기간 이내에 환매를 요청하게 되면 이익금의 범위 내에서 일정액의 환매수수료를 부과한다.

이것은 약속한 기간을 채우지 못했을 때 물어야 하는 일종의 벌금 같은 것으로, 이익이 난 경우에만 이익금 범위 내에서 정해진 금액을 공제한다.

이러한 환매수수료를 받는 이유는 투자일로부터 일정 기간 환매를 억제하게 하려는 것인데, 펀드자산을 보다 안정적으로 운용하고 가급적 환매하지 않고 남아 있는 투자자들의 권익도 보호하기 위한 것이라고 볼 수 있다.

대개 판매되는 대부분의 펀드들은 환매수수료를 부과할 때 '며칠 미만 환매 시 이익금의 몇 %'라는 형태로 부과하고 있다. 예를 들어 '30일 미만 환매 시 이익금의 70%' '90일 미만 환매 시 이익금의 30%'라는 식이다.

이렇게 부과된 환매수수료는 운용사나 판매사가 가져가지 않고 펀드로 다시 입금됨으로써 남아 있는 투자자들의 수익 제고에 기여하게 된다. 취지가 그렇기 때문에 손실이 나서 돈을 환매할 때에는 환매수수료 부과 기간에 상관없이 보통 환매수수료를 부과하지 않는다.

단, 손실이 났는데도 불구하고 환매수수료를 낼 때가 있다.

예를 들어 어떤 사람이 적립식 펀드에 2년간 매달 10만 원씩 투자했다고 가정해 보자. 그런데 투자기간 내내 손실을 보고 있다가 최근 3개월 동안 주가가 올라 손실 폭이 적어져 그 펀드를 환매하기로 하였다. 최근에 올랐다고 해도 어찌 됐든 전체적으로 마이너스니까 환매수수료를 내지 않을 것이라고 생각할 수 있지만, 가령 이 사람이 가입한 펀드가 90일 미만 환매 시 이익금의 70% 식의 환매수수료가 있는 펀드라고 하면, 누적수익률은 손실을 기록했지만 최근 석 달 동안

 충전수업 부의 증식

불입했던 10만 원씩 30만 원에 붙은 이익금에 대해서는 환매수수료를 내야 할 수도 있는 것이다. 만약 거치식으로 투자했다면 상관없지만, 적립식이라 최근에 낸 돈에 붙은 이익금의 얼마는 환매수수료로 가져간다는 말이다.

적립식펀드의 경우 환매수수료나 선취판매수수료가 매월 납입금액에서 건건이 부과된다고 보면 된다. 그리고 만기가 지나서 환매하게 되면 최근 불입한 금액이라도 환매수수료를 물지 않아도 된다.

덧붙여 한 가지 더 얘기하자면 매매비용도 살펴보는 게 좋다.

주식형펀드 같은 경우, 매매차익을 남기려면 종목들을 샀다 팔았다 해야 한다. 그렇게 샀다 팔았다를 자주 하면 할수록 세금이나 수수료가 나가게 되는데, 이런 매매비용이 많이 나가면 나갈수록 펀드 가입자들은 손해이다. 이걸 어떻게 알 수 있냐면 회전율을 통해 알 수 있다. 즉 만약 내가 가입하려는 펀드가 회전율이 연간 1000%다 하면 연평균 10번 정도 사고팔았다는 것이고, 100%다 하면 연평균 한 번 정도 사고팔았다는 것이다.

당연히 회전율이 높으면 높을수록 투자자의 수익률이 깎여 나간다고 보면 된다. 회전율은 해당 펀드의 자산운용보고서에 나온다.

그리고 투자자는 환매를 요청하면서 수익을 돌려받고, 또한 매년 펀드의 결산 기간에도 수익을 얻는다. 이러한 과정에서 펀드도 예·적금과 비슷하게 투자로 벌어들인 수익의 15.4%를 세금으로 납부하게 되는데, 이를 이자소득세, 배당소득세라고 한다. 다만, 수익 전부에 대해 세금을 내는 것은 아니다.

펀드는 주식의 배당, 채권의 이자, 주식과 채권의 가격 상승으로 인한 차익 등으로부터 수익을 얻는데, 이 중 거래소에서 거래되는 국내 주식의 가격 상승으로 인한 차익에는 세금이 붙지 않는다.

어떤 펀드 유형을 골라야 할까

펀드의 클래스 종류가 많다고 해도 우리나라는 거의 대부분 A형이나 C형이기 때문에, 둘 차이만 알아도 괜찮다. 그래서 가끔 "둘 중에 어느 것이 좋냐?"고 물어보기도 하는데, 딱 부러지게 얘기하긴 어렵지만, 일반적으로 장기투자자라면 A형이 유리하고, 단기투자자라면 C형의 펀드가 좋다.

그러한 이유는 장기투자자가 A형의 펀드를 선택하게 되면, 선취수수료는 떼이지만 총보수가 C형보다 낮기 때문에 길게 가져가면 부담이 줄게 된다.

보통 주식형 펀드의 일회성 판매 수수료율이 1% 정도 되는데, 만약 이런 펀드를 투자자가 2년간 보유한다면 수수료율은 매년 0.5%가 되고, 4년간 보유하고 있으면 0.25%가 되는 셈이다. 반대로 단기투자자라면 선취 및 후취수수료가 없는 C형의 펀드가 유리할 가능성이 높다.

그리고 다른 조건이 비슷하거나 동일하다면 총보수가 낮은 펀드를 택하는 게 좋다. 어떤 사람이 A와 B, 두 개의 펀드에 가입했는데, 총보수비용 비율이 각각 1%와 2%라고 가정하면 똑같은 수익을 올릴 때, A펀드가 더 이익이다. 보수 차이가 불과 1%밖에 안 난다고는 하지만, 10년 동안 장기 투자한다고 하면 결코 무시할 수 없는 금액이다.

예를 들어 100만 원짜리 펀드에 가입했는데, 총보수가 2%면 매년 2만 원씩 떼어 가는 것이고, 1,000만 원이면 20만 원, 1억이면 200만 원이다. 이것도 펀드 수익률이 제로일 때 이야기이고, 펀드 자산이 커지면 비율만큼 비용도 커지게 된다.

그래서 이런 총보수나 수수료율을 미리 알아보는 게 좋은데, 금융감독원이 운영하는 '금융상품 한눈에'(finlife.fss.or.kr)에서 펀드를 클릭해도 되고, 금융투자협회 전자공시 서비스(dis.kofia.or.kr)에서 펀드공시를 클릭해도 펀드 보수 및 비용을 비교할 수 있다.

참고로 외국계 운용사가 국내 운용사에 비해 상대적으로 총보수비용 비율이 높은 편이다.

펀드 고를 때,
꼭 체크합시다!

"기회는 모든 사람에게 찾아오지만 대개는 그것이 기회인지 모른다.
기회를 잡는 유일한 방법은 날마다 유심히 살피는 것이다."

- 버트 더닝(네덜란드의 음악가)

투자자들은 안전하면서도 최고의 수익을 얻을 수 있는 투자 방법을 찾고 싶어 한다. 그러나 현실에서는 그러한 투자 방법을 찾기란 어렵다. 왜냐하면 투자에 따른 수익이 크면 클수록, 그만큼 투자 원금의 손실 위험도 함께 커지는 것이 일반적인 속성이기 때문이다.

따라서 투자 대상을 선택할 때 유의할 점과 투자 대상의 특성을 잘 이해하는 것이 중요하다. 그런 다음 자신의 투자 성향, 경제적인 여력 등을 고려하여 투자 대안을 선택하는 것이 바람직하다고 볼 수 있다.

우리나라의 펀드는 총 1만 개 정도(사모펀드 포함)이다. 그런데 한 조사에 따르면 우리나라의 펀드 수 비중이 전 세계의 10%를 차지할 정도로 대단히 많은데, 순자산은 1%에도 미치지 못한다. 이는 전체

펀드 중 설정액 1조 이상 펀드가 50여 개 안팎에 불과하고, 소규모 펀드가 난립하고 있기 때문이다.

그중에서도 일반투자자가 가입할 수 있는 공모펀드만도 3,000여 개가 훌쩍 넘는다. 유행을 좀 탄다 싶으면 성장주 펀드다, 가치주 펀드다, 롱숏 펀드다 하면서 여기저기서 마구 만들어 내다 보니 이렇게 된 것이다. 이것이 펀드 고객에게는 문제가 된다.

수수료를 많이 걷어야 많이 버는 펀드 구조 속에서 일단 펀드 규모가 작으면 보수도 낮다고 봐야 한다. 결국 소규모 펀드는 운용사 입장에서 운용을 소홀히 할 가능성이 높아지게 된다. 또 돈이 넉넉해야 우량한 기업들을 이것저것 많이 사놓을 수 있는데, 돈이 없으니 분산 투자하기에도 만만치 않다.

그리고 펀드 수가 많다는 것은 한마디로 펀드매니저가 운용하는 펀드 수가 많다는 것인데, 펀드매니저의 몸은 하난데 그 사람이 운용하는 펀드 수가 많으면 아무래도 하나의 펀드에 집중하는 것보다 노력을 덜 할 수밖에 없다.

좋은 펀드 고르는 법

그러면 이렇게 많은 펀드에서 좋은 펀드를 고르려면 어떤 면을 잘 살펴봐야 할까?

가장 우선적으로 펀드의 수익률을 살펴보아야 한다. 펀드의 수익률은 한마디로 펀드매니저의 실력이 좋은지 나쁜지 가리는 결정적 바로미터라고 볼 수 있다. 그래서 만약 다른 조건이 다 같다면 과거 실적,

즉 수익률이 높은 펀드에 들어야 하는 것이다.

당연한 얘기지만 일시적으로 잠깐 동안 반짝 수익률을 높게 내는 펀드보다는 장기적으로 수익률이 안정되고 지속적인 흐름을 보이는 펀드가 좋다. 수익률이 장기적으로 안정적이지 못하고 들쭉날쭉 변화가 심하다면, 투자 수익을 벌 때는 많이 벌겠지만 잃을 때는 크게 잃게 된다는 뜻이기 때문이다.

물론 과거 수익률이 미래 수익률을 보장하는 것은 아니지만 오랫동안 좋은 성과를 내 왔다면 그만큼 해당 펀드 운용사의 투자 실력을 신뢰할 만하다고도 볼 수 있는 것이다. 그런 의미에서 1년 수익률보다는 2년 수익률을 보는 것이 좋고, 2년 수익률보다는 3년 수익률에 더 점수를 주어 펀드 수익률을 평가할 필요가 있다.

그렇다고 장기 수익률만 좋으면 되는 것일까? 그렇지도 않다.

예를 들면 1년 혹은 3년간의 누적 수익률은 좋은데 최근 수익률이 많이 떨어졌다든지, 반대로 최근 6개월간 단기 수익률은 좋은데 장기 수익률은 좋지 않다면, 이는 해당 펀드가 시장 변화에 잘 대응하지 못한다는 증거일 수 있다. 따라서 이런 경우에는 무슨 이유 때문에 그렇게 됐는지, 그런 변화를 가져온 요인이 앞으로도 계속 이어질지를 따져 볼 필요가 있다.

다시 말해, 펀드의 수익률을 살펴볼 때는 단기와 장기 수익률을 모두 두루 살펴봐야 한다는 얘기다. 가급적 1년 치, 2년 치, 3년 치와 함께 1개월, 3개월, 6개월 치 성적까지 모두 확인해 보는 게 좋다. 또한 펀드를 고를 때뿐 아니라 펀드에 가입한 다음에도 정기적으로 펀드 수익률이 떨어지지 않는지 잘 살펴봐야 한다.

전반적인 시장 상황이 나빠져서 비슷한 유형의 펀드 모두가 수익률이 나빠지는 경우에는 어쩔 수 없겠지만, 펀드매니저가 자주 교체되거나 펀드 운용이 부실해지는 조짐이 보이는 등 다른 운용사에서 운용하는 비슷한 펀드에 비해 수익률이 떨어지고 있다면 펀드를 교체하는 것도 고려해 볼 만한 사항이다.

그리고 시장이 나쁠 때와 좋을 때의 수익률과 펀드매니저의 개별적인 운용 능력에 따른 수익률을 구분해서 봐야 한다. 그래서 함께 살펴봐야 할 것이 있는데, 벤치마크 대비 수익률, 또는 동일 유형 내 펀드 수익률 순위이다.

벤치마크 대비 수익률은 펀드의 성과가 좋은지 나쁜지를 적절히 평가하기 위해서는 비교가 되는 기준(Benchmark)이 필요한데, 벤치마크는 펀드 수익률을 평가하기 위한 기준 잣대라고 보면 된다.

개인투자자들의 상당수는 이익이 발생하면 좋은 펀드이고 손해가 발생하면 나쁜 펀드라고 생각한다. 그러나 펀드는 자체 수익률만으로 좋고 나쁨을 평가할 수 없다.

펀드의 수익률을 상대적인 기준에서 비교하기 위해서는 단순히 펀드의 수익률뿐 아니라 운용한 펀드에 대한 위험의 크기가 필요한데, 펀드의 수익률과 위험의 평가에 사용되는 일반적인 기준은 시장 전체의 움직임(수익률)을 나타내는 지표이며, 주식에 대해서는 주가지수(예 KOSPI200), 채권에 대해서는 채권지수가 사용된다.

만약에 주식에만 투자하는 펀드의 성과가 10%를 달성했는데, 같은 기간에 종합주가지수는 20% 상승했다면 펀드 수익률이 좋다고 할 수 없을 것이다. 반대로 펀드 수익률이 -5%를 기록했더라도 시장이

-10%를 기록했다면 펀드 수익률이 시장 대비 성과가 우수하다고 할 수 있다. 즉 이렇게 펀드수익률이 좋고 나쁨을 비교하기 위해 벤치마크가 사용된다.

펀드매니저는 기본적으로 포트폴리오의 구성을 통해 위험을 적정한 수준에서 관리하며, 시장의 평균적인 수익률보다 높은 수익률의 달성을 목표로 자산을 운용한다. 그러나 개별 펀드는 주요 투자 대상이나 운용 전략이 다양하기 때문에 일률적으로 동일한 기준에 의해 수익률과 위험을 상호 비교하는 것은 적절하지 않다.

벤치마크란 펀드를 운용하는 자산운용사가 이 펀드를 통해 어느 정도 이상의 수익률을 올리겠다고 잡은 목표라고 보면 된다. 대개 주식형 펀드라면 벤치마크로 KOSPI200을 많이 활용하는데, KOSPI200은 우리나라 주식시장을 대표할 만한 가장 잘나가는 200대 기업들을 지수화했다고 보면 된다. 쉽게 말해서 시장 전체의 평균 수익률을 벤치마크로 삼고 있는 것이다.

결국 내가 투자한 펀드가 일시적으로 안 좋아졌다고 해도 벤치마크보다 잘하고 있다면 시장 평균보다는 잘하고 있다는 증거이므로 성급하게 해약하지 말고 일단 두고 봐야 한다.

또 동일 유형 내 펀드 수익률 순위는 한마디로 비슷한 펀드들끼리의 순위이다.

주식형 펀드냐, 채권형 펀드냐, 해외주식형 펀드냐, 국내인덱스형 펀드냐 등등 같은 유형의 펀드들 사이에서 수익률 순위가 어떤지 보는 것이다. 달리기면 달리기, 높이뛰기면 높이뛰기처럼 같은 종목 내에서 순위를 매기는 것처럼 말이다. 결국 동일 유형 내 수익률 순위가 꾸준히 높은 펀드가 그렇지 못한 펀드보다 운용 능력을 믿을 만하다고 판단할 수 있다.

성과 우수 펀드 찾기

(기준일 : 2018.01.08, 단위 : %)   대상펀드 : 11개

No	펀드명	소유형 설정일	수익률(%순위) ?				제로인등급 (3년)	선택
			2014년	2015년	2016년	2017년		
1	KBSTAR200상장지수(주식)	K200인덱스 2011.10.19	-6.4 (28)	0.4 (15)	10.2 (12)	27.2 (14)	●●●●●	☐
2	한화ARIRANG200상장지수[주식]	K200인덱스 2012.01.09	-6.5 (31)	0.5 (8)	10.0 (18)	27.0 (21)	●●●●◐	☐
3	미래에셋TIGER200상장지수(주식)	K200인덱스 2008.04.02	-6.4 (26)	0.2 (22)	10.2 (11)	27.1 (19)	●●●●●	☐
4	키움KOSEF200상장지수(주식)	K200인덱스 2002.10.11	-6.5 (33)	0.3 (20)	10.0 (17)	27.4 (8)	●●●●●	☐
5	삼성KODEX200상장지수[주식]	K200인덱스 2002.10.11	-6.6 (38)	0.2 (22)	10.1 (14)	27.1 (18)	●●●●◐	☐
6	한국투자KINDEX200상장지수(주식)	K200인덱스 2008.09.10	-6.2 (21)	-0.2 (46)	10.0 (17)	27.0 (20)	●●●●◐	☐
7	신영마라톤(주식)A	일반주식 2002.04.25	-2.4 (29)	11.1 (19)	5.1 (18)	20.2 (63)	●●●●◐	☐
8	신영밸류고배당자(주식)C형	배당주식 2003.05.26	6.4 (33)	12.1 (25)	1.3 (53)	19.2 (61)	●●●●◐	☐
9	한국밸류10년투자 1(주식)(C)	일반주식 2006.04.18	1.0 (14)	0.3 (71)	-4.8 (72)	4.7 (98)	●◐○○○	☐
10	하나UBS인Best연금 1[주식]	일반주식 2001.02.01	-6.2 (55)	-4.9 (92)	-0.6 (53)	20.9 (57)	●●○○○	☐
11	한국밸류10년투자연금전환 1(주식)C	일반주식 2007.03.19	-3.7 (37)	-1.3 (80)	-5.2 (73)	12.6 (93)	●○○○○	☐

* 펀드별 성과는 매년 변동

출처 : 펀드닥터

둘째로 투자에 따르는 비용을 따져 봐야 한다. 펀드 보수나 수수료

등 비용이 얼마나 드는지 확인해야 하는 것이다.

대다수의 펀드 투자자들이 푼돈이라고 생각하지만, 몇몇 펀드의 경우 운용 기간에 따라 발생하는 보수와 수수료를 합산한 총액이 1년 정기예금의 금리 수준과 비슷한 경우도 많은 만큼 절대 우습게 볼 일이 아니다. 보수나 수수료 부담이 크다고 해서 수익률이 더 높다든지 하는 게 아니기 때문이다.

셋째로 펀드 운용 책임을 맡고 있는 펀드매니저의 실력을 살펴봐야 한다.

펀드매니저는 경영학, 통계학, 수학 등을 전공하고 경제분석, 산업분석, 경영분석, 재무분석, 계량분석, 증권분석 등 각 분야에서 경력을 쌓은 전문가가 많다. 대부분 실력 있는 사람들이라고 봐야 하겠지만, 펀드 투자의 성패가 사실상 전적으로 펀드매니저에게 달렸다고 해도 과언이 아닌 만큼 펀드를 고를 때에는 해당 펀드매니저가 무엇을 전공했는지, 어떤 경력을 갖췄는지, 주로 어떤 스타일로 투자하는지, 과거의 투자 경력은 어떤지 등을 살펴봐야 하는 것이다. 펀드매니저에 대한 정보는 해당 펀드의 투자설명서를 보면 알 수 있다.

이외에도 해당 자산운용사의 과거 수익률은 물론 재무 상태, 경영 투명성 여부도 자세히 체크해 본다면 더욱 좋을 것이다.

모든 주식을 소유하는 방법,
인덱스펀드

"물살을 거슬러 올라가라.
때론 다른 길로 가고, 관습적인 지식들은 신경 쓰지 마라."

– 샘 월튼(미국 기업가)

펀드는 크게 인덱스펀드와 액티브펀드로 나누어 볼 수 있다. 그렇다면 인덱스펀드와 액티브펀드는 어떻게 다를까?

액티브펀드는 시장 평균보다 우수한 수익률을 거두기 위해 펀드매니저들이 공격적으로 운용하기 때문에 붙여진 이름이고, 인덱스펀드는 시장 평균을 따라가면서 수수료와 비용을 낮춰 수익을 키운다.

시중 대부분의 펀드들은 액티브펀드들이다. 우리가 펀드에 가입해서 돈을 내면, 그 돈을 모아 가지고 펀드매니저가 대신 값이 싼 종목이 있으면 사고, 값이 비싸진 종목이 있으면 팔고, 이렇게 샀다 팔았다 샀다 팔았다 해서 그 매매차익을 남겨서 고객에게 돌려주는 형태가 바로 액티브펀드라고 볼 수 있다. 그러므로 액티브펀드는 펀드매

　　　　　　　　충전수업　부의 증식

니저가 아주 중요하다.

반면에 인덱스펀드는 액티브펀드처럼 적극적으로 매매 행위를 하지 않고, 주식시장에 상장되어 있는 종목들을 딱 한 주씩만 사 놓는 형태다. 펀드 운용에 있어서 펀드매니저의 주관적인 생각과 판단을 아예 빼놓는 것이다. 그래서 돈만 많으면, 누구나 인덱스펀드를 운용할 수 있을 정도로 쉽고 단순하다. 그래서 인덱스펀드를 액티브펀드와 반대라는 뜻에서 패시브펀드라고도 한다.

한마디로 인덱스펀드는 지수 수익률을 목표로 하는 펀드이다. 지수라는 것은 여러 가지가 있지만, 가장 대표적인 것이 종합주가지수다. 만약 종합주가지수가 10% 상승했다고 하면 펀드도 지수 상승률만큼인 10%의 수익률을 거두기 위해 노력한다. 쉽게 말해, 더도 말고 덜도 말고 지수만큼의 수익률을 내기 위해서 지수를 졸졸 따라다닌다고 해서 인덱스펀드를 패시브펀드라고 하는 것이다. 결국 인덱스펀드의 목표 수익률은 시장 수익률 자체가 주된 목적인 셈이다. 그래서 인덱스펀드를 지수 추종형 펀드라고도 한다.

그림으로 이해하는 인덱스펀드

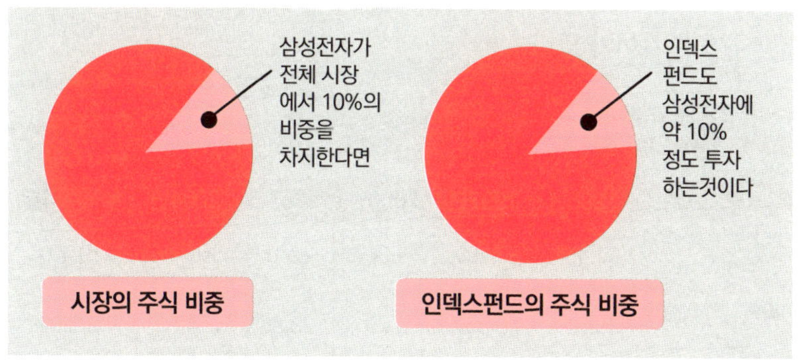

인덱스펀드는 펀드의 수익률이 시장의 수익률을 따라가도록 설계되고 운용되는 펀드이다. 시장은 한국의 KOSPI200, 미국의 S&P500과 같은 특정 지수로 정의되는 것이 일반적이다. 실제 사후적인 운용 결과를 비교해 보면 장기적인 관점에서 인덱스펀드의 운용 성과가 액티브펀드의 운용 성과보다 우수하다는 것을 엿볼 수 있다.

인덱스펀드와 액티브펀드의 주요 특징 비교

구분	인덱스펀드	액티브펀드
목표수익률	시장평균수익률	시장 대비 초과 수익률
성과 요인	시장 상황	시장 상황, 펀드매니저 판단
사전적 목표	낮음	높음
사후적 성과	높음	낮음
투자 비용(보수, 매매수수료)	낮음	높음
심리적 비용(스트레스)	낮음	높음
광고 비용	낮음	높음
펀드 간 성과 편차	낮음	높음
성과 일과성	높음	낮음

실제로 1995년부터 10년간 액티브펀드의 최강자라고 할 수 있는 피델리티사의 마젤란펀드와 인덱스펀드의 대표격인 뱅가드 S&P500 인덱스펀드의 누적 수익률을 비교한 결과, 마젤란펀드는 163% 정도에 그쳤지만, 뱅가드 S&P500 인덱스펀드는 210% 넘게 올라 무려 47%p가량 차이가 났다.

미국의 인덱스펀드와 액티브펀드의 수익률 비교

	1995년	1997년	2000년	2002년	2004년	누적수익률
뱅가드 S&P500 인덱스펀드	37.45%	33.19%	-9.06%	-22.15%	10.74%	210.49%
피델리티 마젤란 액티브펀드	36.82%	26.59%	-9.29%	-23.66%	7.49%	163.23%

인덱스펀드의 운용 성과가 좋은 이유

그렇다면 왜 인덱스펀드가 액티브펀드보다 운용 성과가 더 우수할까?

첫째, 장기적으로 시장수익률을 초과하는 수익률을 얻는 것이 매우 어렵기 때문이다.

모든 액티브 주식형 펀드는 시장 수익률을 초과하는 펀드 수익률을 얻는 것이 목표라고 할 수 있다. 그렇다 보니 자연히 저평가된 종목을 찾고자 많은 노력을 기울일 수밖에 없다. 따라서 액티브펀드의 시장에 대한 관점은 '시장은 비효율적이다'라고 보는 것이다.

하지만 요즈음은 정보통신 매체의 급속한 확산과 각종 정보에 대한 해석력이 뛰어난 시장 참여자들의 비중이 높아지고 있는 추세이다. 이는 시장 참여자 간의 치열한 경쟁으로 인해 저평가된 종목을 찾는 것이 점차 어려워질 것이라는 점을 암시한다. 다시 말해 시장이 효율적으로 되어 간다는 이야기로 볼 수 있는 것이다. 결국 시장이 효율화된다는 이야기는 초과 수익을 얻을 기회가 줄어든다는 것으로 해석할 수 있다.

효율적 시장 가설 vs. 비이성적 과열

'시장이 효율적이냐, 효율적이지 않느냐'는 오랜 논쟁거리이다.

효율적 시장 가설로 유명한 유진 파머 교수와 비이성적 과열로 유명한 로버트 실러 교수가 양대 산맥이라 볼 수 있다.

효율적 시장 가설에 따르면 주식이나 채권, 부동산 같은 자산가격에 영향을 줄 만한 정보는 일단 드러나게 되면 눈 깜짝할 사이에 시장가격에 반영된다고 한다. 한마디로 시장이 매우 효율적으로 작동한다는 것이다. 그래서 투자자들이 어떤 정보를 접한 다음 투자를 하게 되면 이미 늦은 거라는 것이다. 벌써 시장에 반영된 다음이라 초과 수익을 얻는 게 어렵기 때문이다. 결국 돈 버는 길은 시장의 평균 수익을 따먹는 방법이란 얘기다. 이 주장에 착안해서 탄생한 게 바로 인덱스펀드다.

반면에 효율적 시장 가설에 정면으로 맞선 사람이 바로 행동경제학의 대가인 로버트 실러 교수이다. 그는 인간은 완벽하지도 합리적이지도 않은 존재라는 주장을 한다. 그렇기 때문에 인간의 탐욕과 공포로 인해 시장은 그동안 거품과 패닉을 반복해 왔다는 것이고, 그래서 시장에 대해 정부의 규제가 필요하다고 주장한다.

둘째, 펀드의 장기 성과는 펀드 관련 비용이 결정적인 영향력을 미친다는 것이다.

액티브펀드는 구조적으로 더 많은 인원이 투입되는 만큼 인건비가 비용으로 더 들어간다고 볼 수 있다. 숨겨진 저평가 종목을 찾기 위해서 많은 매니저와 리서치 인력이 필요한 것이다. 또한 적극적인 마케팅을 위해 소위 스타급 인력에 대한 수요가 많이 발생하고, 이는 결국 펀드의 높은 비용 구조를 낳게 된다. 하지만 인덱스펀드는 운용 방식이 펀드매니저의 개인적 역량보다는 시스템적인 운용 요소에 많이 의존하기 때문에, 비교적 낮은 비용 구조를 가지고 있다. 실제로 인덱스펀드의 평균비용은 액티브펀드의 평균비용에 비해 대략 연 1%p 내외의 차이가 있는 것으로 조사되고 있다.

그런데 이 단 1%p 정도의 비용 차이가 사실 대단히 중요하다. 이게 1년, 2년, 3년 투자한다면 별 차이가 없어 보일 수 있지만, 5년, 10년, 20년의 장기 투자로 가게 되면 큰 차이를 만들기 때문이다. 복리가 시간이 갈수록 기하급수적으로 늘어나는 것처럼 이 비용의 차이

또한 마찬가지이다. 복리 효과와 연평균 수익률이 높아질수록, 비용 차이가 커질수록, 투자 기간이 길어질수록 차이가 엄청 벌어지게 된다. 그래서 기본적으로 높은 비용이 청구되는 펀드에 가입하는 건 어찌 보면 장기투자자에게는 아주 바람직하지 않은 것이다.

여기에서 인덱스펀드가 출발한 것이다. 대부분의 사람들이 많은 수익을 낼 궁리만 하지, 비용을 어떻게 얼마나 줄일지는 별로 고민하지 않는다. 그러다 보니 홍수처럼 쏟아져 나오는 수많은 펀드 가운데 오히려 비싼 펀드만 가입하는 우를 범하게 된다.

우리나라에서도 지금까지의 인덱스펀드 성적을 보면 아주 우수하다. 그런데 좀 조심할 부분이 있는데, 우리나라 종합주가지수, 코스피가 1980년에 100으로 시작해서 2018년 초에 2600포인트를 넘었다. 만약 그 당시 인덱스펀드에 투자했다고 가정해 보면 쉽게 말해 100에서 2600이니까 스물여섯 배를 번 것이다.

우리나라의 인덱스펀드와 액티브펀드의 수익률 비교

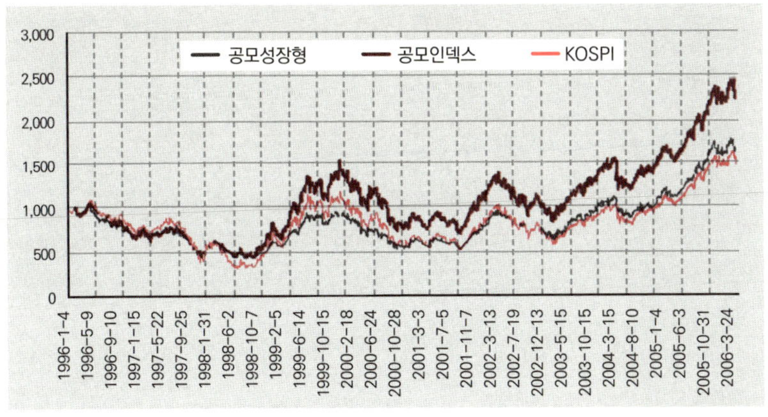

출처 : 제로인

그런데 앞으로 우리나라 인덱스펀드가 여전히 유리할지는 좀 깊게 생각해 봐야 한다. 왜냐하면 그동안은 우리나라가 고속 성장하던 시기였지만, 지금은 저성장시대이고, 앞으로는 성장 자체가 어려울 수도 있기 때문이다. 저출산 고령화가 큰 이유다.

그래서 인덱스펀드가 좋다고 바로 갈아타는 것은 좋지 않다. 그것보다는 우리나라 다음으로 빠르게 성장하는 국가들, 보통 신흥국이라고 불리는 나라들에 긴 안목으로 장기 투자하면 액티브펀드보단 인덱스펀드가 유리하지 않을까 싶다.

Chapter 7

알쏭달쏭 보험,
한번에
해결하기

보험의 특징,
이름만으로 단번에 파악된다

"은행은 날씨가 맑을 때 우산을 빌려준다.
하지만 비가 오려고 하면 우산을 돌려받는다.
보험회사는 날씨가 맑을 때는 우산을 보관하고 있다가
비가 오면 우산을 돌려준다."

- 마크 트웨인(미국 작가)

비가 오기 전에 우산을 준비하는 것은 현명한 일이다. 그중에 대표적인 것이 보험이다.

그런데 시중에 워낙 많은 보험 상품들이 쏟아져 나오다 보니, 대다수의 소비자들이 보험을 어려워한다. 하지만 보험의 이름만 제대로 알아도, 다시 말해 보험의 명칭이 담고 있는 뜻만 자세히 알아 둔다면 보험을 이해하는 데 큰 도움이 된다.

일반적으로 보험 상품은 이름부터 너무 길고 복잡한 편이다.

예를 들어 '○○생명 무배당유니버설종신골드보험' '○○생명 트리플라이프연금보험' '○○생명 큰사랑CI보험' 등은 실제 판매되고 있는 보험 상품의 이름이지만, 이름만 봐서는 무엇을 보장하는지 가늠

하기 어렵다. 하지만 보험의 이름을 정하는 형식은 어느 정도 정형화되어 있다. 그래서 규칙을 한 번 알아 두면 이름만 봐도 보험 상품의 성격을 대략 파악할 수 있게 된다.

일반적으로 보험 상품명은 크게 회사명, 배당 여부, 부가 기능, 본질적인 보장 기능 등 4개 항목이 반영돼 있다.

보험의 제일 앞자리는 보험사 이름

상품명 제일 앞자리는 보험사 이름이 차지한다. 회사명을 보면 해당 상품이 생명보험사의 것인지, 손해보험사의 것인지 알 수 있다.

물론 금융의 복합화로 생명보험과 손해보험 상품의 장벽이 점차 무너지고 있지만 생명보험과 손해보험은 기본적으로 차이가 있다.

생명보험은 사람의 생명을 담보하는 상품을, 손해보험은 재산상의 손해를 보장하는 상품을 주로 취급한다. 똑같이 의료비를 보장해 주는 상품이어도 생명보험사의 것은 '암 진단 시 3,000만 원'처럼 특정 질병에 걸렸을 때 정해진 금액을 지급하는 상품이 대부분이고, 손해보험사의 보험 상품은 실제 본인이 쓴 금액을 지급한다.

회사명 다음에는 무배당, 유배당 등 배당 여부가 표시되는데, 보험료 운영에 따른 성과를 계약자에게 배당하는지를 나타내는 것이다.

생명보험 상품은 보험사가 과거 통계를 바탕으로 향후 금리와 사고 발생 가능성을 가정해 보험료를 산정하고 그에 따라 보험료를 받는데, 경우에 따라서는 시장 금리와 각종 사고발생률이 당초 예상과 달라질 수 있다. 예상보다 자산운용 수익이 늘어난다거나 사고가 줄어 보험금 지급이 줄어들어 잉여금이 생길 수도 있는 것이다.

이런 경우 고객에게 배당을 하겠다고 약속한 것이 유배당 상품이다. 과거에는 유배당 상품이 많았지만, 현재는 국내 생명보험사 대부분이 고객에게 잉여금을 돌려주지 않는 무배당 상품 위주로 판매 중이다. 그래서 시중에서 판매되는 생명보험 상품명에는 '무배당' 또는 '무'자가 포함돼 있는 경우가 많은 것이다.

무배당 상품보다 유배당 상품이 좋을까

쉽게 생각하면 그래도 배당을 받는 게 낫지 않느냐라고 생각할 수 있지만, 보험 상품을 개발할 때 무배당 상품으로 개발하게 되면 유배당 상품보다 보험료를 낮출 수 있다. 그래서 애초에 무배당 상품으로 개발하고, 추후 이익이 남으면 그냥 보험회사가 가져가게끔 한 것이다. 고객 입장에서도 무배당 상품이 유배당 상품보다 낮은 보험료를 적용받으니 불리하거나 나쁘다고 보긴 어렵다.

셋째는 부가 기능이다.

생명보험은 보장 기간이 보통 20년 이상 장기 유지된다는 점에서 물가 상승, 금리 변동 등 외부 요인은 물론 가입 고객의 경제 상황 변동 등의 내부 요인에도 유연하게 대응하기 힘든 단점을 가지고 있다. 그래서 최근에 출시되는 생명보험 상품들은 이런 단점을 극복하는 다양한 부가 기능을 도입하고 있다.

우선 '변액'은 계약자가 납입한 보험료 중 일부를 주식과 채권 등에 투자하는 펀드에 투입, 운용 실적에 따라 고객에게 투자 이익을 배분하는 실적 배당형 보험을 의미한다. 운용 실적에 따라서는 시중 금리를 웃도는 수익을 얻을 수 있어 물가 상승 위험을 헤지할 수 있는 반면 실적이 악화되면 손실을 볼 위험이 있다.

또 '유니버설' 또는 'UL'이라는 단어가 들어가면 보험료 납입을 자유롭게 할 수 있음을 의미한다. 기존 보험은 월납, 연납, 일시납 등의 정해진 방법으로 보험료를 내야 했지만 유니버설 기능을 가진 상품은 의무 납입 기간 이후에는 잠시 보험료 납입을 중단할 수도 있고, 일정 한도 내에서 추가로 더 낼 수도 있다. 또 거꾸로 중도에 인출할 수도 있다.

변액보험 가입 시 주의점

예전에는 우리가 가입하는 보험 상품들은 금리형 상품이었는데, 저금리가 지속되다 보니 보험료를 주식이나 채권에 투자해서 보험금을 불리거나 연금액을 불리는 등 적립액을 늘리겠다는 게 변액보험이다.

그런데 변액보험의 가장 큰 문제는 가입자가 투자를 잘 모른다는 데 있다. 변액보험 내 투자할 수 있는 다양한 펀드들 중에서 어떤 펀드에 투자해야 하는지 아는 사람은 거의 없을뿐더러 변액보험 내 포함된 펀드들 수조차 그리 많지 않다. 많아 봐야 수십 개밖에 안 될 터라, 변동하는 경기 상황에 대응해 가며 적절한 펀드를 갈아타기가 쉽지 않다. 한마디로 마음에 안 들어도 갈아탈 수 있는 선택의 폭이 무척 좁아지는 것이다.

결국 실력 좋은 보험설계사한테 가입하여 관리받는 게 좋은 대안인데, 현실적으로 이마저도 쉽지 않다.

넷째는 본질 보장 기능이다.

보험 이름의 마지막에는 보험이 보장하고 있는 본질적인 내용이 담겨 있는데, 연금이나 교육, 상해보험은 비교적 익숙한 편이지만 생명보험 상품에 들어 있는 '종신' '정기' 'CI' 등의 단어는 이해하기가 쉽지 않다. 하지만 이 세 단어는 모두 생명보험 본연의 기능인 일반 사망을 보장하고 있는 것이다.

보장 기간에 따라 고객이 평생 아무 때나, 어떻게 사망해도 사망보험금을 보장해 주는 상품에는 '종신'이라는 이름을 붙인다. 또 사망을 보장해 주되 50세나 60세까지, 또는 20년 등 특정 기간을 정해 사망을 보장해 줄 때는 '정기'를, 치명적 질병이 발병해 사망보험금의 일부를 치료비 조로 미리 지급해 줄 경우에는 'CI(Critical Illness)'를 상품명에 포함한다.

한편 일부 상품에는 보험설계사 이외에 은행이나 텔레마케팅을 통해 판매되고 있다는 것을 의미하는 '방카'나 '다이렉트' 등의 단어가 붙기도 한다. '방카'는 'bank와 assurance'의 합성어로 은행에서 판매하는 보험 상품을 말한다.

이런 상품은 보험회사에서 은행에 판매를 의뢰한 상품으로, 은행 창구를 통해 가입할 수 있다. 은행의 접근성에 힘입어 방카슈랑스 판매가 지속적으로 늘고 있는 추세이다.

또한 상품명에 '다이렉트'가 표시된 상품은 인터넷 전용 보험이라는 뜻이다. 즉 설계사를 통해서는 가입할 수 없고, 인터넷으로만 가입할 수 있는 상품으로 보험료가 저렴한 편이다. 이런 상품의 경우 전화로만 가입하는 텔레마케팅 전용 보험과 겸용하는 경우가 많다.

그런데 이 다이렉트 보험을 잘 활용하는 게 소비자 입장에서는 유리한 측면이 있다. 다이렉트란 말처럼 중간에 보험설계사나 보험대리점, 홈쇼핑 등을 끼지 않으니 같은 보험이라도 다이렉트로 가입하면 보험료가 대폭 줄어드는 효과가 있기 때문이다.

이처럼 굳이 보험의 보장 내용을 일일이 확인하지 않더라도 보험 상품명을 통해서 얼마든지 보험의 특징을 대략 알아낼 수 있다. 따라서 상품명만으로도 전문가를 통하지 않고 충분히 상품의 성격을 알 수 있는 것이다.

보험의 특징을 한눈에 알아보기

항목	보험명	내용	비고
보험 종류	생명보험	· 생명 담보 상품 · 특정 질병 발병 시 보장	
	손해보험	· 재산상의 손해 보장 상품 · 실제 본인이 쓴 금액 지급	
배당 여부	유배당(유)	고객에게 잉여금 배당함	보험사들은 대부분 무배당 상품 판매
	무배당(무)	고객에게 잉여금 배당하지 않음	
부가 가능	변액	납입한 보험료 중 일부를 금융상품에 투자하여 운영 실적에 따라 고객에게 투자 이익을 배분하는 실적배당형 보험	물가 상승·금리 변동·경제 상황 등을 유연하게 반영
	유니버셜 또는 UL	보험료 납입을 자유롭게 할 수 있음, 중도인출 가능	
보장 내용	종신	고객이 평생 아무 때나, 어떻게 사망해도 사망보험금을 보장해 주는 상품	공통적으로 사망 보장
	정기	사망을 보장해 주되 50세나 60세까지, 또는 20년 등 특정 기간을 정해 사망을 보장해 주는 상품	
	CI	치명적 질병이 발병했을 경우 사망보험금 일부를 치료비 조로 미리 지급해 주는 보험	
기타	방카	'bank와 assurance'의 합성어로 은행에서 판매하는 보험	
	다이렉트	인터넷 전용 보험	

 충전수업 부의 증식

보험 다모아

보험 다모아(www.e-insmarket.or.k)는 소비자들이 온라인상에서 여러 종류의 보험사 상품을 놓고 비교·검색한 뒤 가입할 수 있도록 도움을 주고자 개설된 보험 상품 비교 사이트이다.

손해보험협회와 생명보험협회가 공동으로 운영하는 보험다모아는 상해입원·통원과 질병입원·통원으로 구성된 단독실손의료 보험 상품뿐만 아니라 자동차보험, 연금보험, 여행자보험, 보장성보험, 저축성보험 등을 소개하고 있다.

출처 : 보험다모아

보험 용어,
헷갈릴 필요 없다

"배우되 생각하지 않으면 얻는 것이 없고,
생각하되 배우지 않으면 위태롭다."

– 공자

보험과 관련된 언론 기사들을 볼 때면 간혹 잘못된 용어들이 쓰인 것을 심심치 않게 발견할 수 있다. 기자들조차 혼동할 만큼 비슷하면서도 전혀 다른 뜻의 보험 계약 용어들이 상당히 많기 때문이다. 이는 보험 가입자들도 똑같이 겪는 어려움이기도 하다.

보험 계약과 관련된 보험의 기본 용어들과 기초적인 개념을 잘 이해해 둔다면 이러한 혼란을 피할 수 있을 것이다.

보험료와 보험금

많은 사람들이 혼동하는 가장 대표적인 용어가 바로 보험료와 보험금이다.

보험료는 보험 계약자가 보험에 가입한 후 보험회사에 납부하는 돈을 말하는데, 즉 보험회사의 보험금 지급 약속에 대한 대가로 보험 계약자가 보험회사에 납입하는 금액을 뜻한다. 그리고 보험금은 보험료와 반대되는 개념으로 보험 계약자에게 보험 사고가 발생할 경우 보험회사가 보험수익자에게 지급할 것으로 약정한 금액이다.

보험료와 보험금의 차이

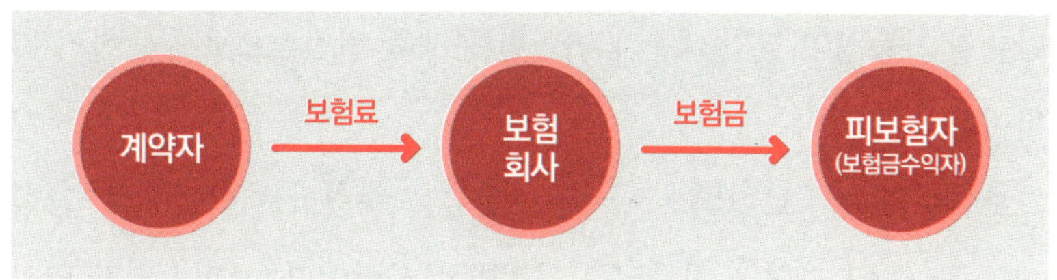

보험 계약 관계자

다음으로 보험 계약을 둘러싼 관계자들에 대해 알아보자. 보험 계약 관계자는 크게 보험계약자, 피보험자, 보험수익자, 보험자(보험회사)의 4개 주체로 나눌 수 있다.

보험계약자는 보험 계약의 권리와 의무를 지는 사람으로 자신의 이름으로 보험회사와 보험 계약을 체결하고, 보험 계약이 성립되면 보험료를 지급해야 할 의무를 진다. 보험계약자의 자격에는 제한이 없어 법인 또는 복수도 가능하다. 단, 만 19세 미만의 사람이 보험계약자가 되려면 친권자나 후견인, 즉 법정대리인의 동의가 필요하다.

피보험자는 보험의 대상이 되는 사람으로 보통 피보험자가 사망하거나 질병에 걸리거나 상해 또는 장해를 입는 경우에 대비하기 위해

보험 계약이 체결된다. 피보험자 역시 보험계약자와 마찬가지로 여러 명을 지정해도 상관이 없다.

보험계약자 자신이 피보험자가 될 수도 있고, 제3자를 피보험자로 지정할 수도 있다. 이 경우 피보험자의 서면 동의가 필수적이다. 단, 만 15세 미만자, 심신상실자, 심신박약자를 사망보험의 피보험자로 하는 계약은 상법상 무효로 규정하고 있는데, 이들을 사망보험의 피보험자로 지정하는 일이 가능할 경우 보험금을 목적으로 한 범죄에 악용될 가능성이 있기 때문에 이러한 문제를 원천적으로 차단하기 위함이다.

보험수익자는 보험회사로부터 보험금을 수령하는 사람으로, 보험계약자로부터 보험금 청구권을 지정받은 사람이다. 보험수익자 역시 그 수나 자격에 제한이 없다. 보험수익자의 지정이나 변경에 대한 권한은 보험계약자에게 있지만, 보험수익자를 지정하거나 변경할 때는 피보험자의 동의가 반드시 필요하다.

보험자는 보험회사를 말하며 보험계약자와 보험 계약을 체결하고, 보험사고가 발생할 경우 보험수익자에게 보험금을 지급할 의무를 진다. 금융위원회의 허가를 받은 보험자만이 보험 사업을 할 수 있다.

보험 계약 관계도

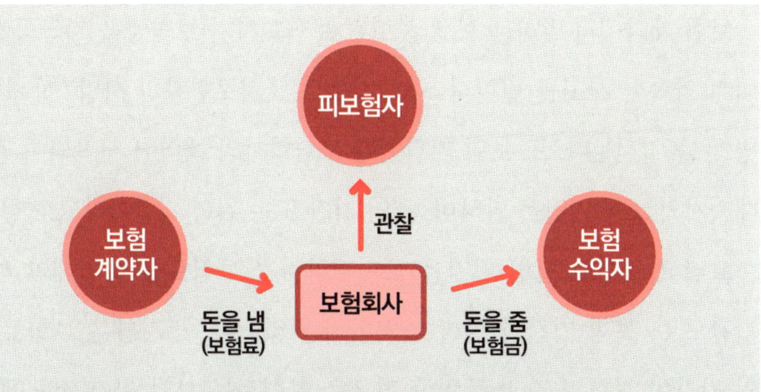

- **보험계약자** : 보험료 납입 의무를 지는 사람
- **피보험자** : 보험의 대상이 되는 사람, 사물 등
- **보험수익자** : 피보험자에게 보험금지급사유가 발생한 경우 보험금을 받는 사람
- **보험자** : 보험회사를 지칭

보험 계약자와 피보험자, 수익자의 관계

- **계약자 – 피보험자 – 수익자가 동일한 경우**

내가 보험에 가입했는데(계약자-나) '나'에게 사고가 나면(피보험자=나) '나'가 보험금을 받는다(수익자=나)

계약자 = 피보험자 = 수익자

- **계약자 – 피보험자 – 수익자가 다른 경우**

아버지를 위해 보험계약을 체결하고, 보험료는 자녀가 납입하고, 보험금은 어머니가 받는다.

계약자 : 자녀   피보험자 : 아버지   수익자 : 어머니

이번에는 보험 사고, 보험 기간과 보험료 납입 기간에 대해 알아보자.

보험 계약에서 말하는 보험 사고란 보험회사가 보험금을 지급하기로 미리 약속한 사고를 말한다. 구체적으로는 피보험자의 사망, 상해, 질병 등을 일컫는다. 또 보험 기간이란 보험회사의 책임이 시작되어 끝날 때까지의 보장 기간을 말하며, 책임 기간 또는 위험 기간이라고도 한다.

그리고 보험료 납입 기간은 보험계약자가 보험료를 납입해야 하는 기간으로, 보험 기간과 항상 일치하지는 않는다. 전기납은 보험료 납입 기간이 보험 기간과 동일한 경우로 보험료를 보장 기간 전체에 걸쳐 납입하는 것을 말하고, 이와 반대로 단기납은 보험 기간보다 보험료 납입 기간이 짧은 것을 말한다.

보험 기간과 납입 기간

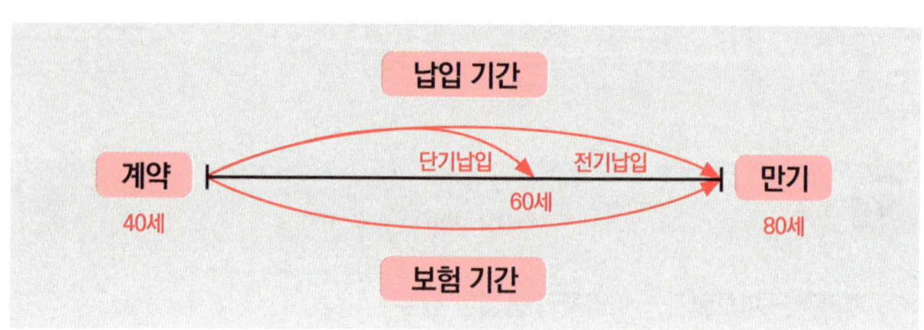

전기납이 좋을까, 단기납이 좋을까

쉽게 말해 전기납은 길게 내는 것이고, 단기납은 짧게 내는 것이다. 그럼 보험료는 길게 내는 게 좋을까, 아님 짧게 내는 게 좋을까?

사람마다 상황이 달라 어떤 것이 좋다라고 콕 집어서 말하기는 어렵지만, 전기납을 선택하면 보험료를 길게 나누어서 내게 되므로 보험료가 줄어들어 부담 역시도 줄어든다. 하지만 오랜 기간을 내야 하니까 향후 직장을 그만두게 되거나 하면 오히려 부담이 더 늘 수도 있다. 반대로 단기납을 선택하면, 초기에는 보험료 부담이 만만치 않지만, 다 완납하고 나면 더 이상 낼 보험료가 없으니까, 혹시라도 실직하거나 보험료 내기가 어려운 상황이 닥쳐도 마음이 편할 수 있다.

그리고 보험에는 만기환급형과 순수보장형이 있다.

만기환급형은 보장 기간이 끝나면 보험가입자가 지금까지 납부한 보험료 중에서 주계약 보험료에 해당하는 보험료를 전액 환급해 주는 상품인 반면 순수보장형은 보장 기간이 끝났을 때 보험가입자가 납부한 보험료를 돌려주지 않는 보장형 상품으로 만기환급형보다 보험료가 저렴한 것이 특징이다.

만기환급형이 내가 낸 보험료를 돌려받는 것이기에 순수보장형보다 좋다고 생각할 수도 있지만, 돈을 다 돌려받는 대신 내는 돈이 많다는 것도 알아야 한다. 그러니까 만기환급형은 쉽게 말해 보장을 받기 위해 내는 돈 외에 적립하는 돈이 합쳐진 것이라서 보장은 보장대로 받고 내 돈은 내 돈대로 모아 뒀다가 만기에 돌려주는 것이다. 이에 비해 순수보장형은 적립을 위해 내는 돈을 빼다 보니, 만기에 놀려받는 돈은 없지만 보험료 부담은 확 줄어들게 된다.

그래서 어떤 사람들은 일단 순수보장형으로 가입해서 보장받고, 만기환급형처럼 적립할 돈은 따로 정기적금이나 펀드에 넣기도 한다.

결국 보험사를 믿고 낸 돈을 다 돌려받기 원한다면 만기환급형이 낫겠지만, 보험사의 사업비로 떼이는 거라든지 갑작스러운 해약을 하게 됐을 때 환급률이 적다는 걸 감안하면 순수보장형이 낫다.

순수보장형과 만기환급형 비교

	순수보장형	만기환급형
의미	보장 기간 종료 시 보험료의 환급 없이 계약 종료	보험 계약 종료 시 납입한 보험료 일부 또는 전부를 환급
장점	환급금이 없는 대신 월 납부 보험료가 만기환급형 대비 저렴	만기 또는 중도 해지 시 환급금 있음
단점	만기 또는 중도 해지 시 환급금이 없거나 적음	순수보장형 대비 납입 보험료가 많음 만기 시 받는 환급금의 가치가 하락할 수 있음

보험료의 종류

이번에는 보험료에 대해 한번 살펴보자.

우리가 내는 보험료는 크게 순보험료와 부가보험료로 이루어져 있고, 순보험료는 다시 위험보험료와 저축보험료로 구성되어 있다.

위험보험료는 각종 사고나 질병 등 위험 보장을 위해 내는 돈으로 보험회사는 이 돈을 운용 및 관리하여 사고가 나면 보험금을 지급한다. 그리고 저축보험료는 보험가입자가 중도에 해지할 경우가 생기거나 만기가 되어 돌려줘야 할 때를 위해 따로 마련해 두는 돈이다.

결국 위험보험료는 돌려받지 못하는 돈이라서 순수보장형이나 다름없고, 저축보험료가 쌓여 만기환급금으로 돌아오는 것이다. 그러므로 순수보장형을 가입하면 보험료 부담이 줄어들지만, 순수보장형보다 많은 보험료를 내는 만기환급형은 중도에 갑자기 해약이라도 하면 큰 손해를 입을 수 있다.

이런 저축보험료를 운용하는 방법은 크게 두 가지인데, 하나는 보험회사가 책임지고 운용하여 금리를 지급하는 방법으로 일반적인 보험이 대부분 여기에 해당한다.

반면에 저축보험료를 보험회사의 자산과 분리하여 특별계정에 넣고 보험가입자의 책임으로 주식이나 채권에 투자하여 그 수익과 손실이 모두 가입자에게 귀속되는 상품이 바로 변액보험이다.

그리고 부가보험료는 보험회사가 계약 체결비, 관리비 등으로 책정한 사업비를 뜻하는데, 보험회사의 주머니로 들어가는 돈이라고 생각하면 된다.

일반적으로 종신보험이나 변액보험은 매달 떼는 사업비가 약 15% 안팎에 이를 정도로 보험사의 사업비 비중이 크다. 그런데 가입 초기에 거의 다 떼는 방식이다 보니, 가입 후 1년 이내에 해지라도 하게 되면 받을 수 있는 돈이 거의 없다. 그래서 중도에 해약하면 이렇게 손실이 크기 때문에 보험 가입은 신중해야 한다.

보험료의 구성

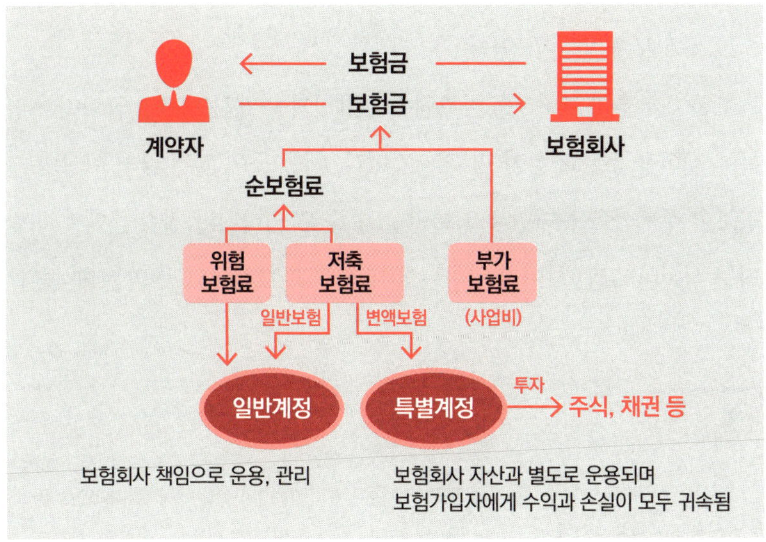

주계약과 특약

또 보험가입 시 주계약과 특약을 구분해야 한다.

주계약이란 보험계약의 가장 기본이 되는 보장 항목에 대한 계약으로, 원하지 않아도 뺄 수가 없다. 그러나 이와 달리 특약은 주계약에 더해 넣거나 뺄 수 있는 항목을 말한다. 그래서 가입자의 상황에 맞춰 얼마든지 변경이 가능한 게 특징이다.

쉽게 말해 나무의 줄기를 주계약이라고 보면 줄기에 붙어 있는 가지들을 특약이라고 볼 수 있다. 줄기를 바꾸진 못하지만 가지는 치거나 붙이듯이, 주계약을 먼저 설정하고, 그에 맞춰 특약을 보조적으로 붙이거나 빼는 방식으로 보험을 계약한다.

예를 들어 사망보장의 경우 보험금 5,000만 원이나 1억 하는 식으로 주계약을 맺고, 진단특약, 입원특약, 수술특약 등 본인 필요에 따라 다양한 특약을 넣는 것이다.

그런데 문제가 하나 있다.

보통 대부분의 보험사들은 특약을 주계약과 연계하여 가입 금액이나 항목에 제한을 두는 경우가 많다는 것이다. 예를 들어 일정 금액 이상의 사망보험 주계약을 해야만 특정특약을 넣을 수 있다거나 일정 금액이 허락되는 식이다. 그런 차이가 있다는 걸 감안하고 보험 설계를 받는 게 좋다.

주계약 vs. 특약

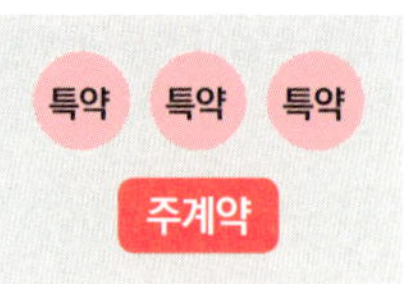

• **주계약** : 보험에서 가장 기본이 되는 계약 부분으로 주된 계약을 뜻함. 가장 기본이 되는 보장 항목이기 때문에 뺄 수 없다.

• **특약** : 기본적인 주계약의 보장 내용에 재해, 질병, 상해 등에 대한 특정 보장을 추가해서 판매하는 것을 뜻함. 특정 보장을 추가하면 아무

래도 주계약의 보장 내용을 좀 더 확대하고 보완할 수 있다. 그리고 특약은 주계약에 더하거나 뺄 수 있는 추가 항목이기 때문에 개인의 필요에 따라 선택이 가능하다.

또 보험에는 갱신형과 비갱신형 상품이 있다.

갱신형은 말 그대로 보험 납입 기간 동안 갱신 시점에 보험료가 오를 수 있는 상품이고, 비갱신형은 보험료가 가입 당시에 결정되며, 납입 기간 내내 매월 같은 금액을 내는 상품이다.

보험의 갱신형과 비갱신형 비교

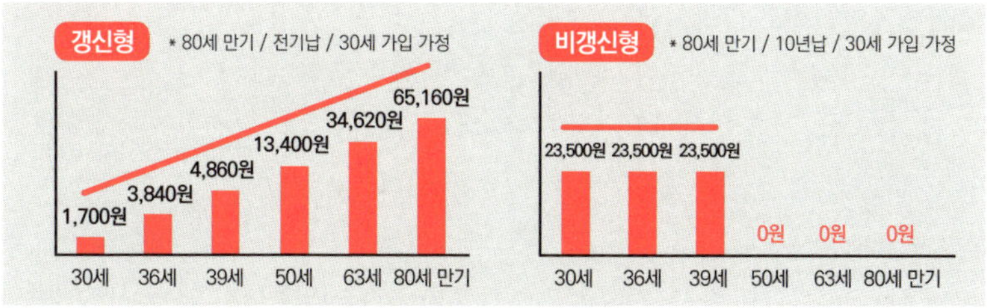

그리고 보장성보험은 만기 시에 지급되는 환급금이 납입 보험료 합계액의 범위 내로 설계된 상품이고, 저축성보험은 보장성보험과는 다르게 만기 시 지급 환급금이 납입 보험료 합계액보다 많도록 설계된 상품이다.

보장성보험과 저축성보험의 비교

보험 가입 시
3대 기본 사항을 준수하라

우리가 부를 이루는 것도 어렵지만, 부를 지키는 것은 더 어렵다. 살아가다 보면 예상치 못한 사건이 생겨 돈이 한순간에 빠져나갈 수도 있기 때문이다.

갑작스럽게 사고가 날 수도 있고, 어느 날 암 선고를 받을 수도 있다. 또 가족 중 한 명이 갑자기 큰 병에 걸린다거나 사고를 당해도 그에 따른 막대한 지출이 생길 수밖에 없다. 더군다나 당장의 수입보다 지출이 더 많은 40대나 50대에 이런 일들을 당하면 어떻게 될까? 다시 회복하기 어려울 정도로 큰 경제적인 타격을 받을 수도 있을 것이다. 특히 한국인의 10대 사망 원인을 보면 암, 뇌혈관질환, 심장질환 등 질병으로 인한 사망이 대부분인데, 이런 경우 병원 치료비 부담이 만만치 않을 수밖에 없다.

결국 이렇게 예상치 못한 위험 상황이 닥치면 지금까지 착실히 진행해 왔던 자산관리가 물거품이 될 수도 있다. 또한 반드시 필요한 순간에 써야 할 돈을 낭비하게 만들 수도 있다.

이러한 위험에 적절하게 대비하는 것이 위험관리의 목적이다. 위험관리는 단순히 보험을 들고 안 들고의 문제가 아니라, 인생 설계가 순탄하게 진행될 수 있도록 하는 안전장치라고 봐야 한다. 즉 어려운 일을 극복할 수 있도록 하는, 말 그대로의 '보장'이라고 생각해야 하는 것이다. 위험의 크기는 '손실의 빈도(frequency)×손실의 강도' (severity)이다.

위험의 유형과 대응 방법

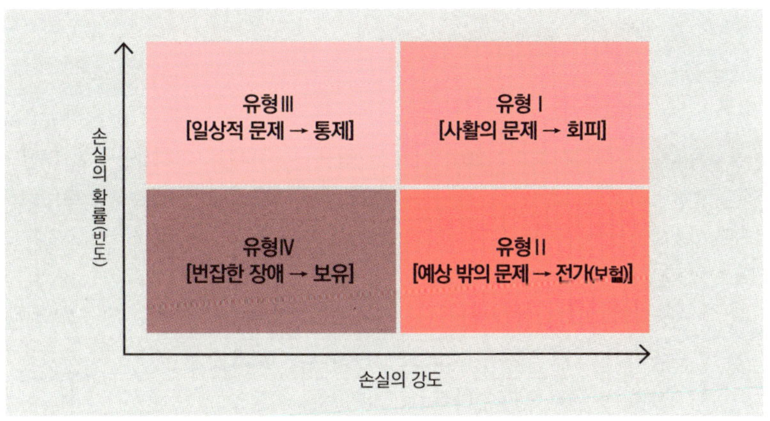

그런데 우리가 보장에 활용할 돈은 한정되어 있다. 그렇기 때문에 수입의 적절한 범위 내에서 신중하게 보험을 가입해야 하는 것이다.

우선적으로 가입한 보험이 어떤 보장을 해 주고, 질병과 사고에 대해 얼마나 포괄적으로 보장되는지, 여러 보험사의 상품을 꼼꼼히 비교해야 한다.

몇천 개의 질병을 보장한다고 하지만 열거되지 않은 질병은 전혀 보장이 되지 않아 정작 병에 걸렸을 때 전혀 쓸모없는 보험이 돼 버리거나 중복 보상이 되지 않는 상품에 이중으로 가입하는 우를 범하는 경우도 있다. 이는 자신도 모르게 돈을 헛되이 낭비해 버리고 마는 꼴과 같다. 자신과 가족의 보장을 위해 그동안 열심히 벌어 온 돈을 지불하면서도 전혀 보장의 혜택을 보지 못하니까 말이다.

흥미로운 사실은 우리나라의 보험 가입률이 대단히 높은 편이라는 것이다. 경기 불황이 지속되면서 금융위기 이후 지속적으로 어려움을 겪고 있지만 여전히 80%가 넘는 수준에 이르고 있다. 시장 규모로만 따지면 전 세계적으로도 뒤지지 않을 정도이다.

가구 및 개인 보험 가입률

(단위 : %)

구분		2011년	2012년	2013년	2014년	2015년	2016년
가구	생명보험	87.3	86.3	88.0	85.8	87.2	81.8
	손해보험	91.4	87.2	86.8	87.7	91.8	88.9
	전체	98.0	96.1	96.1	97.5	99.7	96.3
개인	생명보험	78.0	79.3	77.3	79.3	78.9	73.4
	손해보험	71.5	67.9	74.6	74.3	79.7	76.2
	전체	92.5	92.9	94.0	93.8	96.7	93.8

* 손해보험 가입률에는 자동차보험이 포함됨

출처 : 보험연구원

하지만 그 속을 들여다보면 제대로 된 위험 관리 원칙에 의해 보험에 가입한 사람들은 실제로 많지 않은 것이 현실이다.

국민 대부분이 보험 하나 이상씩은 가지고 있는 상황이지만 정작 그 내용을 살펴보면 잘못된 경우가 많은 것이 문제다. 보험 증권은 여러 개를 가지고 있는데도 막상 보험금을 탈 만한 보장은 없는 경우도 많고, 또 높은 보험료를 매월 꼬박꼬박 납입하고 있으면서 정작 어느 보험회사에 어떤 보험을 가입하고 있는지조차 모르고 방치하고 있는 경우도 많다. 이런 경우 수입이나 자산이 많은 사람이라면 문제가 없겠지만, 대부분 평범한 가정에 속한다는 점이 안타까운 일이다.

이렇듯 의미 없이 가입한 보험은 자산관리 관점에서 보면 '버려지는 돈'이라고 할 수 있을 정도로 아까운 돈이다. 문제는 이렇게 '버려지는 돈'이 그냥 그 자체로 끝나는 것이 아니라는 점인데, 결국 미래의 재무 목표를 위해 쓰일 다른 목적의 기회비용도 함께 버려진다는 이야기다.

이 같은 현상이 벌어지는 원인으로는 첫째, 보험사를 비롯한 각종 금융회사들이 무조건 판매 위주의 정책으로 시장을 왜곡하고 있다는 점을 꼽을 수 있다. 그리고 둘째로는 '보험은 그냥 아는 사람한테 맡기면 되는 것' '보험은 누가 들어 달라고 하면 들어주는 것' 정도로 치부하는 보험 가입자들의 잘못된 인식 또한 심각한 문제다. 셋째로 '보험은 너무 어려워서' '보험 따위엔 관심 없어서' 등의 무관심 역시 대표적 원인 중 하나라고 할 수 있다.

세상에 공짜는 없다. 내가 내는 보험료, 즉 위험보장에 대한 대가를 철저히 비용으로 인식하는 것이 올바른 보험 가입의 첫 걸음이다.

그런 의미에서 보험에 가입할 때는 신중하고 주의해서 가입해야만 한다. 특히 '보험 계약의 3대 기본사항' 만큼은 반드시 유념해야 한다. 보험계약자가 이 3가지 기본사항을 제대로 지키지 않고 보험에 가입했다면 이후에 혹시 보험회사와 분쟁이 발생했을 때, 보험회사 또는 한국소비자원이나 금융감독원을 통해서 문제를 제기한다 해도 해당 민원을 해결받기가 어렵기 때문이다.

보험 계약의 3대 기본사항

그렇다면 보험 계약의 3대 기본사항이라는 것은 무엇일까?

첫 번째 기본은 바로 자필서명이다. 보험 계약은 보험계약자와 보험자 간에 청약과 승낙의 의사 표시의 합치만으로 성립되는 낙성계약으로 특별한 요식행위를 필요로 하지 않는다.

보험 계약의 체결을 구두로 하건 서면으로 하건 상관없지만, 실무상 보험 계약은 보험회사가 미리 작성해 둔 청약서에 보험계약자가 일정한 사항을 기재하고 서명함으로써 체결되는 것이 일반적이다.

그런데 보험 계약 시 자필서명을 안 하는 경우들이 생각보다 꽤 많다. 바쁘다는 이유로 서류를 그냥 보험설계사에게 넘겨주고 알아서 사인하라고 하든지, 남편 이름으로 몰래 계약을 해 두려 하는데, 남편이 반대하면 그냥 아내가 사인을 비슷하게 해 버린다든지 등등 여러 가지 이유들이 있다.

그렇게 일단 가입만 하고 보자는 식으로 자필서명을 안 하거나 가짜로 하게 되면 나중에 보험금을 받아야 할 때, 문제가 생길 수도 있다. 너무나 간단한 이 작은 행동이 보험 계약의 유효성을 판단하는 기준이 되어 만일에 있을지도 모를 보험회사와의 분쟁에서 승패를 가르

　　　　　　　　　　　　　　　　　충전수업 부의증식

는 중요한 역할을 하게 되는 것이다.

보험사 입장에서는 이 자필서명을 하지 않았다는 이유로 보험금 지급을 거절할 수 있다. 만약 어떤 사람이 고액보험을 가입하고 열심히 매달 보험료를 내다가 어느 날 사고가 터져서 보험금을 신청했는데 자필서명이 아니라는 이유로 거절당하면 얼마나 기분 나쁘고 허무하겠는가.

이런 경우에는 무효계약이라 보험금을 받을 수는 없지만 보험료는 돌려받게 된다. 그런데 무효계약이라 이자 없이 원금만 돌려받는다. 급한 순간에 보험금이 절실한데, 원금만 돌려받게 되면 아주 큰 손해가 아닐 수 없다.

결국 보험사만 좋은 것이다. 이자 지급을 안 한 만큼 보험사는 돈을 버는 거니까 말이다. 보험사에서는 모든 계약 건에 대해서 일일이 서명을 대조하거나 필적을 비교하기가 어렵다고 말한다. 결국 보험계약자 입장에서는 위험에 대비하려고 가입한 보험이 오히려 나중에 위험이 돼서 되돌아오는 것이다.

둘째, 보험회사로부터 보험청약서 부본과 1회 보험료 납입 영수증을 수령해 잘 보관해 두어야 한다.

보험 계약이 성립되었다는 의미로 보험청약서의 원본은 보험회사가 보관용으로 가져가고, 보험청약서의 뒷장인 부본은 보험계약자가 수령해 보관한다. 또 1회 보험료를 납입한 영수증도 계약 성립의 증빙자료로 잘 챙겨 두어야 한다. 은행 이체를 할 경우에는 보험료 이체 금액이 찍힌 통장이 영수증 역할을 대신하고, 현금 납입 시에는 보험회사가 보험계약자에게 보험료 영수증을 따로 발행해 준다.

셋째, 보험회사는 보험계약자에게 보험약관을 교부하고 중요 내용을 설명할 의무가, 보험계약자는 상세한 설명을 들을 권리가 있다.

보험계약자는 보험회사로부터 보험약관을 반드시 수령하고, 보험 판매조직에게 약관의 주요 내용에 대해 상세한 설명을 요구하여 자신이 가입한 보험 상품에 대한 기본적인 내용들을 잘 파악해 두어야 한다.

그래야 보험사고가 발생하더라도 이에 잘 대처할 수 있고, 보험금을 지급받는 데 생기는 문제들도 최소화할 수 있다.

자필서명, 청약서 부본과 1회 보험료 납입 영수증 수령 및 보관, 보험약관 교부 및 설명의 3대 사항은 보험 계약의 기본이다. 이 3대 기본사항이 매우 중요하다는 것을 명심하고 꼭 준수해야 한다.

보험사나 보험설계사가 고의로 또는 실수로 이 3대 기본사항을 지키지 않은 경우 보험가입자는 계약을 취소할 수 있다. 자필서명이 안 되었거나, 청약서 부본이나 약관을 못 받았을 경우, 아니면 중요한 사항에 대해 제대로 설명을 못 들었을 경우 등이다. 단 3개월 이내에 신청을 해야 한다. 또한 보험사나 설계사 등 판매자의 잘못을 입증해야 취소가 된다.

보험은 쌍방이 약속하는 계약이다. 살아가면서 하게 되는 어떠한 종류의 계약이라도, 순간의 실수나 착오로 인해 향후 엄청난 스트레스와 손해를 입을 수도 있다는 점을 반드시 명심해야 한다.

보험 계약에는
의무와 권리가 있다

"의무를 다하면 문제될 일은 없다."

- 월터 바제호트(영국 저널리스트)

보험 계약과 동시에 보험계약자가 반드시 지켜야 할 의무와 주장해야 할 권리가 있다. 먼저 보험계약자의 3대 의무부터 알아보자.

보험계약자의 3대 의무

보험계약자에게는 보험료 납입의 의무, 계약 전 알릴 의무인 고지의무, 계약 후 알릴 의무인 통지의무가 있다.

첫째로 보험료 납입 의무란 보험계약자가 보험 계약상의 액수와 약정 방법에 따라 책정된 보험료를 보험회사에 납입해야 하는 의무를 말한다.

둘째로 계약 전 알릴 의무인 고지 의무가 있는데, 이 고지 의무는 보험계약자 또는 피보험자가 청약서의 질문 사항을 사실대로 기재하고, 서면에 의한 동의인 자필서명으로 고지한 사항에 거짓이 없음을 서약하는 것이다. 그냥 보험설계사한테 말로 전달했다가는 나중에 낭패를 볼 수 있기 때문에 고지 의무는 반드시 서류에 기재하는 게 중요하다.

만일 고의적으로 또는 중대한 실수로 보험계약자가 청약서에 기재해야 할 중요한 사항들을 누락시키거나 사실과 다르게 알린 경우 보험회사는 해당 보험 계약을 해지하거나 보장 항목을 제한할 수 있다. 그런데 문제는 계약 전 알릴 의무를 깜박하고 알리지 못해서 받아야 할 보험금을 받지 못하는 경우가 적지 않다는 것이다. 이와 같은 사소한 실수 하나로 보험 계약이 중도 해지되는 등 불이익을 받게 되므로 무척 주의해야 한다.

실제로 계약 전 알릴 의무는 금융감독원에 접수된 보험 민원 중 큰 비중을 차지할 정도로 보험회사와 보험가입자 간 다툼이 빈번한 부분이다. 보험사는 청약서에 '계약 전 알릴 의무 사항'이라는 별도의 양식을 마련해 보험가입자의 병력 등을 확인한다. 가령 "최근 3개월 이내에 의사로부터 진찰, 검사를 통하여 진단을 받았거나 그 결과 치료, 입원, 수술, 투약을 받은 사실이 있습니까?"라는 질문 등이 그 예이다.

보험가입자는 보험사가 질문한 사항에 대해서 사실대로 답변하고 기재해야 한다. 더불어 앞서 얘기했듯이 고지사항을 알리지 않거나 사실과 다르게 알렸을 경우 보험금 지급 사유가 발생했다 하더라도 보험금 지급이 거절되거나 해지될 수 있다는 점을 명심해야 한다.

금융감독원에 따르면 계약 전 알릴 의무는 보험가입자와 보험대상
자가 함께 알려야 하므로, 둘이 서로 다른 경우에도 보험사가 청약서
상 질문하는 사항에 대해 각기 사실대로 알려야 한다. 또한 알릴 의무
를 수령할 권한은 보험설계사가 아닌 보험사나 보험대리점 등에 있으
므로 알릴 의무를 이행할 때는 반드시 구두가 아닌 청약서를 통해야
한다는 점도 잊지 말아야 한다. 또한 전화 가입의 경우, 질문에 즉답
하는 방식으로 계약이 진행되므로 과거 병력 등을 미처 알리지 못할
가능성이 있음에도 유의해야 한다.

가입자가 계약 전 알릴 의무를 위반할 경우 보험사는 보험 계약을
해지하거나 보장을 제한할 수 있는데, 단, 이 경우 보험사는 계약 전
알릴 의무 위반 사실뿐 아니라 계약 전 알릴 의무 사항이 중요한 사항
에 해당된다는 사실과 계약 처리 결과를 가입자에게 서면으로 알려야
한다. 이때, 보험 계약을 해지할 경우에는 해약환급금 또는 이미 납입
한 보험료를 돌려줘야 한다.

물론 계약 전 알릴 의무를 위반하더라도 보험금을 받을 수 있는 경
우가 있다. 예를 들어 고지혈증 때문에 수개월간 약물 치료를 받은 사
실을 숨긴 채 보험에 가입한 고객이 갑상선암으로 진단받고 보험금을
청구하는 경우라면 계약 전 알릴 의무의 위반 사실, 즉 고지혈증 불고
지와 보험금 지급 사유인 갑상선암 진단 간에 인과관계가 없는 경우
에 해당한다. 그러므로 계약 전 알릴 의무를 위반한다고 해도 언제나
계약이 해지되는 것은 아니라는 점도 잘 알아 두어야 한다.

금융감독원에 따르면 이 밖에도 보험사가 계약 시에 계약 전 알릴
의무의 위반 사실을 알았거나 보험사 측의 중대 과실로 알지 못했을

때, 보험사가 계약 전 알릴 의무의 위반 사실을 안 날부터 1개월 이상 지났거나 보장이 시작된 날부터 보험금 지급 사유가 발생하지 않고 2년이 지났을 때, 보험사가 건강진단서 등 건강 상태를 알 수 있는 자료를 근거로 보험 계약이 체결됐음을 알려 준 때, 보험설계사가 청약서 및 고지 내용을 임의로 기재하거나 가입자에게 건강 상태에 대해 응답할 기회를 주지 않았을 때에도 보험 계약은 유지된다.

셋째로 계약 후 알릴 의무인 통지 의무는 약관상 보험계약자가 보험회사에 알리도록 되어 있는 사항인 직업, 직무, 취미, 주소, 연락처 등이 변경된 경우 지체 없이 그 내용을 보험회사에 알려야 하는 것을 말한다.

특히 손해보험에서는 통지 의무를 매우 중요하게 여기는데, 실손보험이나 상해보험에서는 직업·직무 변경의 통지 의무라고 부르기도 한다. 상해보험에 가입한 보험계약자나 피보험자는 보험 기간 중에 피보험자의 직업 또는 직무가 변경된 경우 보험사에 그 사실을 알려야 하는데, 이는 피보험자의 직업·직무의 변경이 사고발생 위험을 증가 또는 감소시킬 수 있으므로 위험의 변경에 따라 보험료나 보험 사고 시 받을 수 있는 보험금을 조정할 필요가 있기 때문이다. 그러므로 보험계약자는 일신상의 변동 사항이 발생하면 수시로, 사전에 반드시 보험회사에 알려야 한다.

만약 통지 의무를 성실하게 이행하지 않았다면 추후에 보험 사고가 발생했을 때 보험금이 삭감될 수 있을 뿐만 아니라, 보험사가 그 사실을 알게 됐을 때 계약을 해지할 수도 있으므로 직업이나 직무가 변경된 경우에는 반드시 보험사에 알려야 한다.

이런 사례도 있었는데, 어떤 사람이 상해보험에 가입한 후 직장을 다니다가 그만두고 택시기사가 되었다. 그러다가 교통사고가 나서 보험금을 청구했는데, 보험사는 원래 약정된 보험금보다 적은 돈을 지급했다. 이유는 이 사람이 직장인에서 택시기사로 직업이 바뀌었다는 사실을 보험사에 알리지 않았기 때문이었다.

전보다 위험이 커졌는데, 알리지 않는 바람에 보험금을 적게 받은 것이다. 통지 의무를 몰라서 알리지 않았건 보험료가 오르는 게 싫어서 알리지 않았건 어쨌든 당사자 입장에서는 참으로 억울했을 것이다.

또한 보험설계사에게 구두 통지한 경우는 계약 전 알릴 의무와 마찬가지로 효력이 없으므로 꼭 보험사에 이 같은 사실을 직접 서면으로 통지하는 것이 좋다.

보험계약자의 3대 권리

보험계약자에게는 지켜야 할 의무뿐만 아니라 누려야 할 청약철회권, 계약취소권, 보험 계약 부활권의 3대 권리도 있다. 이번에는 보험계약사의 3대 권리에 대해 알아보자.

청약철회권은 보험계약자가 반드시 알아 두어야 할 권리로, 보험계약을 청약한 날 또는 1회 보험료를 납입한 날로부터 30일 이내에는 언제든지 보험 계약을 철회할 수 있는 권리를 말한다. 이 권리는 이유 불문이다. 단순 변심이나 아는 보험설계사가 부탁해 어쩔 수 없이 서명한 경우에도 상관없다. 단, 보험증권을 받은 날로부터는 15일 이내에 청약 철회가 가능하다. 보험회사가 보험계약자로부터 보험 계약의 청약 철회 신청을 접수한 후에는 지체 없이 이미 납입한 보험료를 전액 환급해 주어야 한다. 만약 보험료 반환이 지연되는 경우에는 지연된 기간만큼의 이자를 더해서 지급해야 한다.

청약철회권은 거의 모든 보험에 적용되지만, 일부 적용되지 않는 것들이 있다. 예를 들면 보험 기간이 1년 미만인 보험, 보험 가입을 위해 피보험자가 건강진단을 받는 보험, 의무적인 자동차 가입보험, 타인을 위한 보증보험은 청약 철회를 할 수 없다. 이 보험들은 보험 기간이 너무 짧거나 의무가입인 경우에 해당한다.

그리고 계약취소권은 보험 계약을 체결하면서 보험계약자가 청약서에 자필서명을 하지 않았을 경우, 약관과 청약서 부본을 전달받지 못하였거나 약관의 중요한 내용에 대해 보험 판매 조직으로부터 충분히 설명을 듣지 못했을 때 등 보험 계약의 기본 절차가 제대로 지켜지지 않은 경우에 한하여 청약일로부터 3개월 이내에 계약을 취소할 수 있는 권리이다.

보험회사에서는 이를 '보험품질보증제도'라고도 한다. 계약 후 30일 이내에는 보험계약자의 단순한 변심이든 아니든 이유를 불문하고 언제든지 보험 계약을 철회할 수 있는 청약철회권과 달리 계약취소권은 보험판매자, 즉 설계사나 대리점 등의 중대한 잘못을 증명할 수 있는 단서나 증거자료가 있어야만 보험 계약을 무효화할 수 있다는 점이 다르다.

보험 계약 부활권은 보험 계약이 해지되었을 때 보험계약자가 해약환급금을 찾아가지 않은 경우 계약의 해지일로부터 2년 이내에 보험회사가 정한 절차에 따라 보험 계약을 정상적으로 회복할 수 있도록

     충전수업 부의 증식

한 권리이다.

　원칙적으로는 보험 계약이 해지된 후 2년이 지나도록 보험계약자가 계약을 회복시키지 않으면 해약환급금도 찾아갈 수 없다. 그러므로 불가피한 이유로 보험 계약이 해지되었을 경우에는 반드시 2년 이내에 보험 계약을 부활시키거나 해약환급금을 찾아가야 불이익이 없다.

국내 보험사의 민원 건수 및 민원 불수용률

구분	민원 접수 건수 (A)	민원 수용 건수 (B)	민원 불수용 건수 (C)	민원 불수용률 (C/A)
14개 생명보험사	7만 539건	2만 3,975건	4만 6,564건	66.01%
9개 손해보험사	9만 5,863건	4만 1,263건	5만 4,600건	56.96%

출처 : 금융감독원

　의무를 다하면 문제될 일도 없겠지만, 사실 권리도 얻을 수 있다. 계약인 만큼 보험 계약에도 신중함을 더하면 좋을 것이다.

보험 유지를 위한
제도들

"같은 업종에 종사하는 사람들은 오락이나
기분 전환을 위해서도 함께 잘 모이지 않는다.
그러나 일단 모였다 하면, 그들의 대화는 소비자들에게
반하는 음모나 가격 상승의 음흉한 계획으로 끝난다."

- 애덤 스미스(영국의 경제학자)

꼭 필요해서 가입했던 보험이라도 경제 사정이 나빠지면 보험료를 제때 내지 못하거나, 손해인 줄 알면서도 어쩔 수 없이 해약하는 경우가 생긴다. 실제로 금융감독원 자료에 따르면 종신보험 계약자 10명 중 7명은 종신보험 가입 뒤 10년 안에 보험을 해약하고 있는 것으로 나타났다.

경기 침체가 서민들의 삶에 그늘을 드리우고 있는 요즈음, 보험 해약을 고려하는 사람들이 늘어날 수도 있다. 하지만 보험 계약은 가급적 유지하는 것이 좋다. 해약하게 되면 큰 손실을 입게 되는 경우가 많기 때문이다.

(단위 : %)

구분	2011년	2012년	2013년
연금보험	46.7	46.8	39.7
종신보험	47.9	47.3	39.6
변액보험	45.3	48.1	36.4
암보험	58.5	57.2	55.3
평균	48.0	46.3	40.5

출처 : 보험개발원

그렇다면 직장을 그만두는 바람에 새로 일자리를 구할 때까지 보험료 내기가 버거울 경우처럼 형편이 어려울 때 보험료 부담 없이 보험계약을 유지하는 방법은 없을까? 의외로 여러 가지 방법들이 많다. 그래서 잘만 이용하면 힘들 때 도움이 될 수 있다.

우선 보험료 자동대출 납입 제도를 활용할 수 있다.

보험료를 못 내게 되면 보험사로 자동대출 납입 신청을 할 수 있고, 이때 보험사는 해약 환급금으로 보험료를 낼 수 있는 기간까지 계약을 연장시켜 준다. 주의할 점은 자동대출도 이자가 발생하며, 대출금과 이자를 합한 금액이 해약 환급금을 초과한 때는 보험 계약이 효력을 상실하게 된다는 것이다.

또 이 제도는 1년 단위로 운용되기 때문에 계속 활용할 경우 1년이 될 때마다 다시 신청해야 하는 번거로움이 있다.

두 번째는 보험료 납입 일시 중지 제도를 활용할 수 있다.

이 제도를 활용하면 어려울 때 기본보험료를 납입하지 않을 수 있다. 자동대출 납입 제도와 달리 이자가 부과되지 않으면서 보장은 계속 받을 수 있다는 것도 장점이다. 다만 이 제도는 보험사가 정한 의무 납입 기간이 경과해야만 이용할 수 있는데, 의무 납입 기간은 보통 18개월 또는 2년이다.

변액유니버설보험 등 유니버설보험의 경우 별도 신청이 없어도 보험료가 납입되지 않은 경우 자동적으로 해약 환급금에서 위험보험료와 사업비가 인출된다. 다만 이 경우 해약 환급금이 줄어들며, 해약 환급금이 모두 소진되는 시점에 보험 계약이 해지될 수도 있다.

또한 위의 두 제도 모두 해약 환급금 범위 내에서 이루어진다는 사실을 기억해야 한다.

세 번째는 보장 금액 감액이나 특약 일부를 해약하는 방법이다.

여러 개의 생명보험과 손해보험을 가입하면서 주계약과 특약의 보장 금액이 중복되거나 과잉되어 있다면 불필요한 부분을 감액해 보험료를 줄일 수 있는 것이다. 보험금을 낮추는 대신 내는 보험료도 줄이는 제도라고 보면 된다.

주계약이든 특약이든 실비 보장 성격의 보험금은 보장 금액 한도 내에서 실비만 지급하고, 중복 지급도 허용되지 않으므로 불필요한 부분을 감액해야 한다. 다만, 보장 금액은 일단 한 번 감액하면 다시 증액하기가 어려우므로 전문가에게 도움을 받아서 처리하는 것이 좋다. 종신보험의 경우에는 가족 부양의 책임이 없는 피보험자라면 사망 보장 금액을 감액해 보험료를 줄이는 안도 검토할 수 있다.

주로 내는 보험료가 부담되는 사람이거나 불필요한 보장에 많이 가입되어 있는 사람이라면 감액 제도를 활용해 볼만하다. 예를 들어 사망보험금이 1억 원인 보험에 가입한 사람이 매달 10만 원씩 내고 있었다면 감액 제도를 통해 보험료를 월 6만 원 정도로 낮출 수 있다. 대신 보험료가 감액된 부분만큼이 해약으로 처리돼 해약 환급금을 받게 된다.

네 번째로 감액완납보험으로 변경하는 방법이 있다.

이는 이후에 낼 보험료를 더 이상 내지 않는 대신 보장 금액을 줄이는 방법이다. 보장 금액의 감액 수준은 감액완납보험으로 변경하는 시점의 해약 환급금에 따라 달라진다. 감액완납보험으로 변경했다가 다시 원래의 계약으로 환원할 수는 없다.

사정상 보험료 내기가 더 이상 어렵다면 감액완납제도를 생각해 볼만하다. 예를 들어 1억 원 정도를 보장받다가 감액완납제도를 통해 더 이상 보험료를 내지 않고 보장 금액을 3,000만 원 정도로 낮추어 유지하고자 한다면 괜찮을 수 있는 제도이다.

결국 감액제도와 감액완납제도는 보험 기간과 보험금 지급 조건을 유지하면서 보장 금액을 낮추어 보험료를 조정하는 제도라고 보면 된다.

다섯 번째는 중도인출 기능을 활용해 보험료를 내는 방법이다.

유니버설 보험의 경우에는 일정한 한도 내에서 적립금을 인출해 쓸 수 있다. 이 경우 약관대출과 달리 원금 상환이나 이자 납입에 대한 부담이 없다. 다만 중도인출 기능은 통상 보험을 계약한 후 1년이 넘은 경우에만 활용할 수 있고, 중도인출 가능 금액은 해약 환급금 범위 이내라는 점을 알아 둬야 한다.

여섯 번째로 보험 계약 대출, 즉 약관대출을 활용해 보험료를 내는 방법도 있다.

해약 환급금을 담보로 하여 대출을 받은 뒤 보험료를 내는 방식이다. 긴급 자금이 필요할 때도 유용한 방법인데, 이 경우에는 보험 계약 대출도 원금 상환과 이자 납입에 대한 의무가 있고, 대출이자를 미납하면 보험 계약이 해지될 수 있다는 점을 염두에 둬야 한다. 대출이자율은 해당 상품의 적용이율에 1.5~2.5%p가 추가된 수준이다. 예를 들어 해당상품의 이율이 3%라면, 보험 계약 대출이율은 4.5~5.5%가 되는 것이다.

일곱 번째는 보험을 일단 실효시켰다가 다시 부활하는 방법을 활용할 수 있다.

보험료가 연체될 경우 해약하지 말고 그냥 놔두면 자연히 보험 계약은 실효되지만 2년 이내에는 부활할 수 있다. 다만 부활을 할 때는 연체된 보험료와 그에 대한 이자까지 모두 납입해야 하는 부담이 있고, 계약을 부활시킬 때도 처음 가입할 때와 동일한 기준으로 심사하기 때문에 실효기간 동안 피보험자의 건강 상태가 나빠지면 보험사가 부활 신청을 거절할 수 있다는 단점이 있다.

마지막으로 연장정기보험으로 변경하는 방법도 있다.

이 제도는 쉽게 말해 보험료 납입을 중단하는 대신에 종신보험을 정기보험으로 변경하는 것을 말한다.

보험 금액은 그대로 유지하되, 추가로 보험료를 내지 않고 보장 기간을 줄이는 방법이다. 보장 기간은 변경 시점의 해약 환급금에 따라 달라지며, 다시 원래의 종신보험 계약으로 환원할 수 없다는 점을 명심해야 한다.

감액완납제도와 비슷해 보이지만 좀 다른 것이 감액완납제도는 보험 기간을 줄이지는 않고 보험금을 줄이는 제도인데 반해 연장정기보험은 보장 금액은 줄이지 않고 보험 기간을 줄이는 제도라는 것이다.

예를 들어 사망보험금으로 1억 원을 받는 종신보험에 가입되어 있던 사람이 상황이 좋지 않아 연장정기보험을 활용하게 되면 보장 기간을 종신에서 60세까지로, 혹은 70세까지로 줄이면서 보험금은 1억 원을 보장받으면서도 보험료는 더 이상 내지 않는 것이다.

이처럼 어려울 때 보험을 유지하기 위해 여러 가지 제도를 활용할 수 있다. 하지만 무엇보다도 보험 가입 전 조심해야 할 점을 미리 이해하고 숙지하는 것이 중요하다.

보험 가입 전 유의사항

보험 가입을 고려하고 있다면, 즉 보험 가입 전이라면 다음의 3가지를 꼭 유의해야 한다.

첫째, 보험을 무리해서 준비하지 않는 것이 좋다.

그런데 우리나라 사람들은 보험을 지나치게 많이 가입하는 경향이 있다. 중요한 건 보험은 재테크 수단이라고 보기 어렵다는 것이다. 그래서 보험으로 돈을 불리려고 한다면 큰 오산일 수 있다.

보험은 내게 혹은 내 가족에게 닥칠 위험을 방지하고자 하는 최소한의 안전장치라고 보는 게 좋다. 그래서 보험을 너무 많이 가입하면 할수록 기회비용을 잃는 것이 될 수 있다.

그렇다면 보험은 얼마나 필요할까? 가능한 한 많으면 좋겠지만 개인의 경제적인 사정을 고려해 준비해야 한다. 보통 가계 소득의 5~8% 정도를 보장성 보험료로 납입하는 것이 적당하다고 전문가들은 조언한다.

하지만 누구에게나 공통으로 적용하는 것이 아니기 때문에, 본인의 생활형편을 잘 고려해서 가입하는 것이 제일 좋다. 보험 가입을 무리하게 되면 자산관리에 큰 부담이 될 수 있기 때문이다.

둘째, 보험에 저축성을 고려하지 않는 것이 좋다.

보험은 결국 보장을 위한 것이다. 따라서 만기환급형이나 저축성이 가미된 상품으로 설계하는 것은 큰 의미가 없다. 일부 보험설계사의 경우 보험료를 높이기 위해 저축성을 추가하라고 권유할 때가 있지만 이를 주의하는 것이 좋다.

셋째, 중도에 변경하거나 해약하지 않는 것이 좋다.

아주 특별한 경우가 발생하지 않는 한, 중도에 해약하지 않고 끝까지 유지하려는 마음이 중요하다. 중도에 해약하면 손실이 클 뿐만 아니라 보장 설계를 다시 해야 하기 때문이다.

또한 설계사들이 더 좋은 상품이라고 권유한다고 해서 기존 보험을 해약하고 신규로 가입하거나 다른 보험을 가입하는 일이 없어야 한다. 어떠한 보험이든 중도에 전환하면 불리할 가능성이 높기 때문이다.

일부 양심 없는 보험설계사들이 고객의 이익에 반하는 행위를 하거나 자신의 지갑만 불리려고 할 때가 있다. 기존 보험을 깨고 새로운 보험으로 갈아타라고 하거나 형편에 맞지 않는 큰 금액으로 설계하는 경우 등이 이에 해당한다. 그로 인해 선량한 보험설계사들이 신뢰를 못 받아 억울해하기도 한다. 그래서 올바른 보험설계사를 알아보는 지혜도 필요하다.

보험은 정말 긴 장기 상품이다. 그러므로 신중에 신중을 기하고 가입하는 게 지극히 정상이다.

실손의료보험,
전격 해부!

"호미로 막을 것을 가래로 막는다."

- 한국 속담

실손의료보험이란 가입자가 질병, 상해로 입원하거나 통원 치료를 받은 경우, 가입자가 실제 부담한 의료비를 보험사가 보상하는 상품이다.

그렇다면 국민건강보험과 실손의료보험의 차이점은 무엇일까?

환자의 의료비 부담을 경감시켜 준다는 측면에서 공통점이 있지만, 국민건강보험은 국가, 즉 국민건강보험공단이 운용하고 또한 전 국민을 대상으로 의무 가입토록 규정되어 있는 반면, 실손의료보험은 보험사가 운영하고, 또 소비자가 자유롭게 선택하여 가입 가능하다는 측면에서 차이점이 있다.

국민건강보험과 실손의료보험 비교

구분	국민건강보험	실손의료보험
관련 법규	국민건강보험법	보험업법
운영 주체	국가(국민건강보험공단)	민영 보험사
의무가입 여부	전 국민을 대상으로 가입이 강제됨	가입 여부를 자유롭게 선택 가능
보상 방법	국민건강보험법 등에서 정한 금액을 국가가 보전	국민건강보험에서 보장하지 않는 의료비를 대상으로 보험사가 보상
보험료 산정 방법	소득 수준과 재산 규모에 따라 보험료를 차등 부과	과거 위험 발생을 토대로 대수의 법칙에 따라 보험료 산출

대수의 법칙(law of large numbers)

대수의 법칙은 큰 모집단에서 무작위로 뽑은 표본의 평균이 전체 모집단의 평균과 가까울 가능성이 높은 현상을 가리킨다. 즉 장기간에 걸쳐 많은 사례를 보면 일정한 확률을 구할 수 있다는 것이다.

예를 들어 주사위를 한 번 던지면 어떤 숫자가 나올지는 모르지만, 백 번, 천 번, 만 번을 계속 던지면 각 숫자가 나오는 횟수가 비슷해진다는 얘기다. 결국 관찰 횟수를 늘려 가면 일정한 발생 확률을 알 수 있다는 것이다.

이걸 우리 삶에 적용해 보면 어떤 사고의 발생 가능성이나 발생 시기는 알 수 없지만, 아주 많은 사람들을 대상으로 관찰하게 되면 대수의 법칙에 따라 발생 확률을 구할 수 있게 된다.

이 법칙을 보험사에서 보험금과 보험료를 산정할 때 사용하는데, 예를 들어 사망보험이라고 하면 아주 많은 사람들을 관찰해서 몇 살 즈음에 몇 퍼센트의 확률로 사망하게 되는지를 알아내 그걸 보험금과 보험료 산정에 적용하는 것이다.

우리가 중병에 걸리거나 큰 사고를 당한 경우, 막대한 의료비가 발생할 수 있다. 이로 인해 경제적 어려움을 겪을 수 있는데, 실손의료보험은 국민건강보험에서 보장하지 않는 의료비에 대해 보장해 주기 때문에 도움이 될 수 있다.

이러한 실손의료보험은 입원 또는 통원을 통해 치료를 받았을 때, 실제로 본인이 지출한 의료비를 보험 가입금액 한도 내에서 지급하는데, 이와 달리 암보험 같은 정액형 보험은 치료비 규모와 상관없이 보험 사고가 발생하면 계약 당시에 보상하기로 약정한 금액을 보험금으로 지급한다.

이걸 포괄주의라고 하는데, 실손보험에서는 보상하지 않는 항목을 열거해 놓고 그것들 외에는 모두 보상한다. 반대로 일반 암보험과 같은 정액형 보험은 열거주의로 보상하는 항목을 열거해 놓고 딱 그것들만 보상한다.

실손의료보험과 정액형 보험 비교

구분	실손보험	정액형 보험
보험 목적	실제 발생한 손해	질병, 재해 등
보상 금액	일정 한도 내에서 실제 부담한 금액	사전에 약정된 금액
보상 범위	보상하지 않는 항목 열거(포괄주의)	보상하는 항목 열거(열거주의)
다수 보험 처리	각 계약의 지급액 합이 실제로 부담한 금액을 초과하지 않도록 비례 보상	중복 가입에 관계없이 각 계약의 사전 약정 금액을 보상

실손의료보험의 보상 범위

병원 영수증은 크게 급여와 비급여로 나누어져 있다. 그리고 또 급여는 본인 부담금과 국민건강보험공단 부담금으로 나뉘어 있다. 급여는 국민건강보험에서 보장하는 진료비 항목을 말하는 것이고, 비급여는 보상하지 않는 항목을 말하는 것이다. 비급여 항목으로는 상급병실료 차액과 선택 진료비, MRI 촬영비, 초음파 같은 것들이 있다. 실손의료보험는 급여 부분에서 공단 부담금을 뺀 본인 부담금과 비급여 부분을 합쳐 보장한다. 그리고 두 부분을 합친 금액에서 자기부담금을 빼고 남은 금액을 보장하게 된다.

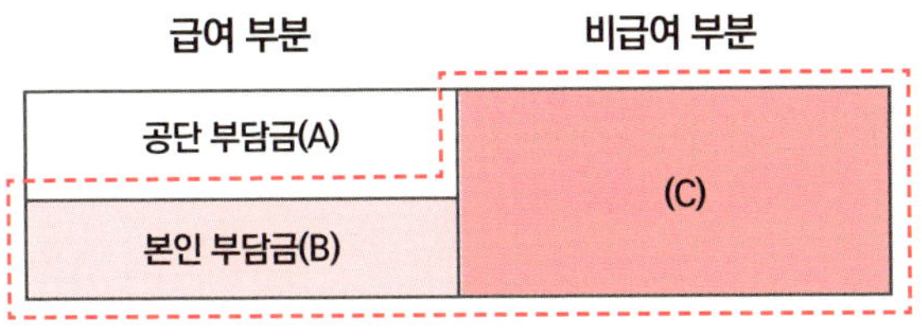

자기부담금

자기부담금은 본인이 직접 부담하는 금액을 말한다. 예를 들어 실손의료보험 중에서 90% 보장받는 선택형을 가입했다고 하면, 병원 입원 시 10%는 자기가 부담하는 것이다. 그래서 입원비가 100만 원이 나왔다고 하면 90%인 90만 원은 보험사가 보장해 주고, 10%는 자기가 내야 한다. 입원이나 통원 같은 경우엔 외래로 1만~2만 원 정도. 처방조제비로 8,000원 정도 자기부담금이 나온다.

이 자기부담금을 설정한 이유는 과잉 진료를 막기 위한 것이다. 일단 자기 돈이 한 푼도 안 들어가면 너무 쉽게 진료를 받기 때문에 의료비가 많이 오를 것이므로 이걸 방지하고자 자기부담금제도를 만든 것이다. 이것은 2009년 10월부터 실손의료보험이 표준화되면서 도입되었고, 그 전에는 의료비를 100% 전액 보장하였다. 그러다가 2015년에 또다시 80%만 보장하는 걸로 바뀌어 자기부담금 비율이 올라갔다.

이렇게 자꾸 자기부담금 비율을 올리는 것은 실손의료보험 가입자 중에 과잉 진료 받는 사람들이 많다는 증거이기도 하다.

그런데 실손의료보험도 가입되어 있고, 암보험도 가입되어 있는 상태에서 갑자기 암에 걸린다면 둘 다 보상을 받을 수 있을까?

둘 다 보상이 가능하다. 실손의료보험도 실제 부담한 의료비 내에서 보상을 받고, 암보험도 암에 걸린 거니까 보상받는다. 다만, 실손의료보험을 두 개 이상 가입한 경우에는 모두 보상받는 게 아니라, 실제 본인이 부담한 의료비 내에서 각 보험사에서 나누어 보상하게 되는데, 이를 비례보상이라고 한다.

만약 보장 한도가 같은 실손보험을 두 군데에 가입했는데, 사고가 났다고 하면 손해액이 1,000만 원일 경우, 두 군데의 보험회사로부터 각각 500만 원씩 보상받는 것이다. 보장 한도와 보험회사 부담비율대로 계산해서 각각 나누어 지급하게 된다.

따라서 실손의료보험은 딱 하나만 가입하면 된다. 실손보험의 가입 여부를 확인하려면 생명보험협회(www.klia.or.kr)나 손해보험협회(www.knia.or.kr)에서 조회가 가능하다.

비례보상과 정액보상의 비교

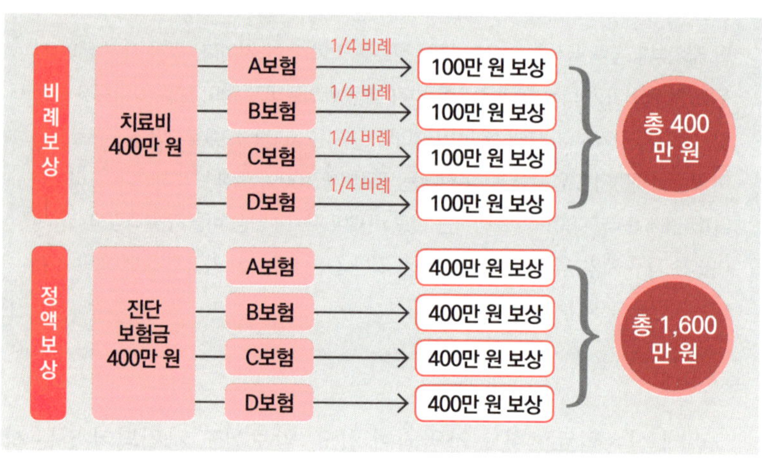

실손의료보험의 구성

실손의료보험은 크게 네 가지 담보로 구성되어 있다. 입원 보장에 해당하는 질병입원과 상해입원, 통원 보장에 해당하는 질병통원과 상해통원이 그것이다. 가입자는 이 4가지 담보 중 하나를 선택하여 가입할 수도 있고, 4가지 모두를 가입할 수도 있다.

여기서 입원 보장은 병원 또는 의원 등에 입원하여 치료를 받은 경우 발생하는 검사료, 수술비, 입원실 비용 등에 대해 국민건강보험공단이 부담하는 비용을 제외한 금액에 대해 보장하는 것을 말한다. 또한 통원 보장은 병원 또는 의원 등에 입원하지 않고 통원치료를 받은 경우 발생하는 검사료, 수술비, 처방조제비 등에 대해 국민건강보험공단이 부담하는 비용을 제외한 금액에 대한 보장을 말한다.

하지만 실손의료보험이 모든 의료비에 대해 보상하는 것은 아니다. 예를 들어 성형수술과 같이 외모 개선 목적의 의료비라든지 약국에서 구입한 영양제나 종합비타민, 안경 구입 비용 등은 실손의료보험에서 보장하지 않는다.

그리고 2017년 4월 1일부터 새로운 구조의 실손의료보험 상품이 출시되었는데, 과거에는 대다수 질병·상해에 대한 진료 행위를 보장했지만, 실손보험이 개편이 되면서 과잉 진료의 우려가 크거나 보장 수준이 미약한 3개 진료군을 특약으로 분리하여 보장하게 됐다.

실손의료보험의 보장 변경(2017년 4월 1일 이후)

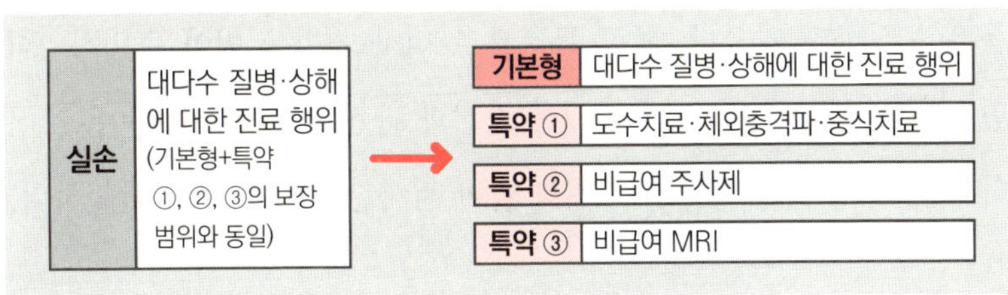

실손의료보험 가입자가 알아야 할 사항

이번에는 실손의료보험 가입자가 반드시 알아 두어야 할 사항들을 알아보자.

첫째, 실손의료보험 가입 전 반드시 중복 가입 여부를 확인해야 한다.

실손의료보험은 실제 발생한 의료비를 한도로 보상하는 것이 원칙이기 때문이다.

둘째, 외모 개선 목적의 성형수술비, 간병비 등 약관상 보상하지 않는 사항을 확인해야 한다.

치료 목적이 아니거나 불필요한 의료 이용량 증가를 불러올 수 있는 일부 항목 등에 대해서는 보상하지 않으므로 보험약관 및 상품설명서를 꼼꼼하게 확인하는 것이 좋다.

셋째, 소비자가 놓치기 쉬운 보상 항목은 잊지 말고 청구하는 것이 좋다.

예를 들어 해외 소재 병원에서 발생한 의료비는 보상하지 않으나, 해외에서 발생한 상해 또는 질병이더라도 국내로 귀국하여 치료를 받은 경우에는 보상이 가능하다. 또한 의사 처방 없이 구입한 일반의약품은 보상하지 않으나, 치료 목적으로 의사 처방을 받아 구입하였다면 보상이 가능하다. 그리고 의사 소견과 관련 없는 검사 비용은 보상하지 않으나, 치료 목적상 소견을 받아 검사한 비용은 보상 가능하다.

넷째, 고령자의 경우 노후실손의료보험 가입을 고려할 수 있다.

보험은 나이 들수록 갱신되면서 보험료가 오른다. 그럼 손해율도 같이 오르게 된다. 손해율이란 쉽게 말해 보험금을 보험료로 나눈 비율이다. 보험료 100을 걷었는데 보험금 90이 나가면 보험회사는 괜찮지만, 보험료 100을 걷었는데 보험금 130이 나가면 보험회사 입장에서는 손해일 것이다. 그래서 보험은 손해율이 높으면 보험료가 오르는 구조로 설계되어 있다.

그럼에도 병원비가 걱정이 된다면 가입 연령을 최대 75~80세까지로 확대한 노후실손의료보험이 있으므로 고령자의 경우에도 노후실손의료보험 가입을 고려할 수 있다.

다섯째, 생명보험협회와 손해보험협회 홈페이지와 '금융상품 한눈에(finlife.fss.or.kr)' 사이트에서 회사별로 보험료의 수준을 비교할 수 있다.

여섯째, 재가입 시점에 보장 범위 및 자기부담금 등이 변경될 수 있다.

일곱째, 나이가 들거나 손해율 변동에 따라 보험료가 인상될 수 있다.

여덟째, 단독형 상품과 특약형 상품 중 본인에게 적합한 상품을 선택하는 것이 바람직하다.

단독형 실손보험은 다른 보장 없이 실손의료보험만 단독으로 가입하는 것이고, 특약형은 실손의료보험을 특약으로 가입하는 것이다.

예를 들어 종신보험이나 암보험에 실손의료특약을 추가로 집어넣어 가입하면 그걸 특약형 실손의료보험이라고 한다.

이미 가입한 다른 보험들이 많아서 다른 보장이 필요 없다면 단독형 실손보험이 유리하고, 기존에 가입한 보험이 없거나 보장이 충분하지 않아서 실손보장 외에도 사망이나 장해 등 다른 보장을 추가하고 싶다면 특약형을 가입하는 게 낫다. 다만, 단독형 실손보험은 다른 보장이 없기 때문에 특약형에 비해서는 상대적으로 저렴하다.

단독형 실손의료보험과 특약형 실손의료보험 비교

구분	단독형 실손의료보험	특약형 실손의료보험
특징	다른 보장 내역 없이 실손의료보험만으로 구성되어 단독으로 가입 가능한 상품	실손의료보험을 사망, 후유장애 등 다양한 보장에 추가로 부가하여 특약으로 가입할 수 있는 상품
보장 내용	실손의료보장 (질병입원, 질병통원, 상해입원, 상해통원)	실손의료보장+기타 보장 (사망, 후유장애 등)
보험료	상대적으로 저렴	상대적으로 비쌈
보험 기간	갱신 및 재가입을 통해 100세까지 유지 가능	주계약의 보험 기간에 따라 상품별로 다를 수 있음
만기환급금	순수보장형으로 만기환급금이 없음	기타 보장으로 만기환급금을 설정할 수도 있음

갱신

일정 주기별로 보험료가 변동하는 걸 말한다. 실손의료보험은 피보험자의 연령이 늘거나 의료수가가 상승하거나 손해율이 변동하거나 하면 매년 보험료가 변동될 수 있는데, 이때 보장 내용은 동일하지만 보험료가 변동되기 때문에 이걸 갱신이라고 표현하는 것이다.

재가입

실손의료보험은 15년마다 가입자에게 다시 가입할지 여부를 확인하게 되는데, 이걸 재가입이라고 한다. 그래서 보험 최초 가입 후 15년이 지나 재가입 시점이 되면 그때에 새로 출시된 실손의료보험으로 재가입할 수도 있고, 그게 거절되면 원래 가입되어 있던 동일한 상품으로 재가입이 가능하다.

갱신과 재가입은 큰 차이가 있는데, 갱신은 가입자가 별다른 의사표시를 하지 않아도 자동으로 이루어지지만, 재가입은 가입자가 별도로 청약을 신청해야 재가입이 가능하다.

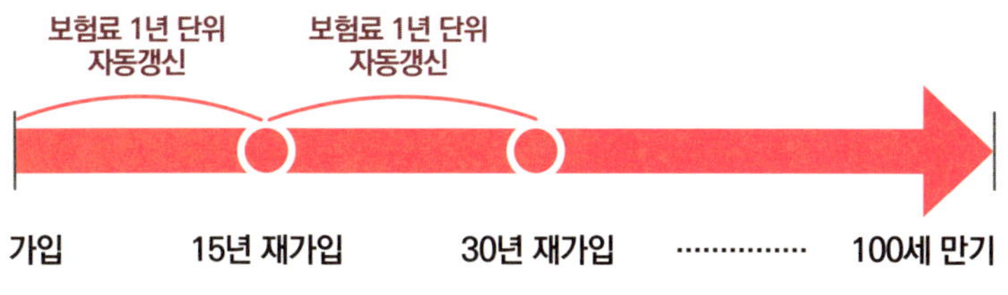

실손의료보험 가입 후 알아야 할 필수 정보

- 해외 여행 중 생긴 질병도 국내 병원에서 치료 시 보장된다.
- 해외 장기 체류 시 보험료 납입 중지 제도를 활용할 수 있다.
  의사의 처방을 받은 약값도 보장된다.
- 모바일 앱을 통한 보험금 청구도 가능하다(보통 100만 원 이하)
- 고액의료비 부담자는 신속 지급 제도를 활용할 수 있다.
- 의료급여 수급권자는 보험료 할인이 가능하다.

종신보험이냐, 정기보험이냐

"죽음은 인생이라는 특권을 누린 것에 대한 대가다."

- 로버트 하프(미국의 기업가)

가족 중 생계를 책임지던 가장이 질병이나 사고 등으로 갑자기 사망한다면 그 가족은 어떻게 될까? 남아 있는 가족들은 당장의 먹고사는 문제를 어떻게 해결할지 막막할 수 있을 것이다. 또한 앞으로 자녀 교육은 어떻게 시킬 것이며, 빚이 있다면 그 빚은 어떻게 갚을지 등 매우 어려운 상황에 처할 수도 있다. 그래서 사망보험은 주로 생계를 책임지는 사람의 갑작스러운 사망에도 남은 가족들이 살아갈 수 있도록 소득 보전용으로 가입하는 경우가 대다수이다.

그래서 "자신을 사랑하면 연금보험, 가족을 사랑하면 사망보험에 가입하라"는 우스갯소리도 회자되고 있다.

이렇듯 사망에 대한 위험 대비책인 사망보험은 크게 일반사망, 재해 또는 상해사망, 그리고 질병사망 등으로 나뉜다.

일반사망은 그 원인을 막론하고 보험금이 지급된다. 심지어 보험 가입 후 2년이 지나면, 자살에 대해서도 보험금을 지급한다. 그러나 보장 범위가 넓기 때문에 보험료가 다소 비싼 편이다. 그러나 재해 및 상해, 질병 등은 사망 원인이 특정되어 있으므로 적은 보험료로 많은 사망보험금을 받을 수 있다.

그런데 여기서 생각해 볼 문제가 있다. 아마 대부분의 평범한 사람 이라면 자연적인 죽음보다는 갑작스러운 사고나 질병으로 인한 사망 을 떠올릴 것이다. 왜냐하면 가장이 갑자기 예기치 않게 하늘나라로 떠나기라도 하면 남은 가족들의 생계가 위협받을 것이기에 그 가족들 이 자력을 가지게 될 때까지 일정한 소득을 보장하는 게 중요해지기 때문이다. 그래서 일반사망보다는 재해나 상해, 질병 등의 사망에 대 비하는 것이 보험료도 줄일 수 있을 뿐더러, 본래의 목적도 잘 달성하 는 방법이 될 수 있을 것이다.

보통 생명보험사는 일반사망 같은 경우 주계약으로 보장하고 재해 나 질병사망은 특약으로 보장하기 때문에, 이왕 생명보험사 상품으로 가입한다면 특약을 적극 활용하는 것이 좋다고 볼 수 있다. 반면에 손 해보험사는 상해사망과 질병사망을 모두 보장하기 때문에 특별히 신 경 쓸 필요가 없다.

그런데 여기서 알아야 할 것이 재해사망과 상해사망이다. 재해사망 은 우연한 외래의 사고라고 보는 개념이고, 상해사망은 우연한 외래 의 급격한 사고라고 보는 개념이다. 언뜻 보면 비슷하지만 좀 다르다. 생명보험사의 재해사망에는 '급격한'이라는 조건이 없어 자연재해나 전쟁 등으로 인한 사망도 포함되기 때문에 아무래도 손해보험사의 상해사망보다는 그 범위가 더 넓다. 그런 면에서 폭넓은 보장을 받고 싶다고 한다면 생명보험사 상품이 유리하다고도 볼 수 있다.

종신보험과 정기보험

그렇다면 대표적인 사망보험이라 할 수 있는 종신보험과 정기보험의 차이를 알아보자. 두 상품들 사이에는 엄청난 차이가 존재한다.

일단 종신보험과 정기보험은 모두 피보험자의 사망을 주 담보로 한다. 그래서 혹시 모를 위험으로부터 피보험자가 사망 또는 사망에 준하는 사고를 당할 경우에 대비해 남은 가족들의 생활을 보장하고자 하는 목적을 가지고 있다.

구체적으로 보면 종신보험은 피보험자가 사망한 경우에 한해 보험금을 지급하는데, 언제가 됐든 모든 사람은 결국 죽는다는 사실을 전제로 피보험자의 생애 전체를 보장해 준다.

그런데 정기보험도 종신보험과 같은 사망보험이지만, 보장 기간이 정해져 있다는 점에서 종신보험과 다르다. 대개의 경우 정기보험은 60세 또는 70세까지의 보장 기간을 정해 놓고, 그 보장 기간 내에 피보험자가 질병이나 재해 등으로 사망하는 경우나 사망에 준하는 사고를 당했을 때 사망보험금을 지급한다. 예를 들어 70세로 보장 기간이 정해져 있는 정기보험에 가입한 경우 피보험자가 70세 이전에 사망해야만 보험금이 지급된다는 뜻이다. 그런데 만약 피보험자가 70세 이후 사망하게 된다면 보험약관에서 정한 사망보험금 지급 기준에 위배되기 때문에 사망보험금을 지급받을 수 없게 된다.

그럼 종신보험을 가입하지, 굳이 정기보험을 가입할 필요가 있을까 궁금해할 수도 있다.

어떤 사람들은 가족의 생계를 위해 혹은 배우자를 위해 여러 가지 이유로 죽을 때까지 종신토록 사망에 대한 보장을 받고 싶어 하겠지만, 어떤 사람들은 60세나 70세쯤 되면 자녀들도 독립할 수 있는 나이이고, 배우자도 함께 나이가 들었기 때문에 더 이상 보장받을 필요가 없다고 생각하기도 한다. 그래서 만약 같은 사망보장이라도 60세까지만 보장받거나 70세까지만 보장받는다면 보험료가 많이 줄어드는 장점이 있다.

그래서 정기보험을 활용하면 보험료를 줄이게 되어 기회비용을 살리는 효과가 생긴다. 본인의 상황이나 미래계획에 맞게 잘 선택하는 게 바람직하다.

참고로 종신보험 등 생명보험 가입자가 사망했을 때 유족에게 지급되는 보험금은 1인당 평균 3,000만 원 정도인데, 보험사 간 경쟁이 과열되면서 저가형 상품이 많이 팔린 탓이라고 볼 수 있다. 하지만 평균 생계비 등을 따져 본다면 위험 보장액이 충분하지 않다고 평가할 수 있다. 그러한 면에서 종신보험과 정기보험을 선택할 때 유불리를 잘 따져 봐야 한다.

보장 기간 면에서는 종신보험이 유리하다고 할 수 있다. 종신보험은 사망 원인에 관계없이 피보험자가 사망하는 경우라면 반드시 사망보험금을 지급하기 때문이다. 반면에 정기보험은 피보험자가 보장 기간 내에 사망해야만 보험금이 지급된다.

그러나 보험료를 놓고 본다면 정기보험이 우위를 차지하게 된다. 종신보험은 피보험자의 평생을 보장 기간으로 하기 때문에 보험료가 비싼 편이나, 정기보험은 같은 금액의 사망보험금을 지급하는 종신보험의 보험료와 비교할 때 절반 내지는 1/3 수준밖에 되지 않아 보험료 경쟁에서는 정기보험이 앞선다고 볼 수 있다.

따라서 다소 보험료에 대한 부담이 있더라도 보장이 확실하고, 갑작스럽게 사망할 일 없이 사랑하는 가족들과 오래도록 행복하게 살 경우를 대비하길 바란다면 종신보험에 가입하는 것이 보다 효과적일 수 있고, 가족을 위해 일을 하는 기간 동안만 예를 들어 퇴직할 즈음인 60세나 또는 65세까지만 보장받고 싶다거나 보험료 부담을 줄이고 싶다면 정기보험에 가입하는 것이 더 효과적일 것이다.

따라서 정기보험은 소득은 적지만 높은 보장을 원하는 사람에게 적합하다고 볼 수 있다. 신혼 및 자녀 출산 시기나 양육기의 가정은 보험료는 상대적으로 저렴하되 가장의 경제활동 기간 동안 상대적으로 높은 사망보장을 해 주는 정기보험이 더 유리할 수도 있는 것이다.

정기보험과 종신보험의 보험료 비교

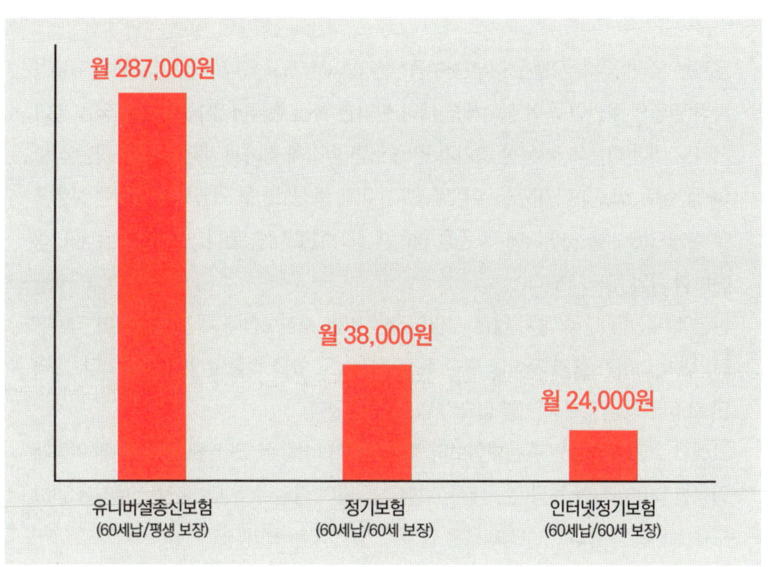

* 40세 남자 사망보장 1억 원 기준

종신보험이 부자들에게 더 적합한 이유

부유한 사람이 죽으면 남은 가족들은 국가에 상속세를 내야 한다. 이 상속세율이 최고 50%이다 보니, 내야 하는 돈이 그야말로 어마어마하다. 만약 100억 원을 유산으로 남겼다고 하면 간단하게 말해, 100억 원×50%-4억 6,000만 원으로 무려 45억 4,000만 원을 내야 한다. 물론 공제 항목들이 꽤 있지만, 쉽게 말해 거의 절반에 가까운 돈이다.

과세표준	세율(%)	누진공제
1억 원 이하	10	0
5억 원 이하	20	1,000만 원
10억 원 이하	30	6,000만 원
30억 원 이하	40	1억 6,000만 원
30억 원 초과	50	4억 6,000만 원

* 상속세금의 계산 = 과표 × 세율 − 누진공제액

문제는 우리나라 부자들은 대부분 부동산을 많이 가지고 있다는 것이다. 만약 100억 짜리 빌딩의 주인이 죽어 상속세를 내야 한다면 가진 현금이 없을 시 그 빌딩을 팔아서라도 내야 하는데, 부동산 경기가 안 좋으면 헐값에 팔아서 세금을 내야 하는 상황이 될 수도 있으니 더 아까울 수밖에 없다. 이때 종신보험을 가입해 두었다면 보험금을 현금으로 받을 것이기에 그 돈을 받아서 상속세로 내면 된다. 국세청 자료에도 종신보험 가입 문구가 있다.

반면에 재산이 그리 많지 않은 사람이라면 비싼 종신보험에 대한 필요성이 적어진다. 내가 나이가 들면 자식들 또한 독립해서 살고 있을 확률이 많기 때문이다. 그러면 그 이후의 사망보장은 별 필요가 없을 수도 있다,

그래서 그런 경우라면 종신보험보다 정기보험이 나을 수 있다. 60세나 65세 이렇게 일정한 나이까지만 보장받는 대신, 보험료를 많이 줄일 수 있다. 똑같은 보장을 받아도 기회비용은 살리고, 보장비용은 줄일 수 있게 되는 것이다.

그런데 이렇게 사망보험으로 정기보험을 가입하면 보험 기간이 끝나고 난 후에 발생하는 질병 등에는 대비하기 어려워진다는 문제점이 있다, 쉽게 말해 사망보험을 정기보험으로 60세까지만 가입하면 질병보장도 60세까지밖에 보장받지 못하는 것이다. 그런데 사실 나이가 들면 들수록 질병에 대한 보장이 점점 더 절실해진다.

그럼 보험을 어떻게 가입하는 게 좋을까?

이때는 2개의 사망보험을 활용하는 방법이 있다. 보험 하나는 사망이 아닌 질병보장을 목적으로 종신보험 같은 보험 기간이 긴 보험을 가입하되, 사망보험금을 최소화하는 것이다. 그리고 다른 보험 하나는 사망보험을 목적으로 정기형으로 가입하는 것이다. 이렇게 하면 전체 보험료는 줄이면서 질병보장과 사망보장을 모두 잡을 수 있다.

비슷한 방식으로 사망보험 가입 시 정기특약을 적극적으로 활용하는 방법도 좋다. 그리고 또 이런 정기보험은 상품구조가 아주 단순하기 때문에 인터넷을 통해 직접 가입하는 것도 괜찮다. 인터넷으로 가입하면 수수료를 줄일 수 있어서 보험료가 더 싸진다.

추가적으로 보험료를 줄일 수 있는 몇 가지 팁이 있다.

대부분의 보험사들은 건강한 사람이 가입하면 할인해 주는 우량체 할인 제도라는 것이 있다. 보통 혈압검사, 소변검사, 혈액검사 같은 건강심사를 받아 건강하단 것만 증명하면 되는데, 평소 특별한 질병 없이 건강한 상태였다면 꼭 신청하는 게 좋다. 할인율은 5~10% 정도로 꽤 크다.

또 보험료가 높은 경우에 할인해 주는 고액계약 할인 제도도 있다. 이외에 비흡연자 할인과 자동이체 납입 할인 등이 있디.

우리가 머릿속에 보험을 떠올릴 때면 자연스럽게 죽음도 연상될 때가 많다. 이는 보험이란 게 예측할 수 없는 위험에 대비하여 만든 제도라 그렇다.

죽음이야말로 전혀 예상할 수 없는 가장 큰 위험이 아닐까 싶다. 그러한 의미에서 보면 지금 우리는 삶이라는 가장 특별하고 고귀한 권리를 누리고 있다는 생각이 든다.

Chapter 8

3층 보장 구조, 연금 가입하기

국민연금
이해하기

"변화의 수단이 없는 국가는 국가를 보존할 수단이 없다."

– 에드먼드 버크(영국의 정치가)

은퇴 후 소득원을 마련하기 위한 가장 기본적인 방법은 '3층 보장 구조'를 마련하는 것이다. 3층 보장 구조는 공적연금, 퇴직연금, 개인 연금으로 3층의 노후 소득 보장 체계를 쌓는 것을 뜻한다.

공적연금은 운영 주체가 국가이고, 우리나라에서는 국민연금, 공무원연금, 군인연금, 사립학교교직원연금이 해당한다. 그리고 특수 직역 종사자인 공무원과 군인, 사립학교 교직원을 제외한 대부분의 사람들은 국민연금이 1차 소득원이 되어 준다.

상당수 선진국은 국민의 최소 생계유지를 보장하고 노령화에 대비하기 위해 다양한 형태의 사회보장 제도를 운용하고 있다. 국민연금은 이러한 사회보장의 근간을 이루는 가장 중요한 제도다. 근로자들이 근로 기간 동안 일정액의 보험료를 국가에 납부하고, 이후 근로자가 나이가 들어 더 이상 소득을 올릴 수 없게 되면 국가에서 정기적으로 연금을 받는 제도이다.

　우리나라에서는 국민복지연금법이 제정돼 국민연금 제도 도입의 근거가 마련되면서 본격적으로 시행되었다. 처음에는 적용 대상이 일부 근로자로 한정됐으나, 이후 대상이 계속 확대되어 현재는 일부 무소득자를 제외하고 대부분의 국민이 국민연금의 의무가입 대상자로 되어 있다.

우리나라의 노후 소득 보장 체계

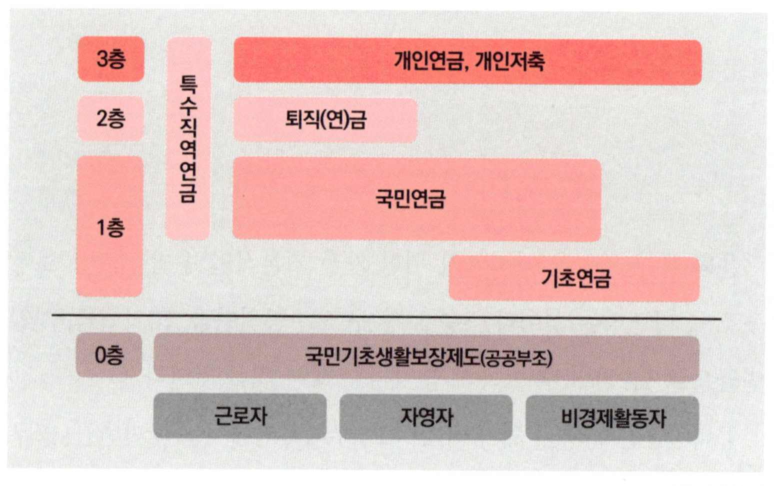

출처 : 금융감독원

　국민연금은 소득을 올리는 국민에게 소득액에 따라 일정액의 연금 보험료를 납부 받아 국민연금기금을 조성한다. 1988년 5,279억 원에 불과했던 국민연금기금은 경제가 급성장하고 연금 가입자가 계속 확대되면서 2043년엔 약 2,561조 원으로 크게 증가할 것으로 예상되고 있다.

이렇게 축적된 기금의 일부는 이미 은퇴한 연금 수혜자들에게 연금을 지급하는 데 쓰이고, 나머지 기금은 미래의 연금 수혜자들에게 연금을 장기간 안정적으로 지급하기 위해 주식, 채권, 부동산 등 다양한 자산에 운용한다.

그런데 국민연금은 1988년 도입 당시 소득대체율 70%, 기여율 3%를 가정하고 프로그램화하였다.

소득대체율은 연금액이 연금 가입 기간의 평균소득에 비해 몇 %냐는 것인데, 이는 소득대체율이 50%면 연금을 붓기 시작해서 불입 종료 때까지 그 사람 평균소득액의 절반 정도를 매달 연금으로 받게 된다는 뜻이다. 예를 들어 연금 가입 기간 동안 매월 평균 400만 원씩 벌었다고 하면 연금으로 나중에 400만 원의 50%인 200만 원 정도를 받게 된다는 것이다.

이런 소득대체율을 70%로 가정했으니 아주 많이 주겠다는 것인데, 문제는 기여율이다. 기여율이란 매달 받는 월급에서 내가 연금으로 내는 비율을 말한다. 그런데 도입 당시 기여율이 3%니 단순히 말하면 400만 원에서 12만 원을 국민연금보험료로 냈다는 것이다.

이 말은 결국 매달 12만 원을 냈던 사람에게 나중에 280만 원씩 줘야 된단 얘기가 된다.

이것이 불가능할 것이라는 것은 삼척동자도 안다. 그래서 기여율을 꾸준히 올려서 지금의 9%로 만들고, 반면에 소득대체율은 2008년에 50%로 낮추고 이후 매년 0.5%씩 낮춰서 2028년에는 40%가 되도록 하였다. 이렇게 그나마 국민연금 개혁을 해서 연금 고갈될 시기를 2047년에서 2060년으로 늦춘 것이다.

연금은 점점 고갈되어 가는 반면, 쌓여 있는 연금은 점점 줄어들다 보니 연금 지급을 원활하게 하려면 일하는 세대로부터 연금 보험료를 더 많이 걷어야 할 것이다. OECD 가입국들의 평균 소득대체율은 40%, 기여율은 20% 가까이 된다. 결국 기여율을 올리고 소득대체율을 낮추는 식으로 기여율을 확 올리든지, 소득대체율을 확 내리든지 해서 더 내고 덜 받는 구조로 개혁이 꾸준히 이루어질 것이다.

국민연금은 전 국민을 대상으로 운영되는 공적연금이기 때문에 풍요로운 노후보다는 기초생활 보장에 초점을 맞추고 있다. 또한 '소득 재분배'의 기능도 해야 하기 때문에 중간 이상 고소득자보다는 소득이 낮은 계층에게 더 많은 혜택이 돌아가는 구조이다.

국민연금은 국내에 거주하는 만 18세 이상 60세 미만이면 누구나 가입할 수 있는데, 소득이 있다면 의무적으로 가입해야 하고 소득이 없는 경우에도 본인이 원할 경우 가입이 가능하다.

강제로 보험료를 징수하는 국민연금 제도에 대해 못마땅하게 생각하는 사람들도 많지만, 이처럼 강제로 징수하지 않으면 노후자금을 위해 별도로 저축하지 않을 가능성이 크다. 또 개인들이 관리하게 되면 중간에 흐지부지 찾아 쓰게 되는 경우가 많아 노후자금으로 연결되지 못하기도 한다. 따라서 소득에서 강제로 징수하는 국민연금의 징수 방식은 국민들의 최소한의 노후 보장을 위해 반드시 필요하다고 이해하는 것이 좋다.

국민연금의 구조

그렇다면 국민연금은 어떤 구조로 되어 있을까?

국민연금은 소득의 9%를 내고 평생 연금 방식으로 수령하게 된다.

예를 들어 월 소득이 230만 원이면 230만 원의 9%인 20만 7,000원을 보험료로 내는 것이다. 하지만 급여생활자의 경우 회사가 보험료의 절반을 부담하므로 본인의 실제 부담금은 10만 3,500원이 되고 이들의 실제 부담률은 4.5%가 된다. 그리고 월 소득은 최저 25만 원부터 최고 398만 원의 범위 내에서 정해진다.

소득이 없어도 가입 요건에 해당하는 경우 의무 가입 대상이지만, 소득이 없는 기간 동안은 보험료가 면제되는 납부예외 신청을 할 수 있다. 납부예외 기간은 향후 연금을 받을 때 가입 기간으로 산정되지 않기 때문에 꾸준히 내는 것에 비하여 받게 되는 연금이 줄어들 수 있다.

또한 국민연금 급여의 종류는 크게 매월 일정 금액을 지급하는 노령연금, 유족연금, 장애연금으로 나눌 수 있다.

노령연금은 보험료 납부 기간이 10년 이상인 경우 수급 시작 연령부터 평생 지급되는 급여이고, 유족연금은 가입 중인 자, 가입 기간 10년 이상인 자, 노령연금 수급자, 장애연금 1·2급 수급자가 사망할 경우, 그에 의해 생계를 유지하던 유족에게 지급되는 급여이다.

마지막으로 장애연금은 가입 중 질병이나 부상으로 장애가 발생하면 심사 후 장애 정두에 따라 지급하는 급여이다.

국민연금 급여의 종류

	연금 급여(매월 지급)		일시금 급여
노령연금	국민연금의 기초가 되는 노후 소득 보장을 위한 급여	반환 일시금	연금을 받지 못하거나 더 이상 가입할 수 없는 경우 청산적 성격으로 지급하는 급여
장애연금	장애로 인한 소득 감소에 대비한 급여	사망 일시금	유족연금 또는 반환일시금을 받지 못할 경우에 보상적 성격으로 지급하는 급여
유족연금	가입자의 사망으로 인한 유족의 생계 보호를 위한 급여		

연금 수익비

연금 수익비란 연금보험료로 낸 금액에 비해 얼마만큼 연금으로 받는지 알려 주는 비율이다. 간단히 말하면 받는 연금 총액을 낸 연금 보험료 총액으로 나눈 것이다. 예를 들어 연금 수익비가 1.5배라고 하면 연금 가입 기간 중 일하면서 보험료로 1,000만 원을 냈는데, 나중에 연금으로 총 1,500만 원을 받는다는 얘기다.

그런데 이 연금 수익비가 연령에 따라 차이가 크다. 국민연금연구원에 따르면, 80세가 넘은 사람들의 경우 연금 수익비가 5배가량 되고, 30대 이하는 2배가 안 된다. 결국 연령대가 높아질수록 낸 돈보다 더 많이 받게 된다.

연령대별 국민연금 수익비

출생연도(년)	가입연도(년)	수익비(배)
1930	1988	4.82
1935	1988	4.68
1940	1988	4.28
1945	1988	3.67
1950	1988	2.97
1955	1988	2.50
1960	1988	2.30
1965	1988	2.25
1970	1988	2.12
1975	1993	2.18
1980	1998	2.08
1985	2003	1.98
1990	2008	1.88
1995	2013	1.80
2000	2018	1.78
2005	2023	1.74
2010	2028	1.70
2015	2033	1.67
2020	2038	1.66
2025	2043	1.65
2030	2048	1.65
2050	2068	1.65
2070	2088	1.66
2100	2118	1.65

출생연도(년)	가입연도(년)	1인당 순혜택(천 원)
1930	1988	963.7
1935	1988	6,327.0
1940	1988	16,228.1
1945	1988	25,149.1
1950	1988	30,348.0
1955	1988	32,519.8
1960	1988	36,334.1
1965	1988	42,281.0
1970	1988	44,460.7
1975	1993	52,082.6
1980	1998	50,205.0
1985	2003	50,809.6
1990	2008	47,847.6
1995	2013	44,718.5
2000	2018	44,085.0
2005	2023	45,990.7
2010	2028	43,122.5
2015	2033	40,686.1
2020	2038	39,461.8
2025	2043	38,098.3
2030	2048	37,629.9
2050	2068	31,552.1
2070	2088	25,288.3
2100	2118	19,605.9

출처 : 국민연금연구원

국민연금은 배우자에게 승계될까

자신의 예상 노령연금액은 국민연금공단(www.nps.or.kr)를 통해 알 수 있다.

그런데 만약 국민연금을 받다가 사망하게 되면 나머지 연금은 어떻게 될까? 이럴 경우 자신이 받던 연금은 배우자, 자녀, 부모 순으로 승계된다. 그런데 유족연금은 원래 받던 연금액에 비해 적다. 가입 기간에 따라 다르지만, 대략 절반 정도이다.

또 배우자와 함께 연금을 받다가 한 사람이 먼저 사망하게 되면, 남은 한 사람이 자신이 받던 연금과 배우자가 남긴 유족연금 중에 하나를 선택해 받을 수 있다. 만약 자신의 연금을 선택하면 유족연금의 20%를 추가로 더 지급받고, 유족연금을 선택하면 자신의 노령연금은 사라지게 된다. 따라서 상황에 따라 비교해 보고 연금의 종류를 선택해야 한다.

국민연금을 시작할 당시 가입자들을 끌어 모으려다 보니, 이렇게 된 것이다. 하지만 중요한 건 지금 살고 있는 모든 세대가 낸 돈보다 더 많이 연금을 받게 되는 구조란 것이다. 어찌 됐든 지금 일하고 있는 젊은 세대들도 2배 가까이 받게 된다.

물가가 오르니까 당연한 거라고 생각할지 모르지만, 물가가 오른다고 연금액도 오르는 경우는 국민연금 같은 공적연금밖에 없다. 금융회사에 가입하는 사적연금은 물가가 오르든 말든 이자율만큼만 지급한다. 게다가 요즘엔 물가도 잘 오르질 않는다. 물가가 오르던 시기는 다 옛날이 되어 버렸다. 한마디로 현재의 모든 세대가 낸 돈보다 많이 받는 구조다 보니, 국민연금의 고갈을 멈출 수 없다. 따라서 우리보다 젊은 세대들의 수익비가 작듯이 앞으로 태어날 세대까지 생각하면 수익비는 갈수록 줄어들 것이다.

국민연금 운용을 잘해서 수익률을 조금이라도 올리면 고갈 시점을 늦출 수는 있다. 국민연금이 1988년부터 최근까지 평균 6%대 수익률을 기록했는데, 이 수익률을 1%p만이라도 올리게 되면 고갈 시점이 8년은 더 뒤로 늦춰질 수 있다고 한다. 그러니 기금 운용 수익률이 얼마나 중요하겠는가.

우리나라의 국민연금 규모는 일본, 노르웨이에 이어 세계에서 세 번째로 크다. 워낙 연금 규모가 크기에 국민연금을 두고 항상 설왕설래 말들이 많다. 또 이렇게 규모가 크다 보니, 금융업계에서는 국민연금을 '갑 오브 갑'이라고 부른다. 자연히 국민연금 사령탑이 누가 되느냐도 항상 주목받을 수밖에 없고, 조직 구조를 놓고도 늘 시끌시끌할 수밖에 없다.

그런데 워낙 큰손이라서 국내 투자만으로는 애당초 어렵고, 해외에 적극적으로 투자해야 하는데, 국내에 해외 투자 전문가가 그리 많지 않다는 게 문제다. 게다가 투자금액이 너무 크기 때문에 전체 수익률을 올리기가 정말 쉽지 않다. 1억 투자해서 2억 만드는 것과 1조 투자해서 2조 만드는 것과는 차이가 있을 수밖에 없다.

국가별 연기금 수익률

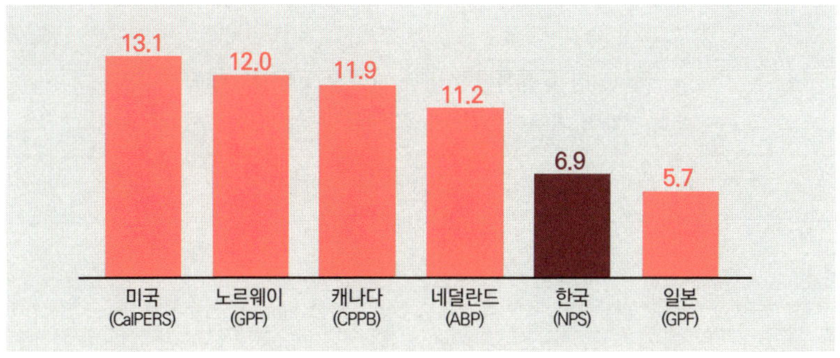

* 2009~2013년 기준　　　　　　　　　　　　　　　　출처 : 국회예산정책회

우리나라 국민의 가장 기초적인 노후 보장 제도인 국민연금은 안타깝게도 인구구조 변화로 인해 고갈될 운명에 처해 있다. 다음 세대를 위해 보다 지혜롭고 현명한 전략이 절실히 필요해 보인다.

국민연금의 속살을
파헤쳐 보자

"좋은 경제 정책이란 비록 피해자가 생기더라도
사회 전체적 이득이 커지는 정책이라고 정의할 수 있다."

- 토드 부크홀츠(미국의 경제학자)

국민연금의 가장 큰 장점은 평생 보장이 된다는 것과 물가 상승률을 반영한다는 것, 그리고 유족연금과 장애연금이라는 부가적인 혜택이 있다는 것이다. 이는 기업이 아닌 국가가 운영하기 때문에 가능한 혜택들이다.

앞서 살펴보았듯이 보험료를 10년 이상 납부하면 사망 전까지 평생 노령연금을 받을 수 있다. 뿐만 아니라 가입 중 질병이나 사고로 장애를 입었을 경우 장애연금이, 가입자 또는 수급자 사망 시 생계를 꾸려 갈 수 있도록 남겨진 가족에게는 유족연금이 지급되는 것도 큰 장점이다. 또한 매년 물가가 오른 만큼 받는 연금도 오른다.

오랜 기간 가입해야 하는 연금은 물가 상승이라는 위험에 항상 노출되어 있는데, 실질 가치가 보장되는 국민연금으로 이러한 위험을 줄일 수 있어 보다 안정적으로 노후를 대비할 수 있는 것이다.

국민연금의 특징을 정리하면 다음과 같다.

- 모든 국민이 가입 대상으로 강제성이 있다.
- 세대 간, 세대 내 소득 재분배로 사회통합에 기여한다.
- 국가가 망하지 않는 한 연금은 반드시 받는다.
- 노령연금 이외에도 장애, 유족연금 등 다양한 혜택이 있다.
- 물가가 오른만큼 받는 연금액도 많아진다.

물론 국민연금의 단점도 있다.

노후자금으로 충분하지 않다는 것과 연금 수령 시기를 선택할 수 없다는 것, 그리고 향후 연금 수령 시기가 늦어질 수도 있다는 것이다.

연금 보험료를 냈던 기간 동안 평균소득 또는 평균급여 대비 연금 수령액을 비율로 나타내는 것이 '소득대체율'이다. 이 소득대체율은 2007년 연금개혁으로 60%이던 것이 2008년 50%로 줄었고, 이후 매년 0.5%씩 낮아지고 있다. 따라서 2028년에는 40%가 되는데, 이마저도 국민연금에 40년간 가입했을 경우이다.

하지만 현실적으로 국민연금 가입 기간 40년을 모두 채우기란 힘들기 때문에 실질적인 소득대체율은 더욱 낮을 수밖에 없다. 그러니 당연히 노후자금으로는 충분하지 못하다.

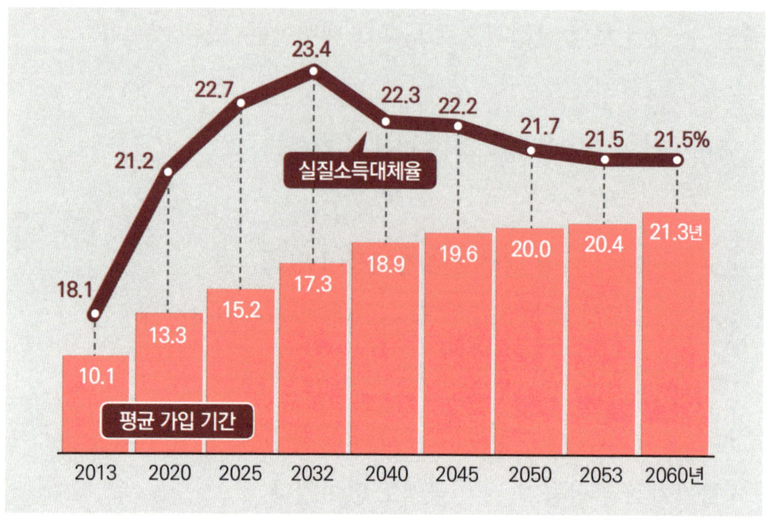

또한 연금 수령 시기를 가입자 마음대로 정할 수 없다. 개인연금의 경우 원하는 때를 정해서 연금을 받을 수 있지만, 국민연금의 경우에는 나이에 따라 연금 수령 시기가 달라진다.

2007년 국민연금을 개혁하기 전에는 출생연도와 상관없이 만 60세가 되면 연금을 받을 수 있었지만, 연금 고갈 시기를 늦추기 위해 나이에 따라 받는 시기가 조금씩 늦어졌다. 2013년부터 5년마다 1세씩 늦춰 2033년에는 65세가 돼야 받을 수 있도록 했다.

국민연금 수령 개시 시점

출생연도	53~56년생	57~60년생	61~64년생	65~68년생	1969년 이후
노령연금	61세	62세	63세	64세	65세
조기노령연금	56세	57세	58세	59세	60세

그리고 국민연금 개혁으로 연금 고갈 예상 시기가 2047년에서 2060년으로 늦추어졌지만 국민연금 운용수익률과 늘어나는 평균수명으로 인해 고갈 시기는 언제든지 변할 수 있다는 점을 알아 두어야 한다. 다시 말해 향후 연금 수령액이 줄어들거나 수령 시기가 늦춰질 위험이 여전히 존재한다는 얘기다.

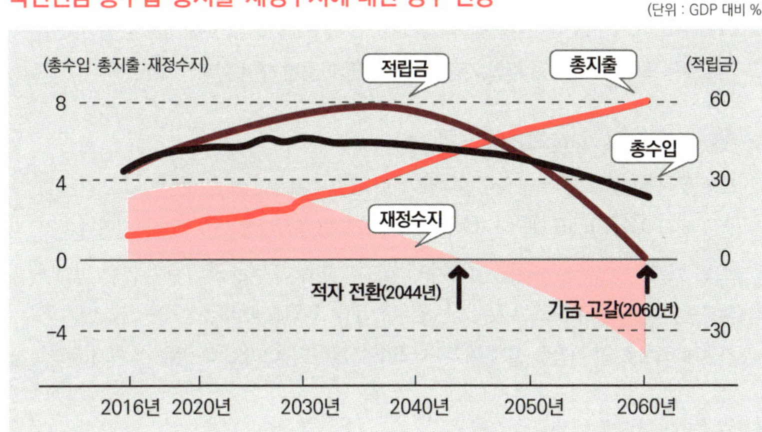

국민연금 총수입·총지출·재정수지에 대한 정부 전망

이와 같은 단점으로 인해 국민연금을 수동적으로 생각히는 사림들이 많다. 하지만 국민연금은 기본적으로 더 내면 더 받는 구조임을 잊지 말아야 한다.

국민연금 지급액은 가입 기간과 본인의 소득, 전체 가입자의 소득이라는 3개의 축에 의해서 결정되는데, 이 중에서 연금수령액에 가장 많은 영향을 미치는 것이 바로 가입 기간이다. 즉 국민연금 보험료의 납부 총액이 같다면 가입 기간이 길수록 연금수령액은 많아진다는 애기다. 따라서 풍요로운 노후를 위해서는 국민연금 가입 기간을 늘리는 방법을 보다 적극적으로 활용할 필요가 있다.

국민연금 수령액을 더 많이 받으려면

국민연금을 더 많이 받고자 한다면 기본적으로 소득 수준을 높이는 것이 첫째이고, 가입 기간을 늘리는 게 둘째이다.

그런데 소득 수준을 높이기란 쉽지 않기에 가입 기간을 늘리는 두 번째 방법이 현실적으로는 최선이다. 그럼 가입 기간을 늘리려면 어떻게 해야 할까?

첫째, 납입 예외 기간을 되살린다.

보통 우리가 회사 그만두면 다른 회사로 옮길 때까지 시간이 좀 걸리는데, 그 기간은 보험료 납입 예외 기간에 해당돼서 보험료를 안 내게 된다. 그렇지만 나중에 직장을 구하면 안 냈던 기간만큼의 보험료를 낼 수가 있는데, 이를 '추납금 제도'라고 한다. 그런데 대부분 이 제도를 잘 모르고 지나치는 경우가 많다. 이직할 때마다 생기는 납입 예외 기간을 살려서 가입 기간을 길게 해 두면 국민연금을 조금이라도 더 받을 수 있게 된다.

둘째로는 65세까지 연장 신청을 한다.

보통 60세가 되었을 때 가입 기간이 10년 미만이면 일시금으로 받는데, 연금으로 받고 싶으면 연장 가입을 신청하면 된다. 연장 가입을 통해서 10년을 채우면 일시금이 아니라 연금으로 받을 수 있다. 이런 걸 '임의 계속 가입'이라고 하는데, 10년 가입 기간을 채웠다고 하더라도 만 65세까지는 추가 납입이 되기 때문에 여유가 있고 건강하다면 추가 납입을 통해서 기간도 늘리고 국민연금 수령액도 높이는 게 좋다.

셋째로 소득이 많다면 수령 시기를 미룬다.

국민연금은 받는 사람이 60세 이후에 어느 정도 수준 이상의 소득이 있으면 나이에 따라 연금액이 줄어든다. 이를 '재직자 노령연금'이라고 하는데, 이 재직자 노령연금 대상자가 연금을 연기하면 연금 받는 시기를 5년 뒤로 미룰 수 있다. 이렇게 미뤄 두면 연금도 안 줄고 오히려 연장한 1년당 7.2%만큼이나 수령액이 추가되기 때문에 오래 일하면서 경제적으로 여유 있는 사람이라면 연기연금을 활용하는 게 좋다.

마지막으로 크레디트 제도를 활용한다.

크레디트 제도는 어떤 자격이 되면 가입 기간을 추가로 인정해 주는 제도인데, 출산 크레디트와 군 복무 크레디트가 있다.

출산 크레디트는 2008년 1월 1일 이후 둘째 자녀 이상을 출산한 가입자에게 둘째 아이는 12개월을, 셋째 아이부터는 한 명당 18개월씩 최장 50개월을 추가 가입 기간으로 인정해 준다.

그리고 군 복무 크레디트는 2008년 1월 1일 이후 입대해 병역 의무를 이행하는 현역병에게 6개월의 국민연금 가입 기간을 인정해 준다.

국민연금 임의가입자 추이

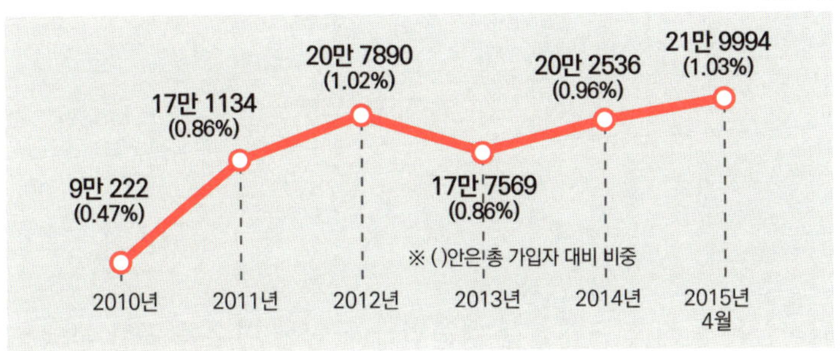

국민연금 임의가입자 특성

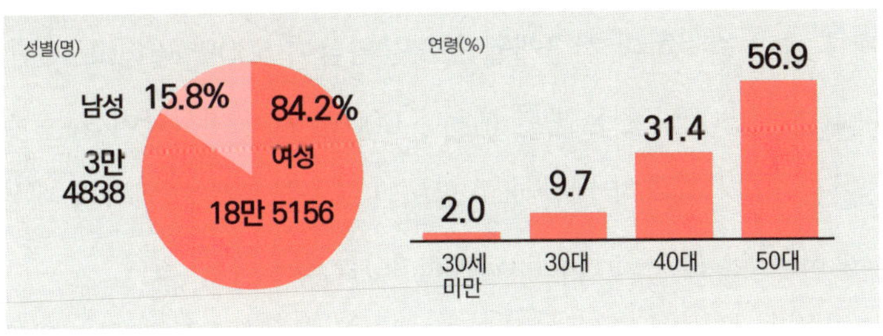

* 2015년 4월 기준

출처 : 국민연금공단

근로자의 안정된
노후를 위한 퇴직연금

"인간의 노동력 외에 진정한 부는 없다."

- 퍼시 비시 셸리(영국의 시인)

퇴직금은 퇴직 전 3개월간 평균임금에 일한 연수를 곱한 금액을 말한다.

예를 들어 퇴직하기 전 3개월간 평균임금이 500만 원이고 10년 일했다고 하면 500만 원×10년 해서 5,000만 원이 퇴직금이 되는 것이다. 이걸 좀 더 정확히 계산하고 싶으면 고용노동부의 퇴직금 계산기(www.moel.go.kr/retirementpayCal.do)를 활용할 수 있다.

예전에는 이 퇴직금을 일시금으로 받았다. 그러다 보니 퇴직금이 얼마 나오는지가 큰 관심사였다. 그런데 갑자기 회사가 망해서 퇴직금을 못 받거나 이직을 몇 번 하는 바람에 그때그때 받았던 퇴직금을 다 써 버리게 되면 은퇴 후의 생활이 어려울 것이다. 그래서 정부가 퇴직금을 한 번에 주지 말고 연금으로 나누어 주라고 해서 만든 게 퇴직연금이다.

퇴직연금 제도는 쉽게 말해 기업 또는 근로자가 노후 생활의 안정을 위해 현금 또는 주식 등의 현물을 적립하였다가 정년퇴직 후에 지급하는 제도이다. 즉 과거 퇴직 시 한 번에 몰아주던 것이 퇴직금이라면, 퇴직연금은 이 퇴직금을 연금으로 받도록 한 것이다. 결국 기본 취지는 고령화를 대비하여 근로자의 안정된 노후 생활을 보장하기 위해 만든 것이다.

1997년 IMF 사태 이후 종신고용 개념이 없어지고 조기 퇴직, 잦은 직장 이동, 연봉제, 퇴직금 중간 정산, 기업 도산 등이 자주 발생하다 보니 이직이나 기업 도산 시에도 퇴직금을 유지 및 수령할 수 있도록 제도화한 것이 바로 퇴직연금이라고 보면 된다.

즉 기존에는 기업이 직원들의 퇴직금 재원까지 회사 자금으로 유용하다가 부도가 나면 직원들이 퇴직금을 못 받는 경우도 있었지만, 퇴직연금 제도하에서는 직원 개개인의 퇴직금 재원을 사외에 적립, 운용하기 때문에 향후 지급을 보장받을 수 있게 된 것이다.

최근 대부분의 회사에서 이 제도를 도입하고 있다.

퇴직연금의 유형

퇴직연금의 유형은 크게 확정급여형(DB형), 확정기여형(DC형), 개인형퇴직연금(IRP)으로 나누어 볼 수 있다. 자세한 건 뒤쪽에서 보기로 하고, 여기서는 간단하게 살펴보도록 하자.

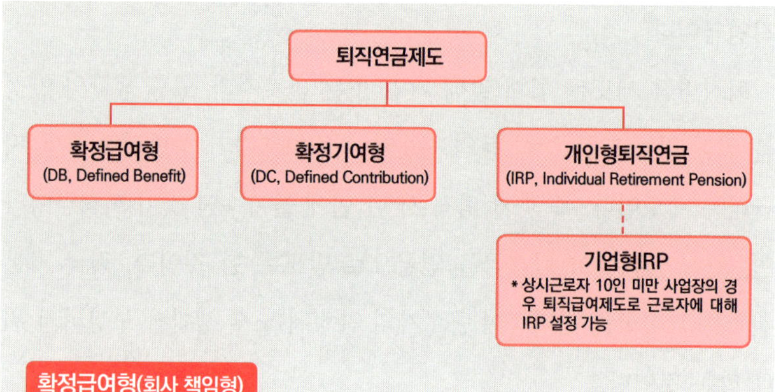

확정급여형(회사 책임형)

회사가 퇴직급여 재원을 외부 금융회사에 적립하여 운영하고, 근로자 퇴직 시 정해진 금액(퇴직 직전 3개월 평균급여×근속연수)을 지급한다. 운용손익의 책임이 회사에 있으므로 운용 실적에 상관없이 근로자가 받는 퇴직급여액은 일정하다.

확정기여형(근로자 책임형)

회사가 매년 연간 임금총액의 일정 비율(1/12 이상)을 금융회사의 근로자 계좌에 적립하고 근로자가 이를 운용한다. 따라서 운용 손익의 책임이 근로자에게 있으며, 운용 실적에 따라 퇴직급여액이 달라진다.

개인형퇴직연금

근로자가 퇴직 시 수령한 퇴직급여를 운용하는 계좌이다. 또한 퇴직연금에 가입된 근로자가 재직 중 DB나 DC 이외에 자신의 비용 부담으로 IRP 계좌에 추가 적립 시 최대 연 700만 원에 대해 세액공제를 받을 수 있다. 그리고 퇴직금 제도에서 일시금을 수령하여 IRP에 납입한 가입자도 추가 부담금 납부가 가능하다.

확정급여형은 기존의 퇴직금과 같다고 생각하면 된다. 즉 회사가 임금 상승률 등을 감안해서 근로자에게 주기로 약속한 퇴직금을 퇴직 시에 지급하는 형태이다.

회사가 퇴직금으로 줄 돈을 직접 금융회사에 맡겨 운용하기 때문에 퇴직금의 적립이나 운용, 그리고 지급에 대한 권한과 책임이 모두 회사에 있다. 한마디로 말해 운용을 잘하건 못하건 회사가 책임을 지고 약속한 퇴직금을 지급해야 한다는 얘기다.

회사가 적립금을 잘 운용해서 근로자에게 주기로 한 퇴직금보다 많으면 회사가 남는 돈을 갖고, 만일 운용을 못해서 적립금이 모자라면 회사가 채워 넣어야 한다는 것이다.

그리고 확정기여형은 기업이 내는 부담금, 대략 한 달 치 월급을 확정한 다음, 그 돈을 금융회사의 근로자 개별 계좌에 넣어 주는 형태이다.

근로자는 회사가 넣어 준 적립금을 금융회사의 퇴직연금용 상품 중에 선택해 운용하며, 운용 결과에 따라 향후 받을 연금이 결정되는 방식이다. 즉 회사는 정기적으로 약속된 부담금만 지급하고, 이에 대한 운용 권한을 근로자가 가진다는 얘기다. 근로자가 퇴직연금용 상품을 선택한 후, 이에 따른 운용 결과도 근로자가 책임지는 방식이다.

확정기여형의 경우 대부분 주식이나 채권과 같은 투자 상품을 통해 수익률이 정해진다고 보면 된다. 근로자가 원할 경우 본인이 추가로 불입하여 적립금을 늘려 나갈 수도 있다. 앞서 설명한 확정급여형과 달리 투자된 적립금이 불어나면 근로자의 연금이 늘어나고 투자가 잘못되면 연금액이 줄어들게 되는 구조인 셈이다.

마지막으로 개인형퇴직연금은 근로자가 직장을 옮기거나 퇴직하면서 지급받은 퇴직급여를 근로자 본인 명의의 계좌에 적립하여 노후 재원으로 활용하도록 한 제도다.

확정기여형과 동일한 방식으로 운영되며, 퇴직연금 급여를 지급받는 55세 이전까지 운용 기간의 수익에 대한 추가 과세이연 혜택이 부여된다. 근로자 자기부담금은 연간 1,800만 원까지 추가 납입이 가능하고, 55세 이상인 경우 연금 또는 일시금 수령 중에서 선택이 가능하다.

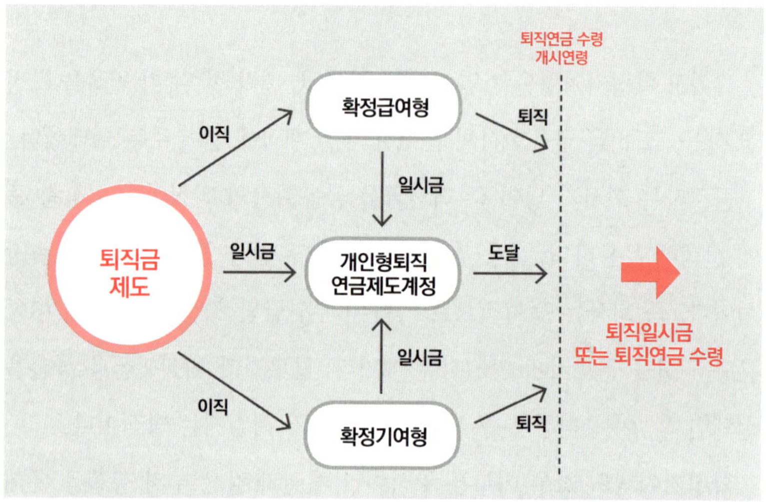

퇴직연금 선택 시 유의사항

그럼 퇴직연금 제도를 선택하기 전에 알아야 할 사항들을 살펴보자.

첫째, 최악의 경우에 대비해야 한다.

퇴직금은 근로자가 회사에 빌려준 돈이다. 그렇다면 제도를 선택할 때에도 돈을 빌려주는 채권자 입장에서 생각하면 판단이 쉬워진다.

채권자가 돈을 빌려줄 때 최우선적으로 고려하는 것은 채무자가 원금과 이자를 제때 상환할 수 있는지 여부인데, 만에 하나 돈을 떼일 염려가 조금이라도 있다면 채권자는 돈을 빌려주지 않을 것이다. 아니면 아마 적어도 담보를 잡거나 보증을 세워 만일의 사태에 대비할 것이다.

이처럼 근로자가 퇴직연금 제도를 선택할 때도 최악의 경우에 대비해야 한다. 누구나 자기가 다니는 회사가 망하리라고 생각하지 않지만, 직장 파산은 아무도 알 수 없는 게 현실이다. 직장이 망하고 나면 퇴직금을 받을 수 없게 된다. 이 때문에 별도의 보장 장치를 마련해야 하는데, 그 대표적인 방법 중 하나가 퇴직연금 제도라는 얘기다.

둘째, 퇴직금 보장 비율을 확인해야 한다.

퇴직연금 제도는 퇴직금을 회사 밖 금융기관에 맡겨 두기 때문에 설령 기업이 파산하더라도 근로자는 안전하게 퇴직금을 지급받을 수 있다. 하지만 어떤 퇴직연금 제도를 선택하느냐에 따라 퇴직금 보장 비율이 달라지므로 주의해야 한다.

확정기여형(DC)은 퇴직금 전부를 회사 밖에 적립하므로 회사가 부도가 나도 퇴직금 전액을 보장받을 수 있는 반면 확정급여형(DB)은 회사가 부담해야 할 급여 소요액의 일정 비율 이상만 회사 외부에 적립하면 되기 때문에 퇴직금을 100% 보장받기 어려울 수 있다. 퇴직금을 전부 보장받을 수 있는지 여부만 놓고 보면 확정기여형이 유리하다고 볼 수 있다.

셋째, 임금상승률과 투자수익률을 비교해야 한다.

퇴직연금을 선택하는 또 다른 기준은 임금상승률과 투자수익률을 비교하는 것이다. 확정급여형은 퇴직하기 직전 평균임금에 근무연수를 곱해서 퇴직금을 계산하기 때문에, 근무 기간 동안 임금상승률이 높으면 퇴직금도 많아지는 구조이다. 반대로 확정기여형은 매년 발생한 퇴직금을 근로자의 계좌에 넣어 주기 때문에 근로자가 이를 어떻게 운용하느냐에 따라 퇴직금이 늘어나거나 줄어들게 되는 구조이다.

간단히 말해 회사 임금상승률이 근로자가 기대하는 투자수익률보다 높을 때는 확정급여형이 유리하다고 볼 수 있고, 반대로 임금상승률보다 높은 수익을 낼 수 있다면 확정기여형이 유리하다고 볼 수 있는 것이다.

퇴직연금 제도를 도입했다고 하더라도 근로자가 퇴직 시 무조건 퇴직연금을 연금식으로 받아야 한다는 의미는 아니다. 근로자는 연금 수령 시점인 55세 이후 일시금 또는 연금 수령 중 선택할 수 있다. 그래서 물론 일시금으로 선택해도 되지만, 퇴직연금 제도 도입의 목적을 잊지 말아야 할 것이다. 바로 퇴직금이 노후소득으로 사용될 수 있도록 유도하기 위함이라는 것이다.

정부에서는 가급적 연금으로 수령하도록 하기 위해서 연금으로 수령 시 세제 혜택을 주고 있다. 하지만 많은 퇴직자들이 퇴직급여를 연금으로 수령하지 않고 일시금으로 수령하고 있는 현실이다. 왜 그럴까?

아마도 당장 큰돈이 필요했을 수도 있고, 창업을 하거나 다른 곳에 투자하려고 했을 수도 있을 것이다. 혹은 자녀들의 등록금이나 결혼 지원 자금을 마련하려 한 것일 수도 있다. 그러나 긴긴 노후를 위한

　　　　충전수업　부의 증식

탄탄한 방어막이 사라져, 어느 순간 후회를 하게 될 수 있으니 신중에 신중을 기하여야 한다.

퇴직연금은 잘 활용하면 노후 준비에도 큰 도움이 될 뿐더러 훌륭한 세테크 수단이 될 수 있다. 퇴직연금은 잘 가입하면 내 퇴직금을 잘 굴릴 수도 있지만, 잘못 가입하면 금쪽같은 내 퇴직금을 일부 날려 먹을 수도 있기 때문에 잘 알아 두는 것이 좋다.

금융회사별 퇴직연금 수익률 비교

퇴직연금 시장은 규모가 굉장히 커서 금융권 간에 경쟁이 치열하다. 적립액 기준으로 일단 은행권이 절반을 차지하고 있고, 그다음으로 생명보험사, 그리고 증권사, 마지막으로 손해보험사 순이다. 퇴직연금 가입자들은 내 귀한 돈들을 누가 잘 굴려 줄까 궁금하지 않을 수 없다. 이에 고용노동부 퇴직연금제도 홈페이지(www.moel.go.kr/pension)나 금융감독원 퇴직연금 종합안내(pension.fss.or.kr)를 보면, 각 금융회사별 퇴직연금의 수익률을 한눈에 비교해 볼 수 있다.

금융회사별, 상품별 수익률을 공시하고, 또 각종 수수료와 보수들도 알 수 있으며, 중장기 연평균 수익률도 공시하므로 퇴직연금의 개별 상품을 선택하는 데 도움이 될 것이다.

DB, DC, IRP의 정체는?

"출세에는 오직 두 가지 방법이 있다. 한 가지는
스스로의 근면에 의한 것이고, 다른 한 가지는 남의 어리석음에 의한 것이다."

- 장 드 라 브뤼예르(프랑스 사상가)

직장인들 중에 자신의 퇴직연금이 확정급여형인지, 확정기여형인지 아는 사람들은 많지 않다. 그저 회사에서 하라는 대로 하는 경우가 많기 때문이다. 이번에는 퇴직연금의 각각의 유형에 대해 좀 더 자세하게 살펴보기로 하자.

확정급여형 퇴직연금(DB형)

확정급여형은 영어로는 Defined Benefits이고, 줄여서 DB형이라고 부른다. 간단하게 말해 퇴직급여가 확정됐다는 얘기이다.

이는 예전 퇴직금 제도와 거의 비슷한데, 일시금이 아닌 연금으로 준다는 것과 회사 내 금고에 직원들 퇴직금을 꼬박꼬박 쌓아 뒀다가 직원이 퇴직할 때 금고에서 꺼내서 그 직원에게 주는 게 아니라, 회사 밖 금융회사의 회사 계좌에 쌓아 두었다가 직원이 퇴직하면 회사 계좌에서 그 직원의 퇴직금만큼만 빼서 나가는 직원의 계좌로 송금해 준다는 것이 다르다.

회사가 망하면 금고에 있는 돈을 못 받을 것이기에 금융회사에 맡기도록 바꾼 것이다. 이걸 '사외예치'라고 하는데, 전보다 좀 더 안전해졌다.

퇴직연금 제도를 도입한 회사는 이제 직원의 퇴직금을 금융회사에 안전하게 매년 꼬박꼬박 쌓아 두어야 한다. 퇴직금이 회사 입장에서는 부채, 즉 직원들이 그만두면 바로 갚아 주어야 할 빚인 셈이다. 그러니 근로자 입장에서는 빚을 잘 받으려면 금융회사에 따로 모아 두는 게 훨씬 낫다.

필자가 다녔던 회사도 어느 순간 망해 버린 적이 있었다. 필자는 그 일이 있기 전에 그만두고 나온 덕분에 퇴직금을 다 받았지만, 그때 같이 일했던 직원들은 퇴직금을 한 푼도 받지 못했다. 퇴직금을 날리게 되니 얼마나 허망하겠는가.

그래서 이 퇴직연금 제도가 참 잘 도입된 것이다. 적어도 이 제도를 도입한 회사의 근로자들은 안전판 하나가 생긴 것이기 때문이다.

① 개요

근로자가 퇴직할 때 받을 퇴직급여의 수준이 사전에 결정되며, 기업의 부담금은 적립금의 운용 실적에 따라 달라진다.

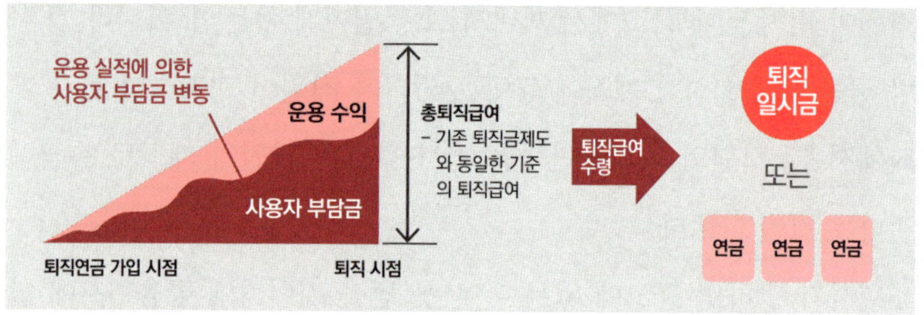

② 특징

- 퇴직금 수준이 미리 확정되어 있으므로 안정적으로 퇴직금 수령이 가능하다.
- 운용 책임은 회사에 있으므로 근로자는 퇴직금의 투자나 관리에 직접적으로 관여하지 않아도 된다.

확정기여형 퇴직연금(DC형)

확정기여형은 Defined Contribution의 약자로, 간단히 DC형이라고도 부른다. 이건 DB형처럼 나중에 내가 받을 퇴직금이 확정된 게 아니라, 회사가 나를 위해 내야 할 부담금이 확정된 것이다.

1년을 근무하면 대략 한 달 치 월급과 비슷한 퇴직금을 받게 되는데, 그걸 DB형처럼 회사 계좌에 쌓아 뒀다가 주는 게 아니라, 매년 직원들 계좌로 보내 주는 것이다.

직원들 입장에서는 매년 퇴직금을 꼬박꼬박 자신의 계좌로 받는 셈이다. 자신의 계좌에 있는 내 돈이므로 돈을 굴리는 권한도 책임도 자신한테 있다. DB형은 회사 책임하에 굴리는 것이고, DC형은 개인 책임하에 굴리는 것이다. 그래서 재테크에 밝고 투자에 자신 있다고 하

 충전수업 부의 증식

는 사람들은 DC형을 선호한다.

하지만 어떤 사람들은 일하기도 바빠 죽겠는데, 퇴직금 관리까지 내가 해야 하느냐며 머리 아파하기도 한다. 그런 사람들은 대부분 원금이 보장되는 은행 상품에 묻어 두게 된다.

그러다 보니 똑같이 30년 동안 열심히 회사를 다니다 그만둬도 나중에 퇴직금 차이가 엄청 벌어질 수도 있다. 30년 동안 어떤 사람은 원금 보장만을 생각하고 묻어 뒀는데, 어떤 사람은 30년 동안 잘 굴려서 수익을 눈덩이처럼 불릴 수도 있는 것이기 때문이다. 반대로 어떤 사람들은 마이너스를 계속 보면서 원금을 많이 깎아 먹을 수도 있다.

30년간 마이너스를 보면서 자신의 퇴직금을 날리게 될 상황은 생각만 해도 끔찍하다. 그래서 DC형은 가급적 안정 지향적으로 운용하는 게 바람직하다.

① 개요

사업장(기업)의 부담금(연간 임금총액의 1/12)이 사전에 확정되며, 근로자가 직접 적립금 운용 상품을 선택하고 운용의 책임과 결과도 근로자에게 귀속된다.

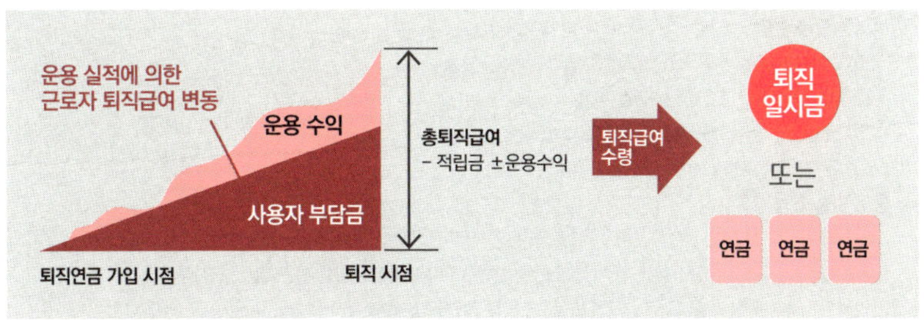

② **특징**

- 근로자의 투자 성향을 고려하여 다양하게 운용이 가능하다.

- 운용 책임이 근로자에게 있으므로 적립금 운용 결과에 따라 발생한 수익 또는 손실이 반영되어 퇴직급여가 변동될 수 있다.

- 회사가 적립하는 부담금 외에 추가부담금 납입이 가능하다(근로자 추가부담금의 일부 세액공제 혜택).

DB형과 DC형의 비교

	연금수령 조건	부담금 수준	중도인출 가능 여부	담보 제공 가능 여부	최소적립금 수준
DB형	55세 이상, 가입 기간 10년 이상	퇴직연금규약에서 약정한 주기로 적정 부담금을 퇴직연금 사업자에게 납입함	허용되지 않음	대통령령이 정한 사유*에 한해 적립금의 50% 한도 내에서 가능	퇴직연금 사업자는 매년 적립금이 최소적립금**을 상회하고 있는 확인하여 통지
DC형		매년 근로자별 연간 임금총액의 1/12 이상을 규약에서 정한 주기로 납입	대통령령이 정한 사유***에 한해 중도 인출 가능		가입자가 추가 납부 가능하며, 가입자 부담금은 세액공제 가능(연간 700만 원 이내)

* **담보 제공 가능 여부**

: 무주택자의 주택 구입이나 전세금 또는 보증금, 본인·배우자 또는 부양가족의 6개월 이상 요양, 담보 제공일로부터 5년 이내 가입자가 「채무자 회생 및 파산에 관한 법률」에 따라 파산선고를 받은 경우, 담보 제공일로부터 5년 이내 가입자가 「채무자 회생 및 파산에 관한 법률」에 따라 개인회생 절차 개시 결정을 받은 경우, 본인·배우자 또는 부양가족의 대학 등록금, 혼례비 및 장례비를 부담하는 경우, 천재지변

** **최소 적립금 수준**

· 2012년 7월 26일 ~ 2013년 12월 31일 : 60%
· 2014년 1월 1일 ~ 2015년 12월 31일 : 70%
· 2016년 1월 1일 ~ 2017년 12월 31일 : 80%
· 2018년 이후 : 고용노동부령에 따라 정하는 비율

*** **중도 인출 가능 사유**

: 무주택자 주택 구입이나 전세금 또는 보증금, 본인·배우자 또는 부양가족의 6개월 이상 요양, 담보 제공일로부터 5년 이내 가입자가 「채무자 회생 및 파산에 관한 법률」에 따라 파산선고를 받은 경우, 담보 제공일로부터 5년 이내 가입자가 「채무자 회생 및 파산에 관한 법률」에 따라 개인회생 절차 개시 결정을 받은 경우, 천재지변

DB형과 DC형 중 어느 유형이 더 유리할까

임금상승률이 높은 대기업 직원이나 승진 기회가 많은 사회 초년생들은 DB형(확정급여형)이 좀 더 유리하다고 볼 수 있고, 투자에 자신 있는 사람이나 임금상승률이 낮은 사람이라면 DC형(확정기여형)이 유리할 수 있다고 보는 편이다.

임금상승률이 높으면 퇴직급여 원금이 상대적으로 많아질 것이기에 개인의 자산운용 능력이 뛰어나다고 하더라도 수익률이 임금상승률을 넘기 힘들다. 따라서 이런 경우에는 DB형이 낫다.

그런데 대기업을 다니는 직장인들 중에도 직장생활을 오래해서 임금피크제가 코앞에 다가온 사람들은 DC형이 유리하다. DB형은 임금피크제로 평균임금이 줄어들면 근속연수가 늘어도 퇴직급여가 줄어들 가능성이 높기 때문이다. 따라서 임금피크제를 적용할 시점에 DB형에서 DC형으로 갈아타는 게 좋다(반대로 DC형에서 DB형으로는 갈아탈 수 없다). 다만, DC형으로 갈아타게 되면 본인 책임하에 운용해야 하므로 신중할 필요가 있다.

개인형 퇴직연금 IRP

개인형 퇴직연금은 Individual Retirement Pension을 줄여 IRP라고 한다. 쉽게 말해 자기 이름으로 된 퇴직연금 계좌이다. 여기에 회사로부터 퇴직금을 이체받거나 여윳돈을 추가로 적립해서 절세 혜택을 누릴 수 있다. 그래서 IRP에도 종류가 있다.

첫째는 이직이나 퇴직할 때 퇴직금을 받아야 하는데, 그때 이 IRP에 보관했다가 나중에 연금으로 받으면 퇴직 IRP라고 부르고, 노후 준비를 위해 자신의 여윳돈을 수시로 적립해서 세액공제도 받고 연금 자산도 늘리는 적립 IRP가 있는가 하면, 10명 미만의 소규모 사업장 근로자가 가입하는 기업형 IRP도 있다.

퇴직 IRP 같은 경우 퇴직금을 받아서 IRP에 보관해 두면 원래는 퇴직금을 받자마자 퇴직소득세를 내야 하지만 퇴직연금을 받을 때까지 안 내도 되게끔 미뤄 주는 혜택이 있는데, 이를 과세이연이라고 한다.

그리고 연금저축과 마찬가지로 연말정산 때 세액공제를 받는 게 적립 IRP인데, 최근 연말정산 세액공제에 대한 관심이 늘면서 적립 IRP가 늘고 있는 추세다. 개인연금과 퇴직연금 세액공제 한도가 합계 700만 원까지 늘었는데, 연금저축 한도는 400만 원으로 제한되어 있어서 연금저축만 가입했던 사람들이 퇴직연금 적립 IRP를 많이 가입하고 있다.

우리는 모두 세금을 내고 있는데, 특히 근로자들은 근로소득세를 낸다. 그럼 각자 개개인이 어느 정도의 금액만큼 항상 세금을 내고 있다는 건데, 세액공제라는 것은 거기서 세금 일부를 아예 빼 준다는 것이다. 쉽게 말해 세금 자체를 깎아 준다는 얘기다. DC형이나 IRP에 700만 원을 꽉 채워 넣으면 최대 115만 5,000원까지 돌려받을 수 있으니, 최고의 세테크라 할 만하다. 이자율도 낮은데 세금을 합법적으로 줄여 주는 것이므로 잘 챙겨야 한다.

그래서 IRP를 잘 활용하면 좋은데, 여기서 주의할 게 있다. 퇴직연금은 만 55세 이상부터 받을 수 있고, 최소 납입 기간이 5년이다. 그러니까 연말정산 때 세액공제를 받겠다고 넣었는데, 55세 이전에 급하게 쓸 돈이 필요해서 이를테면 결혼자금이나 전세금, 자녀 등록금 등등이 필요해 중간에 해약하게 되면 그동안 공제받은 혜택 이상을 다시 토해 내야 한다.

그래서 IRP에 가입하려면 5년 이상 납입이 가능하고 55세 이전에 해약하지 않을 자신이 있는 정도로만 붓는 게 좋다.

① **개요**

가입자의 선택에 따라 가입자가 납입한 일시금이나 사용자 또는 가입자가 납입한 부담금을 적립·운용하기 위하여 설정한 퇴직연금 제도로서 급여의 수준이나 부담금의 수준이 확정되지 않는다.

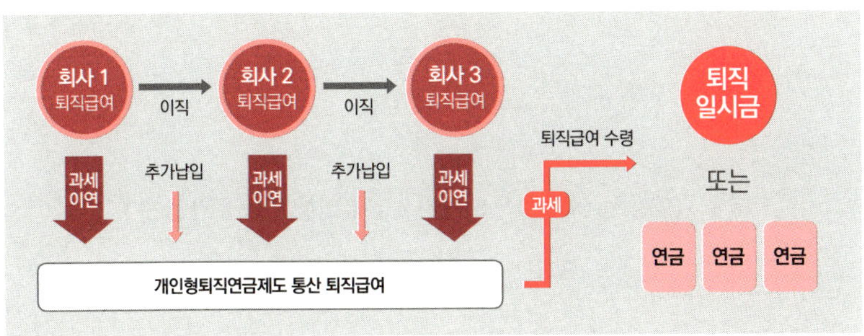

② **특징**

- IRP 해지 시까지 소득세 납부가 연기되는 과세이연 혜택을 받을 수 있다.
- 퇴직연금(DB/DC)을 도입한 기업체의 근로자도 개인형퇴직연금 계좌를 개설하여 추가 납입이 가능하다.
- 특례로 상시 10명 미만의 근로자를 사용하는 사업장의 경우 근로자의 동의나 요구에 따라 개인형퇴직연금을 설정할 수 있다.

개인형 IRP와 기업형 IRP의 비교

개인형 IRP	기업형 IRP
근로자가 이직, 전직할 때 받은 퇴직일시금과 개인 불입금을 개인적으로 적립, 운용, 관리하기 위한 개인퇴직연금	상시 근로자 10인 미만의 기업에서 근로자가 개인퇴직연금에 가입(단, 10인 이상부터는 DC형으로 전환해야 함)

개인연금의 대표선수,
연금저축

"세금 회피는 늘 어떤 보상을 가져오는 유일한 지능적 사안이다."

- 존 메이나드 케인즈(영국의 경제학자)

사적연금 중 대표적인 상품으로 연금저축을 꼽을 수 있다.

직장인이라면 연금저축이 구체적으로 어떤 상품인지는 몰라도 연말정산 시 세액공제 혜택을 준다는 말은 한 번쯤 들어봤을 것이다. 그럼 연금저축이 구체적으로 어떤 상품인지 알아보자.

연금저축이란

연금저축은 최소 5년 이상 납입하고 만 55세 이후부터 연금을 받는 노후 대비 금융상품이다. 은행, 증권회사, 보험회사에서 판매하며, 누구나 가입할 수 있고 동시에 여러 연금저축에 가입하는 것도 가능하다. 다만, 모든 연금저축을 통틀어 매년 1,800만 원까지만 저축할

　　　　　　　　　　　　충전수업　부의 증식

수 있다.

그리고 이렇게 납입한 돈 중 400만 원까지는 세액공제를 받을 수 있는데, 연소득 5,500만 원이 넘는 경우에는 13.2%, 5,500만 원이 안 되는 경우에는 16.5%의 세액공제를 받을 수 있다.

예를 들어 연 소득이 5,500만 원 이하인 어떤 직장인이 연금저축에 가입하여 매달 34만 원씩 부어 넣었다고 가정해 보자. 34만 원씩 12개월을 넣으면 400만 원이 조금 넘는데, 이걸 연말정산 하게 되면 400만 원에 16.5%인 66만 원을 돌려받는 셈이다. 그만큼 세금을 절감하는 것이다.

그러다가 만약 이 직장인의 연소득이 5,500만 원을 넘는다면 400만 원에 13.2%인 52만 8,000원을 절감하는 것이다. 이는 확정적으로 무려 13.2%, 16.5%의 수익률을 거두는 것이나 마찬가지다. 만약 퇴직연금과 합치면 700만 원까지 세액공제을 해 주므로 절세 효과는 더욱 커지게 된다. 꿩도 먹고 알도 먹는 셈이다.

연금저축과 개인형 퇴직연금 가입 시 절세 효과

	연금저축	되직연금	세액공제 가능금액	세액공세액
연소득 5,500만 원 이하	400만 원	300만 원	700만 원	115만 5,000원
연소득 5,500만 원 초과	400만 원	300만 원	700만 원	92만 4,000원

다만, 이런 세제 혜택은 공짜로 퍼 주는 것이 아니다. 연금저축을 잘 활용하여 오랜 기간 동안 연금을 받으면서 노후를 빈곤하게 보내지 않도록 하기 위해 혜택을 주는 거라서 연금저축을 중도에 해지한

다거나 연금을 받을 때 연금 수령 한도를 초과해서 받을 경우에는 앞서 연말정산 때 받은 세제 혜택을 반납해야 한다.

연금저축을 중도해지 했을 때의 그 적립금과 연금 수령 한도를 초과해서 연금을 수령했을 때의 그 초과분은 연금 외 수령이 되어 연금소득세 대신 16.5%의 기타소득세를 납부하게 된다. 연소득 5,500만 원이 넘는 직장인이 중도에 해지를 한다면 13.2%의 세액공제 혜택을 반납하는 것은 물론 추가적인 불이익까지 받게 되는 셈이다.

연금저축의 종류

연금저축은 신탁, 펀드, 보험으로 가입할 수 있다.

정확히 말하자면 연금저축은 일종의 계좌이다. 따라서 연금저축에 가입한단 말은 연금저축계좌를 만든다는 소리고, 연금저축에 납입하는 것은 연금저축계좌에 돈을 넣는 것을 말하며, 연금저축을 해지하는 것은 이 계좌를 없애 버리는 것을 의미한다. 그렇기 때문에 마치 장바구니에 상품을 담듯이 계좌 내에서 펀드, 신탁, 보험 등 금융상품을 구입할 수 있다.

하지만 연금저축신탁과 연금저축보험의 경우 한 계좌 안에 한 개의 신탁 또는 보험만을 담을 수 있으므로 계좌와 상품을 구분하는 의미가 없다.

펀드, 신탁, 보험이 각각 특징 및 장단점이 있으니 잘 살펴보고 가입하는 게 좋다.

먼저 연금저축신탁은 은행에서 가입이 가능한 상품으로 펀드와 보험의 중간 형태를 띠고 있다. 연금저축펀드와 마찬가지로 투자 실적에 따라 수익률이 결정되지만, 상대적으로 안전자산 위주로 투자되고 예금자보호법이 적용되기 때문에 5,000만 원까지 원리금이 보장된다. 다만, 아쉽게도 2017년 말에 연금저축신탁 판매가 종료됐다. 이제 신규 가입은 불가하단 얘기다.

그리고 연금저축펀드는 증권사에서 가입이 가능한 상품이며, 손실 위험을 감수해야 하면서 동시에 높은 고수익을 노려볼 수도 있다. 그리고 연금저축펀드는 별도의 조치나 불이익 없이 계좌 내에서 여러 펀드를 운용할 수 있다. 심지어 계좌 내의 펀드를 모조리 환매하고 현금으로 가지고 있는 방식으로도 운용이 가능하다. 계좌 밖으로 돈을 인출하지 않는 한 중도 해지한 것이 아니기 때문이다.

마지막으로 연금저축보험은 생명보험사와 손해보험사에서 가입이 가능하고, 수익률은 보험사가 발표하는 공시이율에 따라 결정되며, 예금자 보호가 적용되어 5,000만 원까지 원리금이 보장된다. 그러나 조기에 중도 해지할 경우 보험사의 사업비 구조로 인해 원금보다 적은 돈을 돌려받을 수 있다. 따라서 중도 해지로 돌려받을 수 있는 돈에 대해서는 연금저축보험의 상품설명서 등을 참고하거나 보험사 콜센터 등을 통해 확인할 필요가 있다. 특히 생명보험사에서 판매하는 연금저축은 다른 연금저축과 달리 죽을 때까지 연금을 받을 수 있는 종신형 연금 가입이 가능하다. 다만, 이 상품은 평균수명보다 훨씬 오래 장수하는 경우에는 금전적으로 이득일 수 있으나, 그렇지 않은 경우에는 다른 형태보다 적게 받을 수 있다는 점을 알아 두어야 한다. 또한 동일한 수준의 연금 적립액일 경우 종신형 연금으로 받는 돈이 다른 확정형 연금에 비해 적은 편이다.

이처럼 각 상품별로 특징들이 서로 다르기 때문에 본인에게 어울리는 것을 선택하는 것이 좋다. 자산운용을 통해 고수익을 추구한다면 연금저축펀드, 안정적 수익만을 원한다면 연금저축신탁, 종신토록 연금을 받고 싶다면 생명보험사의 연금저축보험이 적절할 수 있다.

연금저축의 유형

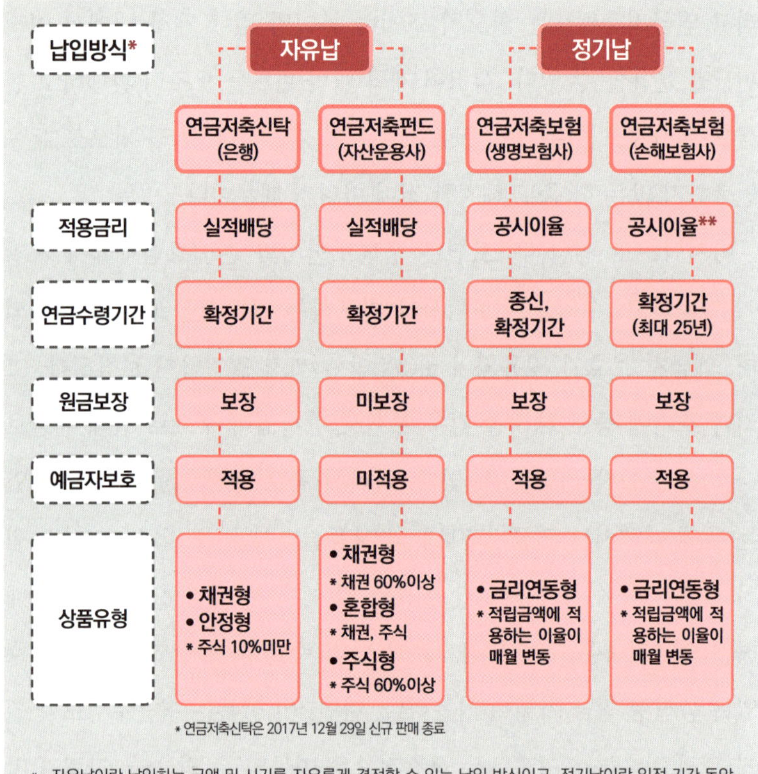

* 자유납이란 납입하는 금액 및 시기를 자유롭게 결정할 수 있는 납입 방식이고, 정기납이란 일정 기간 동안 정해진 금액을 주기적으로 납입하는 방식이다.

** 연금저축보험은 매월 납입하는 보험료에서 사업비를 차감한 금액이 매월 적립되는데, 이 적립금에 적용하는 이율을 공시이율이라 한다. 공시이율은 시장금리와 보험회사의 자산운용수익률 등을 반영하여 매월 변동하며, 공시이율이 아무리 하락하더라도 최저보증이율까지는 보장된다.

출처 : 금융감독원

연금저축은 대표적인 노후 대비 상품이다.

만약 계좌를 신탁, 펀드, 보험 등 3개로 만들어서 각각 11만 원씩 납입하게 되면 400만 원 정도를 모두 세액공제 받을 수 있다. 물론 이제 신탁은 신규 판매가 종료됐으니 펀드와 보험에만 각각 17만 원씩 납입한다고 가정해도 마찬가지다.

이렇게 나누어서 가입하면 해지 시에도 좋다. 한 계좌에 34만 원씩 몽땅 가입했다가 중도에 돈이 필요해서 해지라도 하게 되면 몽땅 해지해야 하지만, 계좌를 나누어 놓으면 일단 급한대로 한 계좌만 해지해도 되니까 그만큼 손실도 적어지고, 어쨌든 다른 계좌는 살려서 계속 노후 대비를 할 수 있다. 그런데 꼭 이렇게 하는 게 중요한 게 아니라, 자신의 성향을 잘 알고 가입하는 게 좋다.

일단 세액공제를 원한다면 연금저축을 가입하고, "나는 위험한 건 딱 질색이다" 하면 당연히 은행이나 보험사가 맞다. 반면에 "난 위험은 감수할 수 있어도 낮은 수익률은 못 참는다" 하면 당연히 증권사가 맞을 것이다. 또 "나는 오래살 것이다" 하면 종신형으로 받을 수 있는 보험사가 맞다.

또한 우체국도 연금저축을 판매하는데, 우리나라에서 제일 안전하다고 볼 수 있다. 은행이나 보험사가 예금자보호법으로 5,000만 원까지만 보장한다면 우체국은 국가가 전액 보장하고, 사업비도 낮다.

연금저축은 각 금융회사의 홈페이지를 통해 인터넷으로 가입하는 것도 좋다.

상품에 대해 잘 모른다면 은행이나 증권사, 보험사를 찾아가서 제대로 설명을 듣는 게 좋겠지만, 상품에 대해 잘 알고 있다면 인터넷이 더 효율적이다. 수수료나 사업비를 많이 줄일 수 있기 때문이다. 대부분의 은행, 증권사, 보험사별로 인터넷 가입이 가능하다. 일단 자신의 소득을 고려해서 꾸준히 낼 수 있는 금액을 생각해 보고 수익률도 비교한 상태에서 믿을 만하고 평판 좋은 금융회사에 맡기면 괜찮다.

연금저축 수익률은 금융감독원에서 운영하는 '금융상품 한눈에(http://finlife.fss.or.kr)'를 통해 회사별 상품별로 모두 비교해 볼 수 있다.

그리고 보통 은행이나 증권사는 적립금에 비례해서 수수료를 매기기 때문에 가입 기간이 길어질수록 수수료가 늘어나고. 보험사는 보험료에 비례해서 수수료를 매기는데, 계약 초기에는 수수료가 높은 편이지만 기간이 길어질수록 낮아진다. 따라서 수수료만 봤을 때는 단기로는 은행이나 증권사가, 장기로는 보험사가 유리하다.

그런데 가입한 연금저축이 수익률이 너무 안 좋으면 어떻게 해야 할까?

이때는 계약을 해지하지 말고 다른 금융회사의 연금저축 상품으로 옮기면 된다. 보통 금융회사를 옮기게 되면 그 금융상품을 해지하고 돈을 뽑아서 새로 가입해야 하지만, 연금저축은 계좌 이체가 되는 상품이라서 기타소득세 같은 불이익 없이도 옮길 수가 있다.

이 계좌 이체 제도를 잘 활용하면 운용도 좀 더 효과적으로 할 수 있다. 주가가 많이 빠지면 연금저축펀드로, 장수의 징조가 보이면 연금저축보험으로 옮기면서 좀 더 수익률이나 연금액을 높일 수도 있는 것이다.

나에게 적합한 연금상품 찾기

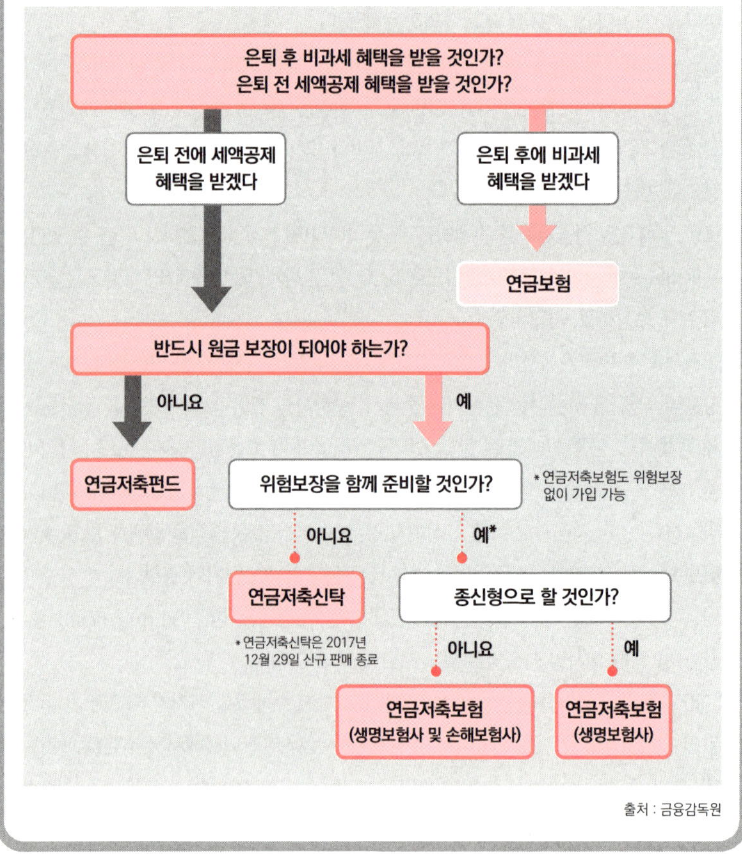

연금저축 가입 시 고려사항

연금저축 가입 시 꼭 알아야 할 것들을 정리하면 다음과 같다.

첫째, 연간 납입액의 400만 원까지 세액공제 대상이다.

따라서 연 400만 원 한도까지 납입할 경우 세액을 환급받을 수 있다. 가입 후 5년 이상 경과하고 만 55세 이후에 연금으로 지급받아야 세제상 유리하다.

둘째, 최초 가입 시 자유납입과 정기납입 중에서 선택해야 한다.

연금저축신탁이나 연금저축펀드는 납입할 금액과 시기를 자유롭게 결정하는 자유납입 상품인 반면, 연금저축보험은 정기납입 상품이다. 정기적으로 납입하기 어려운 사람이라면 자유납입 상품이 적합하다. 또 정기납입 상품 선택 시에는 납입 기간 동안 꾸준히 납입이 가능한 금액으로 월 납입액을 결정하는 게 바람직하다.

셋째, 다른 연금저축 상품으로 갈아타는 것이 가능하다.

가입한 연금저축이 마음에 들지 않는다면 계좌 이체 제도를 동해 다른 상품으로 언제든지 갈아탈 수 있다.

넷째, 연금저축 중도 해지 시 원금 손실을 볼 수 있다.

예를 들어 1,000만 원을 납입한 뒤, 중도 해지하게 되면 165만 원의 소득세가 부과되는 것이다. 다만, 세액공제를 받지 않은 금액이라면 소득세 부과 대상에서 제외된다.

다섯째, 연금저축 가입 시 납입액을 세액공제 받는 대신, 나중에 연금 수령 시 연금소득세를 3.3~5.5% 납부하게 된다.

이럴 경우 연금저축으로 세액공제를 받아도 나중에 연금소득세 내면 마찬가지가 아닌가 하는 사람들이 많은데, 그건 잘못된 생각이다.

예를 들어 1,000만 원을 연금저축에 부어서 16.5%를 세액공제 받아 165만 원을 환급받았다고 가정해 보자. 그런데 나중에 55세가 넘어서 이 1,000만 원이 연금으로 전환되면 연금소득세가 나가는데, 연령에 따라 3.3%에서 5.5%를 떼게 된다. 33만 원에서 55만 원이 나가는 것이다. 그러면 165만 원을 받고 33만~55만 원이 나가므로 110만 원에서 132만 원 이득인 셈이다. 시간 가치나 운용 수익은 생각하지 않아도 어쨌든 11~13.2% 정도의 이득을 얻게 된다.

단, 연금에 대한 세제 혜택은 연금 수령을 전제로 제공되는 혜택이므로 연금을 일시금으로 수령하는 경우에는 세제 혜택을 받을 수 없고, 기타소득세 16.5%를 내야 한다.

여섯째, 연금은 만 55세부터 수령할 수 있으며, 이 경우 10년 이상 수령해야 세제상 불이익이 없다. 단, 2013년 3월 이전에 가입한 경우에는 5년이다. 그리고 연금 개시 연령을 뒤로 늦추거나 장기간 수령할수록 연금소득세율이 낮아진다.

여섯째, 연금 수령액이 연 1,200만 원을 초과하게 되면 종합소득세 신고 대상이 된다.

그래서 국민연금, 공무원연금, 사학연금, 군인연금과 같은 공적연금을 제외한 연금 수령액이 연 1,200만 원을 초과하는 경우 이듬해 5월에 종합소득세 신고를 해야 하며, 이때 다른 소득과 합산되어 종합소득세율이 적용된다(6.6~41.8%). 하지만 연금을 장기간 수령하게 되면 연간 수령액이 작아짐으로써 종합소득세 신고 대상에서 제외될 수 있다.

정부에서 주는 합법적 세테크 방법이라면 좀 더 주의를 기울여야 한다.

연금저축 세제 이해하기

구분	연금저축
판매 금융기관	은행, 증권회사, 보험회사(생명보험회사·손해보험회사)
연금 납입 시 세제 혜택	연금 납입액 중 400만 원까지 세액 공제 · 연소득 5,500만 원 이하 : 16.5% · 연소득 5,500만 원 초과 : 13.2%
연금 수령 시 납입 세금	연령에 따라 연금소득세가 다름 · 만 55~69세 : 5.5% · 만 70~79세 : 4.4% · 만 80세 이상 : 3.3%
일시금 수령 시 납입 세금	기타소득세(16.5%)

* 연금저축신탁은 2017년 12월 29일 신규 판매 종료

스마트한
연금보험 사용법

"세금을 거두는 기술은 거위에게 가장 적게 비명을 지르게 하면서,
가장 많은 깃털을 뽑아내는 것과 같다."

- 장 바티스트 콜베르(프랑스 정치가)

노후 대비의 중요성을 모르는 사람은 아마 없을 것 같다. 이러한 노후 대비 금융상품 중 하나로 연금보험이 있다.

연금보험은 사전적 의미로 피보험자의 종신 또는 일정한 기간 동안 해마다 일정 금액을 지불할 것을 약속하는 보험을 말한다. 쉽게 말해, 노후에 소득을 보장해 주는 보험이라고 할 수 있다.

개인연금보험은 생활수준의 향상과 의료기술의 발달로 인해 노령 인구가 급격히 증가하여 빠르게 노령화사회로 변화함에 따라 노후 소득 보장을 위한 제도로서 도입되었다. 다른 공적 연금 제도의 미비점을 보완하여 실질적인 노후 생활을 보장하는 것을 목적으로 한다.

이러한 개인연금보험에는 크게 연 400만 원 한도만큼 세액공제를 해

주는 연금저축보험과 10년 이상 유지 시 발생한 보험 차익에 대해 비과
세하는 연금보험이 있다. 일단 비과세 상품인 연금보험에 대해 살펴보자.

연금보험의 종류

연금보험은 기본적으로 적립식, 거치식, 즉시연금으로 나누어 볼
수 있다.

적립식은 매월 일정 금액을 납입한 후, 원하는 시점부터 연금을 받
게 되는 방식으로 급여 생활자의 노후 준비를 위해 적합한 상품이다.
또 거치식은 보험료를 한 번에 납입하고 일정 기간이 지나면 연금을 받
게 되는 방식으로 소득이 일정하지 않은 사업자 등이 활용하면 좋다.

그리고 즉시연금은 거치식과 비슷해 보이지만, 보험료를 납입하고
나서 한 달 뒤부터 연금으로 받을 수 있다. 따라서 자산을 모아 놓았
지만 연금이 부족한 은퇴를 앞둔 사람들이 활용하기에 적합한 상품이
다. 또 원한다면 거치식처럼 일정 기간 동안 자금을 예치해 놓을 수도
있어 연금 개시 시점을 조절할 수 있다.

연금보험의 가장 큰 특징은 이자 차익에 대해 비과세를 해 준다는
것이다. 보통 우리가 예금이나 적금을 하면 붙는 이자에 대해 15.4%
를 떼게 되는데, 그걸 떼지 않고 고스란히 준다는 뜻이다.

이렇게 비과세가 되기 때문에 언뜻 보면 연금보험이 예·적금에 비해
좋아 보이지만 연금보험은 사업비를 초기에 가져가는 구조라서 해약이
라도 하게 되면 손실을 입게 될 가능성이 높다. 또 10년 동안 유지해야
만 비과세 혜택을 볼 수 있는데, 그걸 10년간 유지하는 게 만만치 않다.

그래서 연금보험의 비과세를 보고 가입했다가 다른 일로 돈이 필요해서

중도에 해약하는 경우가 상당히 많다. 그러다 보니 자연히 공무원이나 교사 같은 안정된 직업군이나 부유한 계층에서 연금보험을 선호한다.

연금보험의 연금 수령 방식

이번에는 연금보험의 연금 수령 방식을 알아보자. 연금의 수령 방식에는 크게 확정형, 종신형, 상속형으로 나누어 볼 수 있다.

간단히 말하면 확정형은 10년, 20년 등 연금 수령 기간을 확정적으로 지정하는 방식이고, 종신형은 살아 있는 동안 종신토록 연금을 지급받을 수 있는 방식이며, 상속형은 연금 수령 기간 동안 매달 이자만 받다가 사망하게 되면 원금을 자식에게 물려주는 방식이다.

다시 말해 확정형은 연금 수령에 관해 약속한 기간이 있는 것인데, 보통 10년, 20년, 30년 등으로 기간을 선택할 수 있다. 연금을 받는 기간이 길어지면 길어질수록 받게 되는 연금 수령액은 적어지게 된다. 또 약속한 기간 이전에 사망하게 되면 남은 연금은 상속인에게 일시금 혹은 연금 형태로 지급된다.

그리고 종신형은 가입자가 살아 있는 동안 계속해서 연금을 받을 수 있는 방식이기 때문에 가입자가 오래 살면 살수록 이익이 된다.

그런데 연금 개시가 된 지 얼마 안 되어서 가입자가 사망하게 되면 어떻게 될까? 연금이 너무 적어 손해가 아닐까 생각할 수 있지만 '지급 보증 기간'이라는 것이 있어서 보완이 가능하다. 지급 보증 기간으로 10년, 20년 등을 지정해 두면 가입자가 사망하더라도 지급 보증 기간 동안이라면 상속인에게 남은 기간의 연금을 지급하게 된다.

또 상속형은 정해진 기간 동안 이자만 지급받다가 사망하면 적립금을 유족에게 돌려주는 방식인데, 원금 상속을 전제로 하는 것이기 때문에 당연히 월 연금 수령액이 적을 수밖에 없다. 따라서 국민연금이나 퇴직연금 등 다른 기타소득이 있어 연금이 많이 필요하지 않고, 오히려 배우자나 자녀에게 돈을 물려주고 싶다면 상속형이 적합할 수 있다.

확정형과 종신형 중에서 어느 것이 더 좋을까

연금보험을 가입할 때 확정형과 종신형을 선택하는 경우가 많다. 그래서 확정형과 종신형 중에 어떤 것이 더 좋은지 궁금해하는 경우가 있다.

만약 똑같은 보험료로 연금보험을 가입하면 20년 확정형이 20년 종신형보다 수령액이 훨씬 더 많다. 그렇게 보면 확정형이 유리해 보인다. 그런데 20년을 넘어 30년 넘게 산다고 하면 종신형이 더 많이 받게 된다. 그러니 헷갈릴 수밖에 없다.

그런데 보험사는 대개 평균수명에 관해 보수적으로 접근한다는 것을 알아야 한다. 사람들이 평균수명보다 더 오래 살 것으로 예상하고 보험 상품을 만든다는 것이다. 연금을 줘야 하는데, 가입자들이 생각보다 오래 살게 되면 줄 돈이 늘어나는 바람에 보험사가 망할 수도 있기 때문이다.

그래서 확정형으로 선택하고(물론 돈 관리가 서툴고 머리 아픈 게 싫다면 당연히 종신형이 마음 편할 것이다), 오래 살 걸 대비해서 따로 떼어 놓는 게 적절할 듯싶다.

그리고 처음에 연금보험을 가입할 때 종신형으로 했어도, 중간에 변경이 가능하다. 대개 연금 개시 전까지 변경이 가능하니까 연금 받을 때쯤 되었을 때 건강 상태를 고려해서 변경 여부를 결정하면 될 것이다.

연금보험의 종류별 비교

구분	종신형	확정형	상속형
연금 지급	생존 시 연금 지급	확정 기간 동안 연금 지급	생존 시 연금 지급, 만기 또는 사망 시 보험금 지급
지급 기간	종신 (보증 기간 있음)	확정 기간 (예 : 10년, 20년)	종신 또는 확정 기간
지급 사유	생존	생존과 무관	생존 및 사망
지급 재원	보험료+이자	보험료+이자	· 연금 : 이자 · 보험금 : 보험료

장기저축성보험 비과세 한도 비교

	개정 전	개정 후
월 적립식	한도 없음	월 150만 원 이하
상속형	1인 2억 원 이하	1인 1억 원 이하
종신형	한도 없음	한도 없음

* 적용 시기 : 2017년 4월 1일 이후 가입 분

연금은 일찍 가입할수록 유리한 상품이다. 적립 기간 동안 꾸준히 모아 두었다가 연금 개시 시점에 쌓인 적립금을 연금 수령 기간 동안 지급하는 상품이기 때문에 동일한 금액을 투자하고 동일한 수익을 낸다면 당연히 일찍 가입한 사람이 연금을 더 많이 받을 수 있다.

종신형의 경우 연금을 산정할 때 가입 시점의 경험생명표를 적용한다. 평균수명이 늘어나면 보험사가 연금을 지급해야 하는 기간도 늘어날 수밖에 없고, 이에 반해 가입자가 받게 되는 연금액은 작아지게 된다. 따라서 가입을 미루다가 새로 변경된 경험생명표가 적용된다면 평균수명의 증가로 연금액도 감소할 수 있다는 점을 고려해야 한다.

그렇다면 은행의 적금과 보험사의 연금보험은 어떤 차이가 있을까? 두 가지 상품 모두 매월 일정 금액을 납입해야 하는 공통점이 있지만, 분명한 차이가 있다.

연금보험은 가입 초기에 사업비 명목으로 수수료를 차감하지만 은행보다는 높은 공시이율을 제공하는 측면이 있고, 적금은 사업비 등의 차감 요인은 없지만 적용 금리가 보통 보험사 연금보험의 공시이율보다는 낮은 편이다.

따라서 단기적으로는 원금 손실 없이 이자가 붙는 은행 적금이 유

충전수업 부의 증식

리하지만, 장기로 갈수록 연금보험이 유리해지는 구조다. 또한 연금보험은 10년 이상 유지하면 비과세 혜택을 적용받기 때문에 더 유리해질 수 있다.

따라서 자신의 은퇴 시점, 공적연금의 예상 수령액 및 수령 기간, 직업의 안정성, 건강 상태 등 다양한 환경을 고려하여 가입하는 것이 바람직하다.

사람이 피할 수 없는 두 가지는 '죽음'과 '세금'이다. 그런 의미에서 본다면 비과세 금융 상품에 좀 더 많은 관심을 가질 필요가 있다.

충전지식

경험생명표란 무엇인가

경험생명표는 보험료를 산정할 때 기준이 되는 것이다. 보험개발원에서 보험 가입자들의 성별, 나이, 사망률, 수명 등을 계산해서 이것을 만든다. 쉽게 말해 남자, 여자, 나이별로 몇 살까지 사는지 계산한 표이다.

우리나라 경험생명표에 따른 평균수명 변동 추이 (단위 : 세)

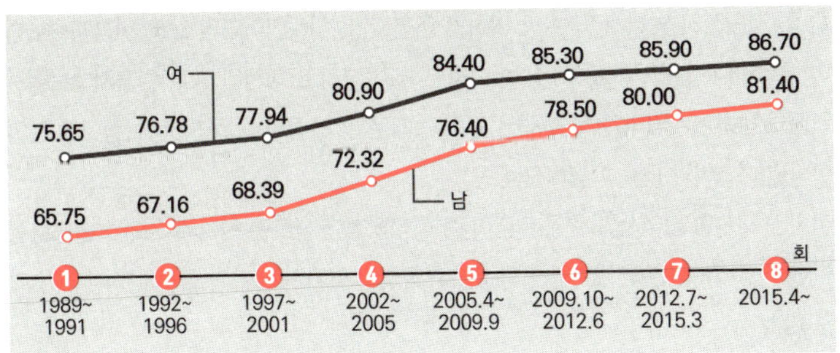

출처 : 보험개발원

그리고 이 경험생명표는 보험 가입자를 중심으로 한 통계이고, 전 국민을 대상으로 한 것은 통계청에서 만드는 국민생명표라고 따로 있다. 대개 경험생명표의 평균수명이 국민생명표의 평균수명보다 좀 더 길다.

이것은 한 3년 주기로 만들어지는데, 새로운 경험생명표가 발표될 때면 보험사에서 마케팅을 열심히 한다. 평균수명이 늘어날 테니 연금 수령 기간이 길어질 것이고, 그러면 연금액도 줄어들 것이기에 새로운 경험생명표가 적용되기 전에 빨리 연금에 가입하라는 마케팅이다.

그런데 보험사의 말대로 새로운 경험생명표가 적용되기 전에 빨리 보험에 가입하는 것이 좋은지는 생각해 봐야 한다.

물론 평균수명이 계속 느는 추세이므로 연금을 받을 생각이라면 종신형으로 일찍 가입하는 게 낫다. 하지만 확정형으로 연금을 받을 생각이라면 별 상관이 없다. 수명보다 적립액이 얼마인지가 중요하기 때문이다.

무엇보다도 본인이 연금을 꾸준히 낼 수 있는 상황인지, 그리고 어느 정도의 금액을 낼 수 있는지가 중요하다. 조급하게 서두르다가 중도에 해지하면 오히려 손해라는 것을 명심해야 한다.

연금보험과 연금저축보험, 둘 중 뭐가 더 좋을까

연금보험은 10년 동안 유지하면 15.4%의 이자소득세가 비과세된다는 점이 장점이고, 연금저축보험은 연말정산 시 세액공제가 되는 게 장점이다.

둘 다 장단점이 있어서 딱 잘라 말하긴 어렵지만, 직장인이라면 보통 연금저축보험이 유리하다. 일단 세액공제 혜택이 상당하고, 그리고 대개의 경우 연금저축보험이 연금보험보다 사업비가 훨씬 적은 편이기 때문이다. 특히 인터넷전용보험으로 가입한다면 사업비가 더욱 저렴해진다.

하지만 재산이 많아서 노후에 세금이 좀 걱정되겠다 싶으면 비과세가 되는 연금보험이 낫다. 어찌 됐든 연금보험은 요건만 충족하면 이자가 얼마가 붙든 비과세이기 때문이다.

참고로 연금보험을 가입할 때 생명보험협회와 손해보험협회에서 만든 온라인 보험 슈퍼마켓 '보험다모아(www.e-insmarket.or.kr)'를 보면 회사별 상품별로 보험료와 환급금, 공시이율 등을 비교할 수 있어 좋다.

보험 사업비를 줄이는 방법

연금 보험료를 납입할 때 보통 10만 원, 20만 원, 50만 원 등의 보험료를 정해서 납입한다. 그런데 납입한 보험료 가운데 사업비를 초기에 거의 다 떼게 된다. 그런 구조이다 보니 중도 해지라도 하게 되면 실제로는 받을 돈이 별로 없다.

그래서 이 사업비를 줄일 수 있다면 연금 적립액을 크게 불릴 수 있기에 더할 나위 없이 좋을 것이다. 그걸 해결할 수 있는 방법이 있는데, 바로 보험료를 추가 납입하는 것이다.

대개 보험료는 두 배만큼의 금액을 추가 납입할 수가 있다. 예를 들어 10만 원씩 납입하는 중에 20만 원씩 추가 납입이 가능하단 이야기다. 그럼 추가 납입한 20만 원에 대해선 사업비가 거의 안 붙는다. 물론 비과세 혜택도 그대로 다 받는다.

변액연금보험 또한 추가 납입이 가능하다. 그리고 이 역시 추가 납입한 금액에 대해서는 사업비가 거의 안 붙는다. 그래서 변액연금에서는 장세가 안 좋을 때, 하락 시기에 추후 상승이 예상된다면 추가 납입해도 괜찮다. 사업비를 안 떼이면서 대부분 투자금액으로 투입되니까 말이다.

은퇴가 코앞이라면
즉시연금이 제격!

"나이를 먹을수록 인생의 매력을 점점 더 많이 알게 된다."

- 요한 볼프강 괴테(독일의 작가)

눈앞에 은퇴를 앞두고 있는데, 개인연금을 가입하기가 어렵다면 정말 고민이 아닐 수 없다. 이런 경우에는 자신이 가지고 있는 자산들을 연금화하면 된다. 이와 관련된 대표적인 금융 상품이 바로 '즉시연금'이다.

보통 연금이라고 하면 매달 일정한 금액을 장기간 적립해 목돈으로 만든 다음 이를 활용해 노후에 쓰는 생활비를 말한다. 하지만 즉시연금은 목돈을 맡겨 놓고, 다음 달 또는 이듬해부터 바로 연금을 수령할 수 있다. 즉 은퇴할 때까지 충분한 준비 기간이 없는 사람이 일시금을 주고 이를 다달이 나누어 받는 연금을 말한다.

즉시연금에 대해 좀 더 살펴보자. 즉시연금은 목돈을 맡긴 뒤 가입자가 정한 기간 또는 사망할 때가지 매월 일정액을 연금처럼 지급받

　　　　　　　　　　　　충전수업　부의 증식

을 수 있다고 했는데, 이 상품은 생명보험사에서만 판매한다. 그리고 최저 가입 연령과 가입 금액에 제한이 있다.

보험사에 따라 조금씩 다르지만, 보통 가입일로부터 한 달 후에 바로 연금을 받을 수 있는 즉시형의 경우에는 45세부터 가입할 수 있고, 몇 년간 거치 후 연금을 받는 거치형의 경우에는 40세부터 가입할 수 있다. 만약 지금 당장 어느 정도의 소득이 발생되고 있어 연금이 급히 필요하지 않은 경우라면 즉시형보다 거치형에 가입하는 게 유리할 수 있다. 그리고 가입 금액은 통상 1,000만 원에서 1억 원 이상이다.

즉시연금 수령 방식

즉시연금은 수령 방식에 따라 3가지로 나누어지는데, 확정형, 상속형, 종신형이 있다.

확정형은 기간을 정해 두고 원금과 이자를 함께 나눠 받는 방식이다. 따라서 수령 기간이 끝난 다음에는 남아 있는 원금이 없게 된다. 또 확정형은 원금과 이자를 함께 수령하는 구조이기 때문에 연금 수령 금액이 다른 연금 형태에 비해 가장 높다.

그리고 상속형은 원금은 두고 매달 이자만 수령하는 방식으로 보면 된다. 따라서 연금 수령 기간 동안 보험 가입자가 사망하면 남아 있는 원금을 상속인이 수령하거나 연금 수령 기간이 끝났을 때 보험 가입자가 살아 있으면 적립금을 찾아갈 수 있는 구조이다.

마지막으로 종신형은 사망할 때까지 매달 연금을 지급받는 형태이다. 만약 연금을 받다가 10년이나 20년, 30년 등 미리 정해 놓은 보증기간 안에 사망하면 보증기간 만료 시까지 미지급 연금을 상속인이 받을 수 있다. 또한 종신연금은 보증기간을 기대여명 이하로 설정하고 10년 이상 유지하면 이자소득세가 비과세된다.

이 즉시연금은 주로 나이가 있는 사람들에게 적합하다. 조만간 은퇴할 예정이거나 은퇴한 상태라면 연금저축이나 연금보험, 변액연금 등에 일정액을 다달이 꼬박꼬박 부어 넣을 여유가 없는 경우가 많다. 그래서 이런 사람들이 가지고 있는 혹은 그동안 모아 놓은 돈을 한꺼번에 보험사에 넣은 뒤, 급한 대로 다음 달부터 또는 몇 년 뒤부터 연금으로 받는 것이다.

보증기간을 기대여명 이하로 설정하기

즉시연금의 종신형에는 대개 10년, 20년 이런 식으로 정하는 보증기간이라는 게 있다. 그런데 연금을 가입한 지 얼마 되지 않아 가입자가 죽는 경우도 발생할 수 있다. 원래대로라면 사망할 때까지 연금을 받아야 하는데, 이제는 못 받는 상황이 생겨 버린 것이다. 그러면 가입자는 얼마나 억울할 것인가.

그래서 가입자가 만약 정한 보증기간 이전에 죽게 되면 최소한 보증기간만큼은 보험사에서 가입자의 배우자나 자녀들에게 남은 연금을 지급해 주는 것을 말한다.

즉시연금 가입 시 유의사항

최근까지는 즉시연금 가입이 늘어나는 추세였지만, 특성을 잘 파악하여 자신에게 맞는 상품인지 신중하게 따져 볼 필요가 있다. 몇 가지 유의사항을 살펴보자.

첫째, 상속형이나 확정형의 경우엔 중도에 해지하게 되면 보험사 사업비로 인해 원금 손실을 볼 가능성이 높다.

가령 1억 원을 가입했을 경우, 1년 지나서 해지한다면 돌려받는 돈이 대략 9,400~9,600만 원 정도라고 보면 된다. 보험사마다 차이가 있지만, 사업비가 보통 4~6% 정도이기 때문이다. 결국 가입 초기에 해약하게 되면 손실을 보게 된다는 뜻이다.

둘째, 종신형은 한 번 연금이 개시되면 해지가 불가능하므로 신중을 기해서 가입해야 한다.

현재의 상품을 가입하고 나서 더 좋은 상품이 나올 수도 있고, 또 종신형은 적어도 20년, 길게는 40년을 내다봐야 하기 때문이다. 그 수십 년 동안 어떤 일이 벌어질지 누가 알겠는가.

셋째, 공시이율 변동에 의해 매월 지급받는 연금액이 달라질 수 있다.

가입할 때에는 매월 40만 원을 지급한다던 상품이 어느 날 30만 원을 지급하는 경우가 생길 수 있다는 얘기다. 지금 출시되어 있는 즉시연금은 거의 대부분이 금리연동형 상품이며, 고정금리형은 없다고 봐도 무방한 상황이다. 따라서 최저보증이율을 살펴가며 연금액이 얼마나 줄어들 수 있는지 반드시 확인해야 한다.

넷째, 반드시 2~3곳 이상의 보험회사에서 상담을 받고 비교 가입하는 것이 좋다.

즉시연금을 판매하는 생명보험사별로 연금 지급액의 차이가 그리 크지는 않지만, 그래도 사업비, 공시이율에 따라 다소 차이가 날 수밖에 없다. 또한 금액 외에도 보험회사에서 제공하는 교육이나 헬스케어와 같은 부가서비스 등이 다양하여 본인의 선호에 맞게 직접 상담받고 알아보는 정성이 꼭 필요하다.

최저보증이율

최저보증이율이란 보험사가 이만큼은 최소한 보장해 주겠다고 약속한 이율이라고 보면 된다. 예를 들어 공시이율이 2%일 때 가입했는데, 경제 상황이 안 좋아지면서 금리가 계속 떨어지면 공시이율도 함께 낮아질 것이다. 그런데 최저보증이율이 만약에 1%면 금리가 0.5%, 0.25%, 이런 식으로 계속 떨어져도 보험사가 최저보증이율인 1%만큼은 보장해 주겠다라는 것이다. 따라서 최저보증이율이 높으면 그만큼 좋다. 그래서 연금을 가입할 때 공시이율분만 아니라 최저보증이율도 반드시 함께 보는 것이 좋다. 최저보증이율이 높으면 높을수록 그만큼 내 연금은 경쟁력이 생기기 때문이다. 연금저축이나 연금보험도 마찬가지이다.

또한 공시이율은 내가 낸 돈 전체에 대한 수익률을 말하는 것이 아니다. 내가 낸 돈에서 보장을 위해 떼는 위험보험료와 보험사 경영을 위해 쓰는 돈인 사업비를 뺀 나머지 금액에다 공시이율을 적용한다. 만약 은행금리가 1.5%인데, 보험사의 공시이율이 2%라고 해서 은행보다 보험사의 수익률이 훨씬 낫다고 생각하면 오산이다. 위험보험료와 사업비를 뺐기 때문에 원금이 줄어든 상태라서 이율도 같으면 보험사에 가입할 필요가 없는 것이다. 그래서 기본적으로 보험사는 은행보다 공시이율을 높게 제시하게 된다.

즉시연금도 추가 납입이 될까

사업비를 줄이는 방법으로 추가 납입만 한 게 없다. 계약한 납입보험료는 당연히 사업비를 떼지만, 추가 납입하는 금액에 대해서는 사업비를 아주 조금 떼거나 거의 떼질 않기 때문이다.

예를 들어 2억 원짜리 즉시연금에 가입한다고 할 때, 한꺼번에 2억 원을 다 가입하지 않고 1억 원만 가입한 다음, 나머지 1억 원을 추가 납입하면 사업비를 절반 가까이 줄일 수 있게 된다. 그래서 즉시연금을 가입하기 전에 보험사 고객센터를 통해 추가 납입이 되는지 물어보고, 만약 된다면 추가 납입 방법을 확인한 다음 가입하면 좋다. 특히 공시이율이 별 차이가 없는 상황에서는 사업비가 연금 수령에 미치는 영향이 크다. 간단히 말해 보장 없이 1억 원짜리 즉시연금에 가입했는데, A보험사는 사업비가 6%고 B보험사는 사업비가 4%라고 하면 A는 내 돈을 9,400만 원으로 굴리기 시작하는 것이고, B는 9,600만 원으로 굴리기 시작하는 것이나 다름없다. 이때 공시이율이 같다면 당연히 B가 더 유리하다.

그런데 이 사업비 때문에 즉시연금도 초기에 해약하면 원금 손실을 볼 수 있다. 그래도 다행히 즉시연금 자체의 사업비는 일반 연금보험이나 변액연금에 비해 상당히 낮은 편이다.

즉시연금을 가입하려면 일단 건전하고 평판 좋은 우량보험사들을 선택한 후, 실제로 가입 설계를 통해 공시이율과 최저보증이율을 확인해야 한다.

거기에서 이율이 높은 곳을 골라내고 환급률도 비교하고 사업비가 많은지 적은지도 살펴봐야 한다. 해지라도 하게 되면 손해 볼 가능성이 높으니까 말이다. 결국 이율이 높고 사업비는 낮으면서 환급률은 높은 우량회사를 찾아내 추가 납입하는 것이 즉시연금을 가입하는 가장 좋은 방법이다.

그러기 위해서는 좋은 보험사가 어디인지 알아야 한다. 보험회사의 개별 결산 공시자료를 종합 분석하여 소비자에게 유익한 정보를 제공할 뿐만 아니라 보험사 간 상호 건전한 경쟁을 유도하여 보험 산업의 건전한 발전에 기여하고자 금융소비자연맹에서는 현재 좋은 보험사

평가를 시행하고 있다.

보험소비자가 보험사 선택 시 고려해야 할 중요한 사항을 안정성(40%), 소비자성(30), 건전성(20%), 수익성(10%) 등 4대 부문으로 나누었다(단, 4대 부문별로 가중치를 달리 주었다).

좋은 생명보험사 평가항목 및 배율

(단위 : %)

구분		평가항목	
안정성	40	지급여력비율	25
		책임준비금	10
		유동성비율	5
소비자성	30	10만 건당 민원 건수	10
		불완전판매비율	5
		보험금부지급율	5
		인지,신뢰도	10
건전성	20	위험가중자산비율	10
		가중부실자산비율	10
수익성	10	총자산수익율	3
		운용자산이익율	3
		당기순이익	4

출처 : 금융소비자연맹

금융소비자연맹이 꼽은 2017년 좋은 생명보험회사

순위	안정성(40)	소비자성(30)	건전성(20)	수익성(10)
1	삼성생명	삼성생명	푸르덴셜생명	AIA생명
2	ING생명	푸르덴셜생명	ING생명	교보생명
3	PCA생명	신한생명	BNP파리바카디프	삼성생명
4	BNP파리바카디프	한화생명	알리안츠생명	ING생명
5	푸르덴셜생명	농협생명	DGB생명	푸르덴셜생명

* 순위는 매년 변동

출처 : 금융소비자연맹

변액연금,
이해득실 따져 보기

"야망 때문에 양심을 버리는 행동은
재가 필요해서 사진을 태우는 것이나 다름없다."

- 중국 속담

저금리 시대가 장기화되면서 마땅한 투자처를 찾기가 더욱 어려워지고 있어 노후자금을 준비해야 하는 예비은퇴자들 입장에서 고민이 날로 깊어지고 있다.

이러한 환경 속에서 수익률을 조금이라도 더 높일 수 있는 투자 상품으로 '변액연금보험'이 있다. 이처럼 보험과 투자의 요소를 겸비한 '변액연금'에 대해 알아보도록 하자.

변액연금이란 간단히 말해 연금보험의 일종이다. 하지만 전통적인 연금보험과 달리 실적배당이라는 데에 차이가 있다. 즉 연금 지급 개시 전까지는 변액보험으로 운영되고, 연금 지급 개시 후에는 일반 연금보험처럼 지급되는 상품을 말한다.

실적배당

실적배당은 주식이나 채권에 투자해서 벌어들인 이익이나 손실을 고객에게 되돌려 주는 걸 말한다. 그래서 동전의 양면처럼 수익이 날 수도 있고, 손실이 날 수도 있다. 그래서 변액연금은 연금은 연금인데, 투자가 잘되어서 수익이 나게 되면 받는 연금액이 늘어나고, 투자가 잘 안되어서 손실이 나면 받는 연금액도 줄어들게 된다. 따라서 엄밀히 말하면 변액연금은 위험이 따르는 상품이다.

변액보험은 미국이나 유럽 같은 금융 선진국에선 장기투자 상품으로 많이 알려져 있는 상품이었다. 우리나라에는 2001년에 소개되었는데, 우리나라 주식시장이 2005년부터 급상승하면서 펀드가 인기를 얻기 시작하고, 다음으로 펀드에 투자하는 보험인 변액보험도 덩달아 인기가 오르기 시작했다. 이때 보험회사마다 변액보험 판매에 총력을 기울였다.

하지만 안타깝게도 2008년 글로벌 금융위기가 터지면서 주식시장도 가파르게 하락했고, 이에 따라 투자형 보험인 변액보험도 인기가 식었다.

변액연금의 장단점

그럼 먼저 변액연금의 대표적인 장점들을 살펴보자.

첫째, 10년 이상 유지 시 보험차익에 대해 비과세 혜택이 있다.

보험료 계약 기간을 10년 이상 유지 시 보험료 납입 기간이 5년 이상 매월 150만 원 이하의 보험료를 납입하는 월납 계약은 비과세된다. 또 일시납 또는 5년납 미만 월납 보험 계약의 보험료 총합계가 1억 원 이하여도 비과세 혜택을 받을 수 있다. 이와 같은 비과세 요건은 변액연금뿐 아니라 연금보험도 마찬가지다.

둘째, 최저 보증 기능이 있다.

변액연금 가입 후 연금 지급 개시 시점까지 유지하면 펀드 운용 실적이 아무리 악화돼도 일정 수준 이상의 연금을 최저 보증해 준다.

즉 중도에 해약하지만 않으면 투자 실적과 관계없이 일정 수준의 연금이 보장되는 셈이다. 다만, 최저 보증을 위해 별도의 특약에 가입해 추가보험료를 납부할 수 있으니 유의해야 한다.

셋째, 계약기간 중 자유롭게 펀드를 변경할 수 있다.

변액연금은 가입자가 자신의 투자 성향과 재무 목표 등을 고려해 펀드 종류를 선택해야 한다. 이때 자신의 보험료를 투입한 펀드의 운용 성과에 따라 나중에 받을 연금액이 달라지게 된다. 금융환경 변화 등 본인의 필요에 따라 일반적으로 1년에 12회까지 펀드를 바꿀 수 있다.

그리고 특별한 번거로움 없이 기존 펀드의 환매와 신규 펀드의 매수 처리를 할 수 있다는 장점이 있다. 다만, 회사별로 조금 다를 수 있다.

그런데 변액연금이 이렇게 장점만 있는 것은 아니다.

변액연금은 일반연금보험을 가입하려니 너무 금리가 낮아서 연금액을 늘리기 어렵다고 생각하는 사람들의 심리를 잘 파고든 상품이다. 비과세나 최저 보증, 펀드 변경 외에도 보장도 되면서 대출이나 인출도 가능한 상품이라 장점이 많긴 하다. 그런데 가장 큰 문제를 꼽는다면 관리가 잘 안된다는 것이다.

보통 변액연금 내에 10개에서 20개 정도의 펀드들이 들어 있는데, 경기 상황에 따라 주식형, 해외주식형, 채권형, 인덱스형 등으로 잘 갈아타야 수익률도 올리고 연금액도 불릴 수 있다. 그런데 사실 가입자들은 그런 것을 잘 모른다. 통계에 따르면 변액보험 가입자들 중 10년 동안 펀드를 단 한 번이라도 변경한 사람은 10명 중 1명꼴이었다.

따라서 변액연금 상품을 권유한 보험설계사를 믿을 수밖에 없는데, 문제는 이들이 투자전문가가 아니라는 것이다. 투자전문가도 관리하기가 어려운 게 투자수익률인데, 보험설계사들이 이걸 제대로 관리하기란 정말 어려울 수밖에 없다.

변액연금 가입 시 고려해야 할 사항

그래서 변액보험 가입 시에 꼭 생각해 두어야 할 부분이 있다.

첫째, 투자 기간을 얼마나 할 것인지 고려해 보아야 한다.

어떤 금융상품이든 가입할 때는 어떤 목적으로, 언제 사용하게 될 것인지 미리 예상해 보고 가장 알맞은 상품을 선택해야 한다. 마찬가지로 연금이라는 단어에서 알 수 있듯이 변액연금은 노후생활 준비자금으로 마련해 은퇴 후 사용하기에 적합한 금융상품이다. 자연히 투자 기간은 10년 이상으로 정해 변액연금의 장점으로 꼽히는 장기투자 및 보험차익에 대한 비과세 혜택을 누리는 것이 좋다. 그래야 장기투자 시 나타나는 복리 효과도 거둘 수 있고, 비과세 혜택도 기대할 수 있기 때문이다.

만약 그렇지 않고 짧은 단기간의 투자를 목표로 변액연금에 가입한다면 보험 상품의 사업비 구조로 인해 손해를 볼 수도 있다는 점을 꼭 기억해야 한다.

이 말은 보험회사의 사업비가 초기에 먼저 가져가는 구조이기 때문이다. 보통 변액보험의 사업비가 총 보험료의 7~10% 정도로 알려져 있는데, 즉 어떤 사람이 매달 10만 원씩 내는 보험에 가입했을 때, 매달 7,000원에서 1만 원 정도는 보험회사 사업비로 가져간다는 얘기다.

여기에서 말하는 사업비란 대개 계약 체결을 위한 비용부터 관리하는 비용 등을 말한다. 이를테면 사무실 임대료, 보험설계사 모집과 고객 관리 비용, 전산시스템과 비품 구매 비용 등등이다.

그런데 왜 이 사업비 구조로 인해 손해를 볼 수도 있다는 것일까?

대개의 보험회사들은 사업비를 초기에 집중적으로 가져가고 일정 기간이 지나면 거의 떼어 가지 않는다. 그러다 보니 가입 초기에 해약하게 되면 사업비를 먼저 많이 가져가는 바람에 내 손에 돌아오는 돈이 거의 없게 되고, 적어도 5년에서 10년은 지나야 해약했을 때 원금이 어느 정도 회복된다. 특히 변액연금은 다른 연금상품에 비해 사업비가 높은 편이라 가입한 지 얼마 지나지 않아 해약하게 되면 그만큼 손해가 크다.

그러므로 변액보험을 가입할 때는 신중하게 하고, 가입하고 나면 꾸준히 지속적으로 유지하는 게 대부분 유리하다.

둘째, 주식 편입 비율을 얼마만큼 할 것인지 생각해 보아야 한다.

안전성을 중요하게 생각한다면 주식 편입 비율을 낮게, 수익성 측면을 고려한다면 주식 편입 비율을 높게 가져가야 한다. 하지만 수익률을 높게 추구한다고 해도 그에 따르는 위험을 받아들이기 어렵다면 투자에 더 신중해야 한다. 즉 주식과 채권에 적절히 분산 투자하는 비율은 가입자가 알아서 해야 한단 얘기다.

주식자산에 어느 정도를 투자해야 할지 고민이라면 자신의 연령대를 생각해서 배분하는 것도 나름의 방법이다. 예를 들어 투자 기간이 충분히 남아 있는 30~40대라면 주식 비중을 조금 높게 하고, 반면에 투자할 수 있는 시간적 여유가 상대적으로 부족한 50대 이상의 가입자라면 주식 비중을 보다 낮게 선택하는 것이다.

셋째, 펀드 변경을 언제쯤 할 것인지 고려해 보아야 한다.

많은 사람들이 펀드 변경 기능을 변액연금의 큰 장점 중 하나로 꼽으면서도 선뜻 활용하지 못하는 경우가 많은데, 이는 펀드 변경을 위한 적절한 시기, 변경 대상 펀드 및 선택 비율을 결정하기 어려워서이기도 하지만, 무엇보다 펀드 변경에 따른 결과를 알 수가 없기 때문이다.

그래서 펀드의 벤치마크가 되는 기준지수를 3년 연속 또는 3년 누적으로 밑돌고 있을 경우 펀드 변경을 고려해 볼 만하다.

펀드 변경을 결정하고 나면 어떤 펀드로 갈아탈지에 대한 고민이 뒤따르게 되는데, 이때는 우수한 성과를 보이는 펀드 중 자산 배분의 관점에서 전문가의 조언을 듣고 선택하는 것이 좋다. 다만, 국내자산을 해외자산으로 변경하기로 결정했다면 급격한 금융시장 변동으로 인해 당황할 수도 있으므로 가급적 기존 적립금은 횟수를 분산해서 변경하는 것이 바람직하다.

넷째, 수익률 극대화는 어떻게 할 것인지 생각해 보아야 한다.

변액연금에 가입한 이후에도 가입자 스스로 자산관리 공부를 계속

해 나가야 한다. 가장 먼저 생각해야 할 것은 가입자 본인의 위험 성향에 맞는 자산 배분과 그 배분을 최적화시키는 펀드 선택이다. 선택한 펀드에서 수익이 발생하지 않는다면 자산 배분의 노력이 무의미해지기 때문이다.

또한 단일자산, 단일국가 투자로부터 오는 위험을 줄이기 위해 여러 자산에 분산 투자함으로써 위험을 상쇄하는 전략이 필수적이다.

보험 계약자는 보험회사가 정한 방법에 따라 1개 이상의 펀드를 선택할 수 있으며, 여러 개를 선택한 경우에는 펀드별 투입 비율을 설정해야 한다. 예를 들어 다음의 그림처럼 특별계정 투입 보험료가 1만 원일 때 채권형 펀드를 50%, 주식형 1펀드를 30%, 주식형 2펀드를 20% 선택했다고 가정해 보자.

펀드별 분산 투입

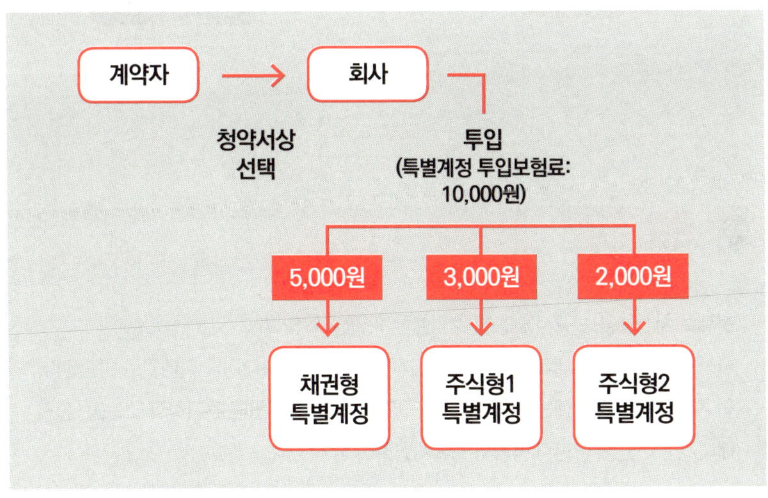

그러면 5,000원은 채권형 펀드에 투입되고, 3,000원은 주식형 1펀

드에 투입되며, 나머지 2,000원은 주식형 2펀드에 투입된다.

또 계약자는 시장 상황에 따라 필요한 경우 회사가 정한 방법에 따라 펀드별 투입 비율의 변경을 신청할 수 있다. 단, 펀드 변경 시 별도의 수수료가 부과될 수 있다.

펀드의 편입 비율 변경

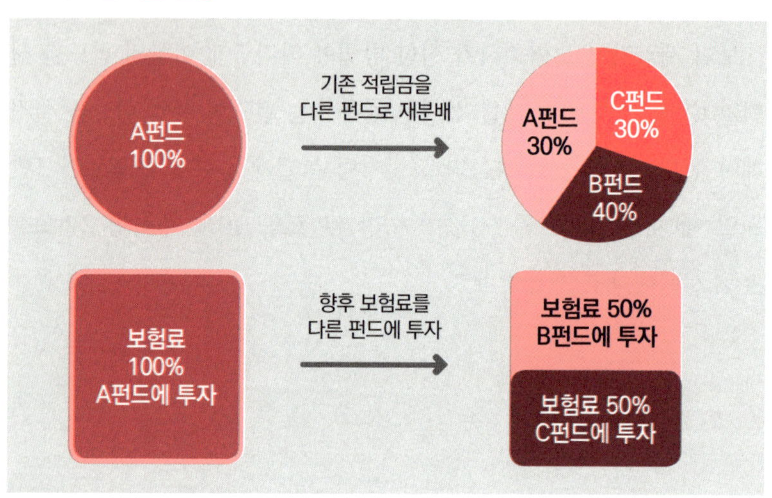

변액연금의 수익률을 확인하는 방법

첫째로 자산운용 보고서를 통해 수익률을 확인할 수 있다.

자산운용 보고서는 대개 변액연금 가입자의 집 주소로 보내거나 이메일로 발송된다.

이 자산운용 보고서에는 운용수익률과 어떤 종목에 얼마만큼 투자하고 있는지, 펀드 매니저는 어떤 사람인지 등등의 중요사항들이 담겨 있다.

둘째로 가입한 보험사의 홈페이지에서 조회해 볼 수 있다.

회사마다 조금씩 다르지만, 홈페이지에 들어가면 보통 공시실, 상품공시실이라고 적혀 있는 곳이 있는데, 거기서 변액보험 공시를 들여다보면 수익률 확인이 가능하다.

셋째로는 생명보험협회 홈페이지에서 확인이 가능하다.
여기서도 공시실에 들어가면 상품별로 비교 공시를 하고 있는데, 그중 변액보험에 대한 수익률 확인이 가능하다.

변액연금 가입자라면 자산운용 보고서를 통해 수시로 수익률을 확인해 볼 필요가 있다. 또 가입을 고려 중인 사람이라면 보험사 홈페이지나 협회 홈페이지에서 수익률 등을 확인하는 게 기본이다.

변액연금보험의 수익률에 따른 원금 도달 기간

(단위 : %, 년)

수익률	1.5	2.0	2.5	3.0	3.5	4.0	4.5	5.0
원금 도달 기간	25.1	14.6	11.3	9.5	8.1	7.1	6.3	5.7

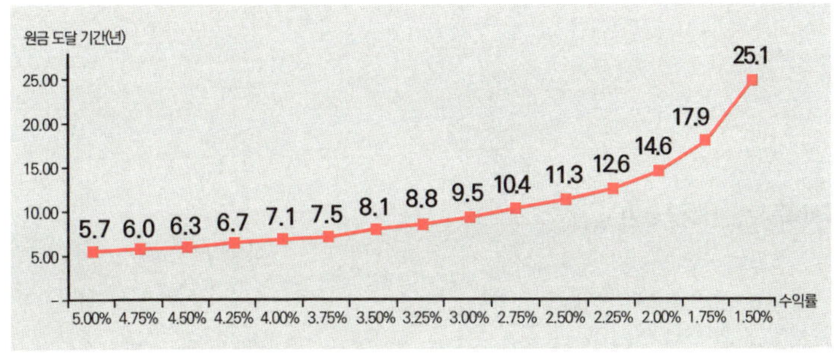

변액연금을 가입하고 나서 속 썩는 사람들이 의외로 많다. 이는 제대로 관리를 받지 못해서 그렇다.

변액연금은 가입보다는 관리가 더 중요한 상품이다. 변액연금이라고 똑같은 수익을 내는 것이 아니기 때문이다. 따라서 변액연금에 대한 고객의 이해가 선행되어야 상품을 이롭게 유지해 나갈 수 있다.

충전수업 : 부의 증식 편

초판 1쇄 인쇄   2018년 4월 5일
초판 1쇄 발행   2018년 4월 10일

지은이   양보석

펴낸이   김연홍
펴낸곳   아라크네

출판등록   1999년 10월 12일 제2-2945호
주소   서울시 마포구 성미산로 187 아라크네빌딩 5층(연남동)
전화   02-334-3887   **팩스**   02-334-2068

ISBN 979-11-5774-599-9 13320

※ 잘못된 책은 바꾸어 드립니다.
※ 값은 뒤표지에 있습니다.